Printed in the United States
By Bookmasters

٢٥ يناير

مباحث وشهادات

٢٥ يناير

مباحث وشهادات

أحمد بهاء الدين شعبان — عبدالقادر ياسين — محمد حسني

خالد سعيد — عماد عبد اللطيف — محمد فرج

سيد ضيف الله — ماجدة موريس — محمد قاياتي

شعبان يوسف — ناصر حجازي

تحرير: عبد القادر ياسين

المركز العربي للأبحاث ودراسة السياسات
ARAB CENTER FOR RESEARCH & POLICY STUDIES

الفهرسة أثناء النشر – إعداد المركز العربي للأبحاث ودراسة السياسات

٢٥ يناير: مباحث وشهادات/أحمد بهاء الدين شعبان... [وآخ.]؛ تحرير عبد القادر ياسين.

٣٢٠ ص. : ايض.، صور؛ ٢٤ سم.

يشتمل على فهرس عام.

ISBN 978-9953-0-2700-5

١ . الثورة المصرية (٢٥ يناير ٢٠١١) . ٢ . الديمقراطية – مصر . ٣ . الثورات – مصر –
القرن ٢١ . ٤ . مصر – تاريخ – ثورة ٢٠١١ . أ . شعبان، أحمد بهاء الدين . ب . ياسين،
عبد القادر .
962.056

العنوان بالإنكليزية

January 25
Studies and Testimonies
edited by Abdel-Kader Yassine

الآراء الواردة في هذا الكتاب لا تعبّر بالضرورة عن
اتجاهات يتبناها المركز العربي للأبحاث ودراسة السياسات

الناشر

المركز العربي للأبحاث ودراسة السياسات
ARAB CENTER FOR RESEARCH & POLICY STUDIES

شارع رقم: ٨٢٦ ـ منطقة ٦٦

المنطقة الدبلوماسية ـ الدفنة، ص. ب: ١٠٢٧٧ ـ الدوحة ـ قطر

هاتف: ٤٤١٩٩٧٧٧ ـ ٠٠٩٧٤ فاكس: ٤٤٨٣١٦٥١ ـ ٠٠٩٧٤

جادة الجنرال فؤاد شهاب ـ شارع سليم تقلا ـ بناية الصيفي ١٧٤

ص. ب: ٤٩٦٥ ـ ١١ ـ رياض الصلح ـ بيروت ٢١٨٠ ١١٠٧ ـ لبنان

هاتف: ٨ ـ ٩٩١٨٣٧ ١ ـ ٠٠٩٦١ فاكس: ٩٩١٨٣٩ ١ ـ ٠٠٩٦١

البريد الإلكتروني: beirutoffice@dohainstitute.org

الموقع الإلكتروني: www.dohainstitute.org

الطبعة الأولى

بيروت، حزيران/يونيو ٢٠١٣

المحتويات

٦

قائمة الجداول

المساهمون

أحمد بهاء الدين شعبان

درس الهندسة الميكانيكية في كلية الهندسة - جامعة القاهرة. شارك في تأسيس «جماعة أنصار الثورة الفلسطينية» في عقب أيلول الأسود في عام ١٩٧٠، وكان لها دور بارز في نشر الوعي الوطني ومساندة كفاح الشعب الفلسطيني والنضالات العربية في الجامعات المصرية. رَأَسَ «نادي الفكر الاشتراكي» (المنظمة اليسارية الأولى في الجامعة) في عام ١٩٧٦. كان أحد المؤسسين السبعة لـ «الحركة المصرية من أجل التغيير - كفاية».

من مؤلفاته:

النفط العربي والاستراتيجية الأميركية، الاستراتيجية الإسرائيلية عام ٢٠٠٠، حاخامات وجنرالات: الدين والدولة في إسرائيل، رفة الفراشة: كفاية الماضي والمستقبل، ٤٨ ساعة هزت مصر، صراع الطبقات في مصر المعاصرة: مقدمات ثورة ٢٥ يناير.

خالد سعيد

يحمل درجة الماجستير في الصحافة العبرية، باحث في الشؤون الإسرائيلية في مركز الدراسات الإسرائيلية في جامعة الزقازيق.

من مؤلفاته:

حين صبوا الرصاص على غزة (٢٠١٠) وقراءة في فكر الناقد إدوارد

سعيد (٢٠١١)؛ إضافة إلى ترجمة: التقييم الاستراتيجي لإسرائيل للعام ٢٠٠٩ (٢٠١٠) وشريعة الملك (٢٠١١).

سيد ضيف الله

ناقد ثقافي وأستاذ اللغة العربية في الجامعة الأمريكية بالقاهرة.

من مؤلفاته:

الآخر في الثقافة الشعبية (٢٠٠٨)، آليات السرد بين الشفاهية والكتابية (٢٠٠٨) وكيف نحكي المواطنة: نحو مراجعة نقدية للثقافة المصرية (٢٠٠٨).

شعبان يوسف

شاعر وكاتب، درس في كلية التجارة. يُشرف على النشاط الثقافي في ورشة الزيتون التابعة لحزب التجمع الوطني التقدمي الوحدوي. يُشرف على النشاط الثقافي في جمعية محبي الفنون الجميلة. شارك في برنامج «عصير الكتب» في قناة دريم المصرية. رئيس تحرير سلسلة كتابات جديدة التي تصدر عن الهيئة المصرية العامة للكتاب.

من مؤلفاته:

الشعرية: مقعد ثابت في الريح (١٩٩٣)، معاودات (١٩٩٤)، كأنه بالأمس فقط (١٩٩٨)، تظهر في منامي كثيرًا (١٩٩٩)، أكثر من سبب للعزلة (٢٠٠٢)، ١٩٩٩ (٢٠٠٢)، أحلام شيكسبيرية (٢٠٠٨)

المسرحية: بقعة ضوء تسقط مظلمة (٢٠٠٨).

النقدية: شعراء السبعينيات - الجيل - الحركة (٢٠٠٧).

عبد القادر ياسين

كاتب سياسي فلسطيني. عضو الأمانة العامة لاتحاد الكتاب والصحفيين الفلسطينيين، ورئيس فرع القاهرة في السبعينيات. شغل منصبَيْ مدير تحرير مجلة المصير الديمقراطي اللبنانية (١٩٨١)، ومدير تحرير مجلة الكاتب

الفلسطيني التي كانت تصدر في بيروت عن الاتحاد العام للكتاب والصحفيين الفلسطينيين. ساهم في تحرير الموسوعة العسكرية الصادرة عن مؤسسة الدراسات العربية (١٩٧٧)، كما ساهم في الموسوعة الفلسطينية (١٩٨٤).

من مؤلفاته:

كفاح الشعب الفلسطيني قبل العام ١٩٤٨، تاريخ الطبقة العاملة الفلسطينية، أزمة فتح، حزب شيوعي ظهره إلى الحائط، الإضراب السياسي في السودان، دليل الفصائل الفلسطينية. وعدة مقالات في الجمهورية وروز اليوسف والطليعة والكاتب والسياسة الدولية (القاهرة) وشؤون فلسطينية والآداب (بيروت) وآفاق عربية والثقافة الجديدة (بغداد) والثقافة العربية (ليبيا).

عماد عبد اللطيف

مدرّس البلاغة وتحليل الخطاب في جامعة القاهرة. درس في جامعة لانكستر وجامعة القاهرة. نشر بحوثًا بالعربية والإنكليزية عن الخطاب السياسي العربي والبلاغة المعاصرة. حاز بعض بحوثه جوائز أكاديمية، منها جائزة المهاجر الأسترالية وجائزة دبي الثقافية وجائزة أفضل أطروحة دكتوراه من جامعة القاهرة.

ماجدة موريس

تخرجت في كلية الآداب - قسم الصحافة، في جامعة القاهرة في عام ١٩٧٠. عملت في جريدة الجمهورية منذ عام ١٩٧٢. بدأت العمل في القسم الخارجي ثم في قسم التحقيقات والمرأة، وفي القسم الفني، قبل أن تصبح نائبة رئيس التحرير. شاركت في تأسيس مجلة حريتي الأسبوعية التي تصدر عن دار التحرير، وكانت أول رئيس للقسم الفني فيها بين عامي ١٩٩٩ و١٩٩٣. أسست مجلة شاشتي ورأَسَت تحريرها في عام ١٩٩٨ باعتبارها أول مجلة متخصصة بشؤون التلفزيون والفضائيات في مصر. عملت مُدرّسة النقد السينمائي والتلفزيوني والإذاعي في الأكاديمية الدولية لعلوم الإعلام بين عامي ٢٠٠٥ و٢٠٠٩. المشرفة على نادي السينما في نقابة الصحفيين منذ عام ١٩٨٩.

من مؤلفاتها:

عادل أدهم وأدوار الشر في السينما المصرية، سعاد حسني، مبدعات تلفزيونيات، سميحة الغنيمي شاعرة السينما التسجيلية، محمود ياسين: فارس الانتصار والانكسار.

إضافة إلى كتاباتها الفنية والنقدية في الصحف والمجلات، مثل: جريدة الأهالي وجريدة روز اليوسف، وجريدة القاهرة الأسبوعية.

محمد حسني

مدرّس مساعد في كلية الآداب في جامعة عين شمس، قسم اللغة العبرية. عضو حزب الاشتراكيين الثوريين في مصر.

محمد فرج

مهندس وكاتب وسياسي مصري، محاضر ومخطط برامج في شؤون التثقيف والتدريب وإعداد القيادات. حاز البكالوريوس في هندسة القوى الكهربية وتصميم الآلات من جامعة المنوفية. الأمين العام المساعد لحزب التجمع التقدمي الوحدوي في مصر لشؤون التثقيف والتدريب وإعداد القيادات منذ عام ٢٠٠٨، ومدير معهد إعداد القادة.

من مؤلفاته:

الصهيونية مشروع استعماري (١٩٨٣)، أزمة الانتماء بين الفلاحين والأراضي الزراعية في مصر (١٩٨٤)، الدولة وتشكيل الوعي الاجتماعي (١٩٨٥)، مستقبل التكوين الاجتماعي في مصر (١٩٩٧)، انتفاضات الفلاحين في مصر (١٩٩٨)، أزمة الانتماء في مصر: دراسة في الآثار السياسية والاقتصادية والاجتماعية للانفتاح الاقتصادي (١٩٩٨)، ماذا بعد سقوط بغداد؟ (٢٠٠٣)، ماذا جرى للطبقات في مصر؟ (٢٠٠٥)، أبواب الفوضى دراسة في مقدمات انهيار الدولة المدنية في مصر (٢٠٠٦)، سيكولوجيا الجماهير: المزاج النفسي وخبرات التواصل (٢٠٠٩).

محمد قاياتي

صحافي في شبكة الأخبار العربية، وباحث في الشؤون الإسرائيلية. عضو ورشة التحرير في القاهرة. عمل في مجلة المجلة اللندنية، وفي جريدة الوسط الكويتية، وفي جريدة الشرق القطرية.

ناصر حجازي

حاصل على ليسانس الحقوق من جامعة القاهرة في عام ١٩٩٨. عضو نقابة الصحفيين المصريين. مراسل فضائية «الأقصى» في القاهرة بين عامي ٢٠٠٩ و٢٠١١. وأمين التثقيف في نادي الفكر الناصري في جامعة القاهرة بين عامي ١٩٩٧ و١٩٩٨.

شارك في تأليف بعض الكتب: جمال عبد الناصر: رؤية متعددة الزوايا، ملحمة جنين، منظمة التحرير الفلسطينية بعد أربعين عامًا، الحرب السادسة.

تقديم

لم تنبت ثورة ٢٥ يناير المصرية فجأة كنبات صحراوي بلا جذور، ولم تنبثق كسديم الرمال بلا مقدمات واختمارات وتفاعلات متراكمة. هذه الثورة تبدو شوطًا جديدًا ومتجددًا في سلسلة الثورات الديمقراطية والوطنية في مصر التي كانت ثورة عرابي في عام ١٨٨٢ بدايتها الأولى، ثم استمرت في الثورة الديمقراطية والتحررية التي قادها سعد زغلول في عام ١٩١٩، وتُوجت لاحقًا بثورة ٢٣ تموز/يوليو ١٩٥٢. غير أن أهمية ثورة ٢٥ يناير تكمن في أنها اندلعت بعد نحو أربعين عامًا من الركود السياسي في مصر، وبعد موت الحركات السياسية الكبرى مثل الحزب الشيوعي وحزب الوفد والتيار الناصري إلى حد ما، على الرغم من أن مرحلة ما بعد جمال عبد الناصر، أي حقبة ١٩٧٠ - ٢٠١١، لم تخلُ من انتفاضات طالبية وعمالية كانتفاضة الطلبة في الجامعات المصرية في عامي ١٩٧١ و١٩٧٢، وانتفاضة عمال حلوان والمحلة في عام ١٩٧٥، وانتفاضة الخبز في عام ١٩٧٤... وغيرها.

كانت ثورة ٢٥ يناير، بهذا المعنى، «عودة الروح» إلى الشعب المصري، لأنها كسرت جدار الهلع من السلطة الفاسدة والمستبدة، وأطلقت في الفضاء السياسي تجربة جديدة لم تصل نتائجها إلى خواتيمها النهائية بعدُ. ومع ذلك، فثمة سمات وَسَمَت هذه التجربة الثورية النادرة بميسمها، ولعلها صارت إحدى علامات العصر الجديد في مصر، ومنها تراجع دور المثقف التقليدي، وانحسار فاعلية المناضل السياسي، وتقدم ظاهرة الحشد السلمي الذي يحيل الخوف هباءً، والذي تمكن من التصدي لعنف الدولة بشجاعة مشهودة. كانت فئة الشباب هي الفئة العمرية الأكثر انخراطًا في الثورة،

والأكثر وعيًا وتصميمًا على المواجهة وإصرارًا على النصر، والأكثر انغمارًا في إبداعاتها اليومية.

كان يجب أن يسقط نظام حسني مبارك منذ زمن بعيد. غير أن عدم توافر البدائل السياسية والشروط المباشرة لاندلاع الانتفاضة أطال عمر النظام. ولعل التزوير المكشوف لانتخابات عام ٢٠١٠ كان الخميرة النافعة التي أنضجت شروط الانفجار الشعبي الكبير، علاوة على الامتهان اليومي لكرامة الناس ولحياتهم معًا. وهذان العنصران أطلقا، على الأرجح، شرارة الثورة التي أماطت اللثام عن حدث ثوري جديد تمامًا؛ فالتظاهرات السابقة كلها كانت ذات طابع نخبوي، أي إن قادة المراتب العليا والوسيطة في الأحزاب المعارضة هي التي كانت تتولى التظاهر في الجامعات ومراكز النقابات وفي بعض المواقع الأخرى. لكن ثورة ٢٥ يناير هي التي أطلقت الناس من عقالهم، فتحولت التظاهرات الشعبية إلى ثورة شاملة أطاحت النظام بسرعة. وفي هذا الميدان كشفت ثورة ٢٥ يناير مدى قدرة مجاميع الناس على التأثير في القرارات السياسية، وعلى الاحتجاج، في الوقت نفسه، على القرارات التي لا تلائم مصالحها. لكن ما لم تكشفه ثورة ٢٥ يناير في مرحلتها الأولى هو أن مصر كانت تسير نحو انقسام واضح بين جماعة الإخوان المسلمين وحلفائهم الموقتين، مثل السلفيين والتيارات السياسية الأخرى كلها القديمة واليسارية والليبرالية... إلخ، الأمر الذي أدى، في المرحلة الثانية، إلى ولوج دوامة من الفوضى الأمنية والاضطراب السياسي والبلبلة الاجتماعية. ومهما يكن الأمر، فالثورة المصرية ما برحت عناصرها تتفاعل بقوة، ومفاعيلها الختامية لم تستقر على قوام محدد حتى الآن ولا سيما في المحيط العربي. والسؤال الذي يفرض نفسه في هذه الحال هو التالي: إلى أي حد كان للثورة المصرية تأثير واضح في باقي البلدان العربية؟ وهل قوة المثال كفيلة بأن ينتقل هذا المثال إلى المحيط الإقليمي؟

يلوح لي أن من الصعب الإجابة، بدقة، عن هذا السؤال. وفي أي حال فإن الإجابة لن تكون علمية ومؤكدة على الإطلاق؛ فالثورة التونسية، لا الثورة المصرية، كانت هي السابقة وصاحبة المثال المجلّي. ثم إن النموذج اليمني لم تكن له صلة مباشرة بوقائع الثورة المصرية. أما النموذج السوري فهو

نموذج خاص، ومن المحال اكتشاف مآلاته منذ اليوم على الرغم من مرور أكثر من سنتين على اندلاع هذا الرعب العميم في طول سورية وعرضها. لذلك ثمة سؤال مختلف راح يتردد في أوساط بعض النخب الفكرية العربية: هل ما زالت مصر قاطرة العالم العربي، وما يحدث فيها سيحدث، بصورة أو بأخرى، في باقي البلدان العربية؟ إن الجواب يحتاج إلى مراجعة تاريخية وسياسية معمقة، فحتى البديهة تتغير على المدى البعيد، وقد تغير العالم العربي جذريًا منذ نحو خمسين سنة، أي بعد هزيمة ٥ حزيران/يونيو ١٩٦٧. والعالم العربي الذي كان يعني آنذاك مصر وسورية والعراق بالدرجة الأولى، بات على صورة جديدة تمامًا: العراق محطم بكامله وممنوع أن يكون له نطاق إقليمي أو أن يكون له شأن خارج حدوده. سورية تشارف على التهتك. مصر خرجت من الصراع العربي - الصهيوني منذ زيارة الرئيس السادات القدس في عام ١٩٧٧. والصراع الفلسطيني - الإسرائيلي صار نزاعًا على المكان بين الفلسطينيين وإسرائيل، وما عادت فلسطين قضية العرب الأولى، بل إحدى قضايا العرب التي تصدِّع الرؤوس!

لم تكتمل الثورة المصرية بسقوط نظام الرئيس السابق حسني مبارك؛ فربما هي في طريقها إلى إنجاز مآلاتها الثورية الأخيرة، وربما تنتكس في هذه الطريق، والأمر مرهون بمحصلة الإرادات السياسية المتعددة، والمتنافرة أحيانًا، للشعب المصري الذي يواجه تحديات هائلة كتلك التي تواجه الثورات دائمًا بعد الانتصار الأولي. وها هي مصر تواجه انقسامًا أهليًا خطرًا، علاوة على مشكلات البطالة والتعليم والتنمية والاستثمار والفساد وإعادة بناء مؤسسات الدولة ولا سيما أجهزة الأمن، والعلاقة بإسرائيل وقضية فلسطين والدور الإقليمي لمصر، ولا سيما في وادي النيل، وتأسيس النظام السياسي الجديد (الدستور والانتخابات والشرعية) وغير ذلك كثير جدًا.

هذا الكتاب لا يعالج مشكلات المستقبل في مصر، بل يركز على مقدمات الثورة ووقائعها ودروسها، وعلى تجليات الإبداع الأدبي والفني والتنظيمي الذي مارسه الشبان الثائرون في ميادين شتى من المدن المصرية. وفي هذا الحقل كتب أحمد بهاء الدين شعبان مقالة وافية بعنوان «من النطفة إلى الثورة» أعاد فيها قراءة الأحداث بعين المشارك والخبير في آن، ورأى أن ثورة ٢٥ يناير

ليست ثورة الشبان وحدهم، على الرغم من الشأن الكبير والمهم الذي اضطلع به الشبان، بل هي ثورة شعبية من طراز جديد. ولاحظ شعبان أن هذه الثورة أعادت الكرامة إلى الشعب، ورسّخت ثقته بنفسه بعد عقود ظُنَّ البعض في أثنائها أن الشعب المصري، لأسباب تاريخية، يتسم بالطاعة والخنوع، وهذه الثورة برهنت العكس تمامًا. وعرض الكتاب تاريخ الانتفاضات المصرية التي اندلعت بعد هزيمة الخامس من حزيران/يونيو ١٩٦٧، خصوصًا انتفاضات الطلبة في الجامعات، وانتفاضة كانون الثاني/يناير ١٩٧٧، ثم رصد ظهور حركات الاحتجاج المنظمة مثل حركة «كفاية» وغيرها.

تناول عبد القادر ياسين الأسباب الاقتصادية والاجتماعية التي مهّدت لاندلاع ثورة ٢٥ يناير، وسرد بعض المحطات المهمة مثل قانون الضرائب الذي صدر في عام ٢٠٠٥ وكان مجانبًا للعدالة بصورة مكشوفة، الأمر الذي ساهم، من بين أمور كثيرة أخرى، في تحويل النظام المصري في عهد حسني مبارك إلى سمسار للشركات الأميركية والإسرائيلية، فازداد التضخم، وتراجع إنتاج المواد الغذائية والقمح، وهو سلعة استراتيجية، وهبط مستوى دخل الطبقات الدنيا، ما جعل مصر تتهاوى أكثر فأكثر في شبكة الفقر والبطالة واتساع أحزمة البؤس التي حاصرت القاهرة وبعض المدن الأخرى، ثم أجهزت سياسات الخصخصة على بقايا القطاع العام الأمر الذي جعل الدين الخارجي يرتفع بصورة غير مسبوقة، وترتفع معه مظاهر الفساد.

أما المقدمات السياسية للثورة فتكلم عليها محمد فرج الذي رأى أن خروج مصر من دائرة الصراع العربي - الإسرائيلي في عهد الرئيس الأسبق أنور السادات كان العنصر التأسيسي الذي أدى إلى هذه النهاية. ثم جاءت سيطرة «المحاسيب» على السلطة والثروة لتنتج مزيدًا من الفقر والبطالة والتفاوت الطبقي والفساد. ورأى فرج أن نزع السياسة من المجتمع، وإلغاءها من الحياة اليومية مثل منع القوى السياسية من العمل بين الطلاب والعمال والموظفين في القطاع العام، أدّيا إلى الاستبداد السياسي. وأُضيف إلى ذلك أيضًا تزوير الانتخابات النيابية في عام ٢٠١٠، والسعي إلى ترسيخ فكرة التوريث، ثم إقفال أبواب التغير الديمقراطي، وكان ذلك كله مقدمة الانفجار الأخير.

في ميدان آخر لاحظ شعبان يوسف كيف أن الثورة اندلعت بصورة غير

١٨

متوقعة، ولم تشارك الأحزاب السياسية المعروفة في فاعلياتها في البداية. لكن هذه الأحزاب ما لبثت أن التحقت بالقطار. وعرض يوسف بعض الأعمال الروائية التي رصدت الحياة اليومية في قبيل الثورة، والتي قدمت أمثولات تحريضية ضد النظام المصري مثل روايتي عمارة يعقوبيان وشيكاجو لعلاء الأسواني وكتاب تاكسي لخالد الخميسي وكتاب طلعة البدن لمسعد أبو فجر، ورواية زهرة البستان لخالد إسماعيل، فضلاً عن الروايات التي تصدت للمسألة الطائفية في مصر مثل وصايا اللوح المكسور لغبريال زكي غبريال، ومزاج التماسيح لرؤوف مسعد، وشبرا لنعيم صبري... وغيرها. في سياق متصل كتبت ماجدة موريس عن «الفن وثورة ٢٥ يناير»، وتناولت الفن السينمائي بالدرجة الأولى، وتحدثت عن مجموعة من الأفلام السينمائية التي ساهمت في نقد الأوضاع السارية مثل «القاهرة منوّرة بأهلها»، وفيلم «هي فوضى» ليوسف شاهين، ثم فيلم «مواطن ومخبر وحرامي» لداود عبد السيد، وتحدثت عن أفلام أخرى وقّعها مخرجون معارضون، وعن مسلسلات درامية كان لها وقع كبير لدى أبناء الطبقات الوسطى الفقيرة، وهي الطبقات الأكثر مشاهدة للمسلسلات التلفزيونية. وهذه المسلسلات فضحت تحالف رجال الأعمال ورجال السياسة (المال والسلطة) الذي أفقر الشعب المصري بصورة لا يمكن احتمالها. وكان الغائب عن هذا العرض هو فن اللوحة، أو اللوحة الجدارية (الغرافيتي) الذي جرى رصده في كتاب مستقل[1].

رصد محمد قاياتي بطريقة السينما اثنتين وسبعين ساعة سبقت سقوط حسني مبارك. وفي هذا الرصد السردي ركز الكاتب على ظهور الحركات المطالبة بالتغيير في الشارع المصري مثل «كفاية» و«شباب ٦ أبريل» وكذلك جريدة الدستور التي كان لها ولرئيس تحريرها إبراهيم عيسى شأن مهم في كسر المحرمات السياسية والتعرض لها. وفي هذا الحقل كان لقناة «دريم» الفضائية، بحسب محمد قاياتي، شأن مهم في نقل قصة التوريث إلى النقاش العام، ما دفع الوعي السياسي خطوات إلى الأمام، وتجسد ذلك في مشهد الخروج الشعبي الكبير إلى الميادين والشوارع في صبحية ٢٥ كانون الثاني/يناير.

---

(١) انظر: مليحة مسلماني، غرافيتي الثورة المصرية (الدوحة؛ بيروت: المركز العربي للأبحاث ودراسة السياسات، ٢٠١٣).

أما عماد عبد اللطيف فكتب عن العبث باللغة، وعن البلاغة الجديدة التي ساهمت في تثوير الخطاب السياسي، واستطرادًا تثوير المجتمع. وتجلت بلاغة الثورة المصرية، بحسب الكاتب، في الشعارات والصور والهتافات واللافتات والأغاني، وهذا هو الميدان الذي جال فيه الكاتب راصدًا الفكاهة والطابع التفاعلي للحوار بين المحتجين في ميدان التحرير.

قدم سيد ضيف الله ملاحظات ثقافية على مواقف المعارضة السياسية في مصر، وركز على الرهانات السياسية وعلى مضمون الموقف السياسي للحركات الحزبية المعارضة، ووضع النتائج التي توصل إليها في جدولين إيضاحيَّين مفعمين بالدلالات السياسية.

في ميدان إضافي تقصّى كل من ناصر حجازي وخالد سعيد ومحمد حسني الأصداء العربية والدولية والإسرائيلية للثورة ما يتيح للقارئ أن يعقد مقارنات مهمة في هذا المجال. أما الصفحات الأخيرة في هذا الكتاب فأُفردت لبعض النصوص الإبداعية التي كتبها كل من عبد الرحمن الأبنودي وسيد حجاب محمد البحيري وعبد الرحمن يوسف.

صقر أبو فخر
١٥ آذار/مارس ٢٠١٣

خلفية تاريخية
من النُطفة إلى الثورة

أحمد بهاء الدين شعبان

تاريخ مصر الحقيقي هو تاريخ شعبها، صانع المجد وباني الحضارات. وفي القلب من هذا التاريخ الناصع، شبابها الذي ناضل في وسط شعبه، ورفع راية الكفاح من أجل كرامة وطنه، واندفع، جيلًا من بعد جيل، يذود عن استقلاله، ويسعى جاهدًا إلى انتزاع حريته، ويُقدّم الشهداء الأبرار، صفوفًا خلف صفوف، قربانًا للثورة، وفداءً للأمة! ومن اعتقد أن ثورة ٢٥ يناير هي مجرد هبّة للشبان المصريين، جانبه الصواب، فالصحيح أنها ليست ثورة شبابية، مع أن دور الشباب في التجهيز والدعوة إليها، وفي تفجيرها والمشاركة في وقائعها كلها، وفي نشرها، وفي القتال دفاعًا عن وجودها، كان دورًا بطوليًا، لا شك في هذا، أبدًا. غير أن الثورة، مع هذا، لم تكن شبابية فحسب، بل إن مصلحتها المباشرة تقتضي الإصرار على عدم نعتها بهذا الوصف، والتأكيد، في المقابل، أنها ثورة شعبية فريدة الطابع، شارك فيها جميع أبناء الوطن، من جميع طبقات الشعب المصري وفئاته وطوائفه، بأغنيائه وفقرائه، بنسائه ورجاله، بعجائزه وفتيانه، بمسلميه ومسيحييه، بيسارييه وقومييه، بإسلامييه وليبرالييه، من دون حظر أو حجب، أو إقصاء أو تمييز!

لو لم يكن للثورة هذا الطابع الشعبي الشامل، لسهل على أعدائها حصارها، ولتمكنوا، في النهاية، بما يملكونه من قدرات، وما في قبضتهم من أسلحة، من أن يقضوا عليها في مهدها، وأن يُجهضوا حلم شعبنا في الحرية والتغيير! المؤكد أن هذه الثورة لم تأتِ من فراغ، ولا كان نجاحها ضربة حظ، بل وُلدت عبر مخاض طويل، قاسٍ ومكلفٍ، ونجحت لأنها راكمت الخبرة، عقدًا وراء عقد، وتجمّعت عناصرها، سنة في إثر سنة، حتى إذا حانت لحظة الانبثاق، أذهلت العالم باكتمال ملامحها، وفرضت عليه احترام تحضّرها، وسموّ حضورها.

سعى خصوم الشعب المصري، وأعداء تقدمه، والحريصون على أن يظل مُحَاصرًا ومهزومًا، إلى أن يُرسخوا في أذهاننا، وأن يزرعوا في

إدراكنا، «حقيقة» كاذبة، بذلوا جهدًا خارقًا لإثبات صدقيتها المفتعلة، وتاريخيتها المزيّفة، واستخدموا أساليب الخداع كلها، وغسل المخ، والعبث بالعقول، لزرعها في وعينا، وتثبيتها في خلايانا، حتى لا تقوم لنا قائمة، أو ننهض من كبوتنا، أبدًا. وتدّعي هذه «الحقيقة» الكاذبة أن الشعب المصري خانع بطبعه، خاضع بسليقته، لا يثور أبدًا، مهما وقع عليه من ظلم، أو تعرّض له من عسف واستغلال، وأن عصور القهر الممتدة، وقرون الاحتلال المستمرة، طبعت شخصيته بالسلبية الكاملة، ووسمتها بالميل للخضوع والركون للاستسلام، وأنه، اختصارًا، كما كتب بعضهم: «شعبٌ يجمِّعهُ الطبل، وتُفَرِّقهُ عصا».

تبددت كلُ هذه التُرّهات في الخامس والعشرين من كانون الثاني/يناير ٢٠١١، وذرتها رياح الثورة إلى الزوايا المهملة للتاريخ حيث مكانها اللائق، وبرزت، في المقابل، الحقيقة المؤكدة: لم يكفّ شعب مصر، قطّ، طوال تاريخه المرصود، الطويل، عن الثورة، ولا صمت عن ظلم تَعَرَّضَ له، أو حيفٍ مورس عليه. تقول لنا القراءة الشاملة لمجريات تاريخ وطننا المعاصر إن ما حدث يوم ٢٥ كانون الثاني/يناير لم يكن من صنع اللحظة، ولا هبط علينا من سماوات السحر والغموض، بل كان تطورًا طبيعيًا، وتصعيدًا منطقيًا لمؤثرات، تراكمت يومًا بعد يوم، وعامًا في إثر عام.

كانت رياح الثورة تتجمع في الأفق تنتظر الشرارة: ومن الشرارة اندلع اللهيب.

من أسباب فخري أني عاصرت وقائع أربع هبّات شعبية كبرى، شاركت فيها، من الداخل، بقسط متواضع، يسمح لي بأن أجزم أن ما أشرت إليه هو الحقيقة بعينها، وأن أقرر، تقرير العارف المشارك، أن شعب مصر لم يكف، طوال العقود الماضية، عن الرفض، وصولًا إلى المقاومة، فالتمرد، ثم إلى الثورة.

أولًا: الثورة على المتسببين بكارثة عام ١٩٦٧

صحَت مصر في الخامس من حزيران/يونيو ١٩٦٧ على أكبر كارثة واجهتها في العصر الحديث، منذ انكسار الثورة العُرابية، واحتلال الإنكليز مصر في عام ١٨٨٢، وهو الاحتلال الذي استمر نحو ثلاثة أرباع القرن، وخاضت مصر معارك طاحنة، كلّفتها كثيرًا من العرق والجهد والشهداء والأموال، حتى

تمكّنت من استعادة حريتها، بعد هزيمة «العدوان الثلاثي» (الإنكليزي - الفرنسي - الصهيوني) في عام ١٩٥٦. لم يكن قد مر إلا عقد واحد على جلاء آخر جنود الاحتلال البريطاني، حتى دهمت هزيمة حزيران/ يونيو الوطن العربي بأسره. وكان من نتائجها المباشرة أن القوات الصهيونية، بعد أن حطّمت الجيوش العربية الكبيرة، وبخاصة في مصر وسورية، احتلت كامل التراب الفلسطيني، وأجزاء مهمة من الأراضي الأردنية، ومرتفعات الجولان السورية (التي لا تزال محتلة حتى الآن). أما في مصر، فتقدمت القوات الصهيونية حتى وقفت على مبعدة مئة كيلومتر من القاهرة، على ضفة قناة السويس، بعد أن دمرت الطيران المصري، وهو قابع على المدارج، وفرضت سيطرتها على أرض سيناء المصرية، ونهبت ثرواتها الطبيعية، وعلى رأسها النفط، كما ضربت صواريخها المعامل في مدينة السويس التي قصفتها أيضًا الغارات الإسرائيلية الجوية، هي ومدينتي الإسماعيلية وبورسعيد، وفرضت تهجيرًا مأساويًا للملايين من المواطنين الذين كانوا يعيشون فيها، إلى قرى ومدن مصرية أخرى. ولم يقتصر الوضع على هذه المناطق، بل امتد إلى كل ركن في مصر، حيث خضع لابتزاز وعدوان «اليد الإسرائيلية العسكرية الطولى» التي دمّرت، بدم بارد، مدارس الأطفال (بحر البقر)، والمصانع (أبو زعبل)، وضربت المدن والقرى والنجوع (نجع حمادي)، مُخلّفة الموت والدم والخراب، وقبل ذلك كله، نشرت القهر النفسي، لإذلال مصر، وكسر إرادتها، ولتأكيد الهيمنة الصهيونية، وفرض الشروط الصهيونية عليها، والإذعان على شعبها.

كانت الأجيال الجديدة من الشباب هي الأكثر حساسية للوضع وانعكاساته، ومع الرأي العام توالى ضغطهما لكشف الحقائق عن أسباب الانهيار، حيث لا يُمكن، في أي حال، البدء بعمليات إعادة البناء، من دون التدقيق في الظروف التي قادت إلى الهزيمة، ومعرفة حقيقة الأسباب التي أدّت إلى الانهيار، فتوصيف العلّة هو المدخل الوحيد إلى تحديد العلاج الناجع. تصرّف الحكم بالطريقة المعتادة، فقدم «كبش فداء»، على الطريقة التقليدية، من صغار الضباط في سلاح الطيران، وبعض المسؤولين الثانويين، للتغطية على المسؤولين الأساسيين في قمة النظام.

خرج الشبان من الجامعات، والعمال من المصانع، غاضبين، حيث اعتقدوا أن الهزيمة علّمت الحكام مواجهة الحقائق، لا التحايل عليها. وأول

مـرة منـذ أحـداث آذار/مارس ١٩٥٤، ينتفض الشعب في مواجهة النظام. وكتب محمد حسنين هيكل، المقرّب مـن النظام، أنها أول مـرة يـرى الدمـوع في عينـي الرئيـس جمـال عبـد الناصر، بعـد أن بلغتـه أنبـاء تظاهـرات الطـلاب والشبان في شباط/فبراير ١٩٦٨.

أدرك أن هناك شرخًا عميقًا في علاقة «الثورة» بـ «أبنائها»، تلك العلاقة التي نظّمها ورعاها وأولاها اهتمامه، وأن هذه العلاقة تعرّضت لاختبار عنيف، قد تصعب مداواته.

لم تقتصر التظاهرات على القاهرة وحدها، أو على الإسكندرية، بل انتشرت، بسرعة، في أنحاء البلاد كلها، حتى وصلت إلى أعماق منطقة الصعيد التي كانت، دائمًا، بمنأى عن مثل هذه التأثيرات، نظرًا إلى بعدها الجغرافي عن بؤرة الأحداث في القاهرة.

كنت طالبًا آنذاك في كلية الهندسة في جامعة أسيوط، عاصمة صعيد مصر، وفور إعلان الأحكام الهزيلة، انفجرت تظاهرات الغضب، فنتائج محاكمات المسؤولين «المزعومين»، عن «النكسة»، لم تشفِ الغليل، ولا قدّمت الإجابات المطلوبة عن الأسئلة المطروحة: لماذا حدث ما حدث؟ ومن المسؤول؟ وكيف سنُعالج نتائج ما وقع؟ وما الضمانات التي تمنع تكرار كوارث شبيهة في المستقبل؟

اشتبكت التظاهرات التي شاركتُ في قيادتها (وكانت أول تجربة لي في عمل معارض للنظام)، مع جنود الأمن الذين كان يوجّههم في الميدان، وقتئذ، اللواء ممدوح سالم، محافظ أسيوط، ووزير الداخلية بعد ذلك، ثم رئيس وزراء مصر في فترة لاحقة.

كانت شعارات الانتفاضة التي عمّت معظم محافظات البلاد، تؤكد الصمود في مواجهة الهزيمة، والإصرار على المواجهة، لاستعادة الأرض المحتلة، لذلك فهي ترفض نتائج المحاكمات، وتُطالِب عبد الناصر بكشف المتسببين بكارثة عام ١٩٦٧، مهما كانت مواقعهم، أو قربهم من رأس النظام ذاته.

بعـد أشـهر قليلـة، فـي تشـرين الثاني/نوفمبـر مـن العـام ذاتـه، تكررت

التظاهرات الطالبية والشبابية، وإن انطلقت - هذه المرّة - من مدينة المنصورة، في دلتا وادي النيل، وطالبت بالإصلاحات، في المقام الأول.

أتت هذه الانتفاضات ثمارها بتطهير الجيش من كبار رموز الفساد فيه، وتقديم «الرؤوس الكبيرة» للتحقيق والمساءلة، والأهم أن عبد الناصر، وفي محاولة لإقناع الشبان الثائرين بأنه يتفهم مطالبهم، قدم «بيان ٣٠ مارس» الذي اعترف فيه بأن «الشعب يطالب بالتغيير»، وأعلن أنه مع الشعب في هذا المطلب، واندفع المصريون بعدها، على الرغم من الجراح والآلام، في ملحمة إعادة بناء الجيش المحطم، وتدعيم الحصون المنهارة، والتجهيز للحظة مواجهة جديدة مع العدو الصهيوني، تحققت في السادس من تشرين الأول/أكتوبر ١٩٧٣، بعد رحيل القائد الذي تحمل ما لا يحتمل انتظارًا للحظة النصر التي لم يُكتب له أن يعيشها.

ثانيًا: الانتفاضات الطالبية الوطنية الديمقراطية بعد الهزيمة

على الرغم من مرارة اللحظة ووطأة الإحساس بعمق الكارثة، لم يقبل شعب مصر قط استمرار الهزيمة أو الإذعان لنتائجها، فخرج يومَيْ ٩ و١٠ حزيران/يونيو الملايين من أبناء الشعب يرفضون الهزيمة ويتمسكون بالرئيس عبد الناصر، لأنهم اعتبروا أن عملية التنحي، إن مرّت، فتعني القبول بانكسار مصر، والتسليم بالانتصار الصهيوني.

عاد عبد الناصر إلى موقع القيادة متعهدًا مواصلة مصر مسيرة العرق والدم والدموع لإعادة بناء الجيش المصري المحطَم ولإعداده لخوض معركة التحرير! كما أُقرَّ فتح التحقيق بملابسات التقصير المريع الذي أدى إلى انهيار الجيش المصري في الحرب، على النحو المأساوي الذي حدث.

قدمت مصر بطوائفها كلها، وخصوصًا عمّالها وفلاحيها وشبانها وطلابها ومثقفيها، ملحمةً من ملاحم الصمود والاحتمال، حتى يتسنّى لبلدهم عبور الهزيمة، وفي الوقت ذاته انتفض طلابُها وعمّالُها، في شباط/فبراير وتشرين الثاني/نوفمبر ١٩٦٨، احتجاجًا على ما لاحظوه من تواطؤ في الأحكام الصادرة على المتسببين بانكسار جيش مصر واحتلال أراضيها، واهتز نظام الرئيس عبد الناصر في مواجهة أول ثورة شعبية - شبابية تواجهه، وأصدر «بيان ٣٠ مارس»،

للرد على المطالب الشعبية المتمثلة بالديمقراطية ومواجهة الفساد وتوزيع أعباء الحرب، وقال قولته المشهورة: «الشعب يريد التغيير، وأنا معه».

لكن القدر لم يُمهِل عبد الناصر حتى يقود معركة استعادة الكرامة، فتوفي في ٢٨ أيلول/سبتمبر ١٩٧٠، بعد جهد مضنٍ لحقن الدماء بين الملك الأردني حسين والثورة الفلسطينية التي وصلت إلى ذروتها بمذابح «أيلول الأسود» التي قُتِل وجُرِح فيها الآلاف من أبناء الشعب الفلسطيني.

ودّع الشعب المصري عبد الناصر وداعًا عزَّ نظيره، فيما صعد إلى كرسي الحكم نائبه أنور السادات الذي سرعان ما خاض معركة طاحنة مع بقايا نظام الرئيس الراحل بهدف الانفراد بالسلطة، وهذا ما تحقق في ١٥ أيار/مايو ١٩٧١.

مع وصول السادات إلى الحكم كان صبر المجتمع المصري على مهانة الاحتلال قد نفد، لذلك انفجر بركان الغضب حين اكتشف المصريون أن «عام الحسم» الذي وعد به الرئيس الجديد (١٩٧١)، باعتباره موعدًا نهائيًا لخوض حرب التحرير المرتقبة، مرَّ من دون إطلاق رصاصة واحدة على العدو الصهيوني، متذرّعًا بأن «ضباب الحرب بين الهند وباكستان صادَرَ هذه الحرب المُنتظَرة». رفضت القوى الناشطة في الجامعة هذه الذرائع، وانتشرت الآلاف من صحف الحائط، وعُقدت ندوات ومؤتمرات سياسية تعرّضت بالنقد لمسببات تأجيل الحرب، مطالبة بالديمقراطية، باعتبارها مدخلًا للتحرير، وباقتصاد حرب حقيقي، وبإعداد الشعب والوطن، إعدادًا حقيقيًا، لخوض معركة التحرير.

قاد هذا النشاط عدد كبير من الجماعات الطالبية التي كانت قد انتشرت في الجامعات والمعاهد العليا المصرية، واتخذت لنفسها أسماء ذات دلالة: «جماعة أنصار الثورة الفلسطينية»، «جماعة عبد الحكم الجراحي»، «جماعة مصر»، «أسرة النديم»... إلخ، وأدّت هذه الجماعات دورًا مميزًا في رفع مستوى الوعي السياسي لدى الطلاب، وفي تعبئة القاعدة الطالبية وتنظيمها ودعوتها إلى العمل المباشر والتحرك.

كنتُ قد انتقلت من دراسة الهندسة في جامعة أسيوط، في صعيد مصر، إلى كلية الهندسة التابعة لجامعة القاهرة لاستكمال تعليمي فيها، وسرعان ما

اندمجت في جماعاتها الثورية، وأصبحت عضوًا فاعلًا في الجزء الأكبر من نشاطها، وما يتعلق بالتنسيق بين تجمّعاتها على مستوى جامعة القاهرة، وسائر الجامعات المصرية. وحينما شعرنا، نحن الطلاب، بأن حلم خوض معركة الحرية واستعادة الكرامة المهيضة واسترداد الأرض المحتلة، تبدد، انفجر بركان ثورتنا في عام ١٩٧٢، وآزرنا في ذلك عمّال حلوان والمناطق الصناعية الأخرى، واعتصم الطلاب في كلية الهندسة في جامعة القاهرة، وانتقل الاعتصام إلى المبنى الرئيس للجامعة (تحت القبة الشهيرة)، بمشاركة طلاب باقي الكليات، مكوّنين «اللجنة الوطنية العليا للطلاب»، باعتبارها قيادة منتخبة ديمقراطيًا، لقيادة انتفاضتهم التي قادها باقتدار المرحوم أحمد عبد الله رزه، الطالب في كلية الاقتصاد والعلوم السياسية، آنذاك، الذي نال شهادة الدكتوراه في تاريخ الحركة الطالبية المصرية، من جامعة كامبريدج بعد ذلك. انتخبني زملائي ممثلًا لطلاب كلية الهندسة في «اللجنة الوطنية العليا»، كما انتُخب زين العابدين فؤاد عن آداب القاهرة، وشوقي الكردي عن كلية الطب البيطري، وآخرون عن باقي الكليات. سرعان ما عمّت الانتفاضة جامعات مصر ومعاهدها في محافظاتها ومدنها كلها، وأعلن الطلاب في مؤتمراتهم ووثائقهم مطالب الشعب ومطالبهم، وراحوا يؤكدون أن المعركة، والمعركة وحدها، هي السبيل الوحيد إلى تحرير الأرض، وشجب الدور الذي تقوم به الولايات المتحدة الأميركية، عدوة الشعوب، وإسرائيل ركيزتها المسلحة، ويؤكدون رفض الحل السلمي، ويُطالبون بسحب قبول النظام قرار مجلس الأمن الذي يعترف بحدود آمنة للدول ولإسرائيل، وينهي حالة الحرب مع العدو الصهيوني (القرار ٢٤٢) في وقت ما زالت فيه الأراضي العربية محتلة، كما طالبوا بسحب قبولنا مبادرة روجرز (وزير خارجية الولايات المتحدة آنذاك)، وسحب مبادرة الرئيس السادات، والإعداد الفعلي للمعركة. وجاء في أحد البيانات:

«... إن قضية المعركة ترتبط بقضية الديمقراطية، ونحن نُطالب برفع كل أشكال الوصاية على التنظيمات النقابية والسياسية للجماهير، ونُطالب بحرية الصحافة، ورفع سلطة الرقيب، إلا في ما يمس المسائل العسكرية».

«... نُطالب باقتصاد حرب حقيقي، تتحمل فيه الدخول العليا القسط الأكبر من أجل المعركة، ويكون فيه الحساب جادًا على وسائل الكسب غير

المشروعة، إذ إنه من غير المعقول، ونحن نُطالب باقتصاد حرب، أن تتضخم شرائح معيّنة من المجتمع، حتى أصيبت بالتخمة»[1].

يُلاحظ أن هذا البيان الذي عكس توجّهات الحركة الطالبية في سبعينيات القرن الماضي، ربط، بشكل جدلي، بين خوض معركة تحرير منتصرة ولزوم إيقاف مسلسل «الهرولة» السياسية خلف ما تلوّح به الولايات المتحدة من وعود «سلمية» مُزيّفة، وربطه القضية الوطنية وقضية الديمقراطية بالأوضاع الاقتصادية العادلة، باعتباره شرطًا ضروريًا لهزيمة الأعداء وتحرير الأرض والإرادة.

تحوّلت جامعة القاهرة، باعتصامها المشهور، إلى كعبة الحرية والأحرار في مصر والمنطقة، وكان طبيعيًا أن يتصاعد ضغط السلطة الحاكمة لفض الاعتصام بأسرع ما يمكن، حتى لا تمتد آثاره إلى باقي فئات المجتمع وطبقاته، وبالذات إلى عمّال مصر الذين كانوا قد بدأوا التحرّكات في المصانع والتجمعات العمالية. لكن جهد النظام الذي سعى إلى إغراء قادة الانتفاضة الطالبية بفض اعتصامهم بعدما عرضت الحركة الطالبية مطالبها على «مجلس الأمة»، لقاء مكاسب شخصية أو هامشية، باء بالخسران.

كعادته دائمًا استخدم النظام أجهزة الإعلام الرسمية: الصحف والإذاعة والتلفزيون، للتشهير بالانتفاضة، وتشويه مواقفها، وادّعى أن الطلاب عملاء، وهذه المرة لدولة كوريا الشمالية. حِرنا جميعًا في البحث عن سبب هذا الاتهام، من دون جدوى، ولم يبق أمام السلطة إلا استخدام القوة لإنهاء الوضع بأي ثمن. وفي فجر ٢٤ كانون الثاني/يناير ١٩٧٢، اقتحمت مجنزرات الأمن ومُدرّعاته أسوار الجامعة، ووطأت بعجلاتها الحرم الجامعي مرة أولى وأخيرة. وفي هجوم مباغت استُخدمت فيه القنابل المسيّلة للدموع والذخيرة، اعتُقل نحو ١٥٠٠ طالب وطالبة من المعتصمين، من خيرة أبناء الأمة، وجريمتهم هي أنهم عشقوا تراب بلدهم، وطالبوا بالحرية: تحرير الوطن من الاحتلال الصهيوني، وحرية المواطن حيال قهر السلطة. لكن الأمر لم ينته عند هذا الحد.

---

(١) من بيان سياسي صادر عن مؤتمر للحركة الطالبية، في جامعة القاهرة - كلية الآداب، ١٨ كانون الثاني/يناير ١٩٧٢.

حين وفد باقي الطلاب، في الصباح المبكر، إلى كلياتهم الجامعية، وعاينوا ما حدث لزملائهم المعتصمين، انفجرت تظاهرات الغضب احتجاجًا، مطالبة بالإفراج عن رفاقهم المعتقلين. ووقعت صدامات دامية بين المتظاهرين وقوات الأمن المركزي التي حاولت إعاقة وصولهم إلى ميدان التحرير، مستخدمة القوة والعنف، من دون جدوى. وهناك في ميدان التحرير التقى عشرات آلاف الطلاب والعمال والمواطنين الذين خرجوا في تظاهرات حاشدة، رفعوا فيها مطالبهم، وأعلنوا إصرارهم على تحرير زملائهم المعتقلين، رافضين أي محاولة لتشويه حركتهم، ومكوّنين «اللجنة الوطنية العليا»، الموقتة، حتى يُفرج عن قادة «اللجنة الوطنية» من محابسهم. وبالطبع كان الصدام الدموي حتميًا مع قوات الأمن التي كررت استخدام العنف في مواجهة المتظاهرين المسالمين العُزّل الذين كانوا ينشدون أغاني العشق للوطن والشعب.

من وحي هذه المشاهد الملحمية كتب الشاعر المصري أمل دنقل رائعته «أغنية الكعكة الحجرية» التي يقول فيها:

«أيها الواقفون على حافة المذبحة
أشهروا الأسلحة
سقط الصمت، وانفرط القلب كالمسبحة
والدم انساب فوق الوشاح!
المنازل أضرحة،
والزنازين أضرحة،
والمدى أسلحة
فارفعوا الأسلحة
واتبعوني، أنا ندم الغد والبارحة
رايتي: عظمتان وجمجمة، وشعاري الصباح!».

ثالثًا: الانتفاضة الشعبية في ١٨ و١٩ كانون الثاني/يناير ١٩٧٧

لـم يتوقـف الحـراك الطالبـي الـذي اتسـم باليسـارية عنـد هـذا الحـد، بـل اسـتمرت موجاتـه طـوال السـنوات الخمـس التاليـة، وإن بدرجـات متفاوتـة،

وبالـذات فـي عامـي ١٩٧٣ و١٩٧٥ اللذيـن شـهدا صعـود الحركـة العماليـة التـي تركـزت فـي البـؤر العمّاليـة فـي حلـوان وشـبرا الخيمـة والمحلـة الكبـرى وكفـر الزيـات وكفـر الـدوار وغيرهـا.

كانت ثمار الحرب التي دفعت الطبقات الشعبية ثمنها قد سقطت في خزائن الطبقة الرأسمالية المستحدثة المتحالفة مع البيروقراطية الفاسدة، وطفت على السطح جحافل «القطط السِمان» من محاسيب السلطة وأصهارها والمتحلقين حول دوائرها الذين كوّنوا ثروات هائلة في ظل سياسات «إعادة الهيكلة» وبرامج «الخصخصة»، ومشروعات المناطق الحرة، وقوانين تشجيع رأس المال العربي والأجنبي... إلخ بحسب شروط صندوق النقد الدولي والبنك الدولي والدول المانحة. وجرى نهب ثروة المجتمع، وتجريف الملكية العامة، وتحويلها إلى ملكية خاصة لرجال السلطة والموالين لها، والمقربين منها، وبدأ تنصل الدولة من واجباتها الاجتماعية، وتحللها من التزاماتها تجاه مواطنيها، الأمر الذي أدى إلى انهيار مستويات المعيشة للأغلبية العُظمى من أبناء الشعب انهيارًا مريعًا لم يسبق لهم أن عاينوه أو عانوه على الأقل على امتداد ربع القرن السابق، بين عامي ١٩٥٢ و١٩٧٧.

الأدهى أن هذا كله كان يحصل وسط موجة عاتية من الأكاذيب والوعود التي لم تنقطع، والتي تزين للناس الغد القريب، فتعِدهم بالجنّة والرخاء العميم، في وقت كانت تتصاعد فيه وتيرة الإفقار، وتزداد معدّلات التضخم مع ثبات الأجور، ويجري التهجم على الأوضاع المستقرة لصغار الفلاحين والعمال، بالعبث بالقوانين، وتسخير مجلس الشعب لخدمة مصالح كبار الملاك وأصحاب رؤوس الأموال، وتوزيع أملاك الدولة على المحاسيب، الأمر الذي تفاقم مئات المرات، بعد ذلك، في زمن الرئيس السابق حسني مبارك.

على الرغم من ادعاءات الرئيس السادات، كان الجميع يعرفون أنها لا تقف على أقدام صلبة، فهو مارس السلطة منفردًا، وتدخل بدكتاتورية في عمل المؤسسات والهيئات الأساسية في الدولة، وبطش بمعارضيه، وصاغ عبارة «ديمقراطية الأنياب» لإبراز القدرة على «فرم» خصومه، واستنّ مجموعة قوانين سيئة الصيت تحول دون أن يشارك أي منهم في أي تحركات سياسية تؤثر في سيطرته الكاملة على السلطة ومفاتيحها.

فـي النهايـة ضـاق السـادات ذرعًـا باللعبـة كلهـا، فقـرر أن يهـدم المعبـد فـوق

رؤوس الجميع، وأن يُعمل أنيابه كي تنهش في جسد المعارضين، مهما كانت حدود معارضتهم، في مذبحة أيلول/سبتمبر ١٩٨١، قبيل اغتياله بأيام.

مع اقتراب عام ١٩٧٧ كانت معاناة المواطنين قد تضاعفت، وتدهورت أوضاع الصناعة الوطنية على المستويات كلها، لمصلحة الاستيراد من الخارج، وارتفعت أسعار السلع الأساسية ارتفاعًا كبيرًا، وتضاعفت ديون الدولة، وانتشر الفقر والمرض بدرجات أكبر، وبالذات في الريف وبين الطبقات المسحوقة، وكانت الحكومة على لسان كبار مسؤوليها، أمثال ممدوح سالم، رئيس مجلس الوزراء، مستمرة في إيهام المواطنين بقرب الانفراج الكبير، وبأن أسعار الحاجات الأساسية لن تمس، بل إن الرئيس السادات، بحسب جريدة الأخبار (١٢ كانون الثاني/يناير ١٩٧٧) طلب «ألا يتحمل هذا الجيل كل التراكمات الماضية»، كما طلب «ضرورة التخفيف عنه لأنه قدم الكثير، وضحّى عن طيب خاطر».

من هنا كانت صدمة جموع الشعب المصري، وهي تستمع، في ١٧ كانون الثاني/ يناير، إلى قرارات «المجموعة الاقتصادية» التي يرئسها عبد المنعم القيسوني، رفع الدعم والأسعار، صدمة من العيار الثقيل. القرارات عصفت بوعود المسؤولين كلها، وعلى رأسهم السادات نفسه، وبدلًا من أن تُخفّف الحكومة عن كاهل ملايين الفقراء، كما هو متوقع، إذا بها ترفع الدعم عن بعض السلع المعيشية الضرورية (الدقيق الفاخر والذرة والسمسم والحلاوة الطحينية والفاصوليا واللحوم المذبوحة والشاي والأرز والملبوسات والمنسوجات)، وتزيد أسعار سلع أخرى (السجائر والبنزين والغاز والسكر)، وتزيد رسوم التمغة الرسوم الجمركية... إلخ.

في ظل هذه المقدمات، كان طبيعيًا أن تنفجر مصر فور إعلان قرارات رفع الأسعار، لأنها شعرت بأن الطبقة الحاكمة تستخف بها، وتستهين بذكائها، وتسرق منها حقها في الحياة، وتكذب عليها، وتروج أوهامًا لا تنفذ، وأحلامًا لا تُحقَّق. في توقيت واحد خرجت جموع المصريين، بعد أن طال صمتها. خرجوا من الحواري والأزقة والشوارع، واندفع الملايين من المراكز الصناعية، حيث بدأت «أحداث الشغب»، كما اعتاد ضباط الأمن تسمية التظاهرات الاحتجاجية، «يوم الثلاثاء ١٨ كانون الثاني/يناير ١٩٧٧،

في حوالى الساعة الثامنة والنصف صباحًا، وخرج عمال شركة مصر - حلوان للغزل والنسيج في تظاهرات أخذت تطوف في منطقة حلوان، مرددة هتافات عدائية ضد سياسة الحكومة وقرارات رفع الأسعار والقيادة السياسية. ونجح المتظاهرون في إخراج بعض عمال المصانع الأخرى في المنطقة» [بحسب تقرير اللواء أحمد رشدي، مدير أمن القاهرة (آنذاك) في ١٩٧٧/٢/١]. وتزامنت التظاهرات التي انطلقت من حلوان إلى مركز العاصمة، مع تفجّر تظاهرات أخرى بدأت من كلّيَتي الهندسة في جامعتي عين شمس والقاهرة. سرعان ما تضخّم عدد المتظاهرين، وانضم إليهم مواطنون عاديون غاضبون من قرارات رفع الأسعار، واصطدمت التظاهرات بقوات الأمن، فانتشرت في أرجاء وسط البلد: ميدان التحرير وشارع سليمان والعتبة والموسكي، حتى شبرا والساحل، ووصلت إلى مجلس الشعب. وفي كل موقع كانت آثار الاشتباك العنيف مع قوات الأمن واضحة في الأرض وفي الجو الذي عبق بالاستخدام الكثيف للقنابل المسيلة للدموع.

من القاهرة والإسكندرية والمنصورة وبورسعيد والسويس... حتى أسيوط وقنا وأسوان، خرج الملايين، بصوت واحد يهدر، فيرج الأرض رجًّا بالشعارات التي انتشرت في الأفواه والألسنة مثل:

• هــو (أي الســادات) بيلبس آخر موضة	واحنا بنسكن عشــرة فــي أوضة.
• هــو بيلبس آخــر موضة	واحنا تاكلنــا الســوق الســودة.
• هــو بيبنــي فــي استراحــات	واحنا نعانــي آهــات وآهــات.
• همـا بيـاكلوا حمــام وفـراخ	واحنا الجــوع دوخنــا وداخ.
• مش كفايـة لبسنـا الخيش	جايين ياخــدوا رغيف العيش!
• قولـوا للنايـم في عابـدين	العمـال بيبـاتوا جعانين.
• يا حاكـمنا بالمباحـث	كل الشـعب بظلمـك حاسس.
• الصهيـونـي فـوق ترابـي	والمبـاحـث علـى بابـي.
• يا أهالينـا يا أهالينـا	آدي مطالبنا وآدي أمانينـا:
• أول مطلــب يا شبـاب	حـــق تعـدد الأحزاب.
• تـاني مطلب يا جماهير	حـــق النشـر والتعبـير.
• تـالـت مطلب يا أحـرار	ربـط الأجـر بالأسعـار.
• احنـا الطلبة مع العمـال	ضـد حكـومة راس المـال.

كما كان متوقعًا، واجهت السلطة تظاهرات الغضب بالعنف الدموي، وسقط المئات من الشهداء والجرحى. لكن زحف الشعب استمر كالطوفان الهادر، لا يقف في طريقه شيء. وانهارت ممانعة جحافل الأمن التي كثيرًا ما روّعت الشعب، ومارست عدوانها على العزّل من المواطنين.

لم ينقذ النظام إلا تراجعه عن قرارات رفع الأسعار التي صدرت في ١٧ كانون الثاني/يناير، مصحوبًا بنزول الجيش إلى الشارع لحفظ النظام، بعد أن تبدد جهاز القمع الخطير وتبخر في مواجهة الملايين من أبناء الشعب.

سببت الانتفاضة حرجًا بالغًا للسادات، وكاد بسببها يهرب بالطائرة من أسوان بعد أن حاصرته أصوات الشعب الثائر، وبلغ من كراهيته لسيرة تلك الانتفاضة أنه ظل يسميها حتى اغتياله «انتفاضة الحرامية».

بحثت السلطة، كما عادتها، عن «شمّاعة» تُعلّق عليها جريمتها البشعة بحق البلد، فوجدت ضالّتها في العدو التاريخي: الشيوعيين والناصريين، حيث أعلنت صبيحة ١٩ كانون الثاني/يناير، وقبل إجراء أي تحقيق رسمي أنه «تأكد لأجهزة الأمن أن العناصر الشيوعية التي تعمل في إطار شيوعي منظم، وبعض العناصر من الذين يسمون أنفسهم بالناصريين، تُصر على تصعيد الموقف، وإحداث حالة من الفوضى لتنفيذ مخططها».

بناء على هذه النوعية المرسلة من الاتهامات المجانية، شنَّ النظام حربًا مفتوحة، ضد التنظيمات الشيوعية السرية، الأربعة: الحزب الشيوعي المصري، التيار الثوري، حزب العمال الشيوعي، الحزب الشيوعي المصري - ٨ يناير، إضافة إلى التيار الناصري، وسائر من «توسّم» فيهم الأمن رائحة اليسار، وتعرضوا جميعًا لعملية هجومية ممنهجة هدفها اجتثاثهم من الجذور، بعد أن أسبغ عليهم الأمن شرفًا كبيرًا هو اتهامهم بالتحريض على الانتفاضة الشعبية المجيدة، وقيادتها.

لما واجه الكاتب الراحل أحمد بهاء الدين الرئيس السادات بحقيقة أن «أحدًا من الشيوعيين لم يقبض عليه في التظاهرات، وأن بعضهم أخذ من منزله القريب»، رد عليه السادات: «ما هي دي شطارتهم يولعوا [الحريق] ويجروا على بيوتهم، ويسيبوا الباقي للحرامية والأوباش».

أحال النائب العام ١٧٦ متهمًا في ٣١ أيار/مايو ١٩٧٧ (كان كاتب

هذه السطور المتهم الرقم ٧) واستمرت المحاكمة عامين كاملين برئاسة القاضي النزيه حكيم منير صليب الذي قضى ببراءة جميع المتهمين من التهم المختلقة التي وجهتها إليهم النيابة العامة، وهي «التحريض على العنف والتخريب، وإنشاء منظمات شيوعية تستهدف قلب النظم الأساسية، السياسية والاقتصادية والاجتماعية للدولة، باستخدام القوة والإرهاب والوسائل غير المشروعة».

صحيحٌ أن الانتفاضة الشعبية في ١٨ و١٩ كانون الثاني/يناير حققت جانبًا من أهدافها، إلى حد كبير، بإسقاط قرارات رفع أسعار السلع الضرورية، لكن الأصح أن السادات، بعد أن استرد سيطرته على الوضع في البلاد، أخذ يُنكِّلُ بالمعارضة، وبخاصة اليسارية التي ظل يكن لها حتى الممات كراهية عظمى. على الرغم من ذلك طُبعت وقائع هذه الانتفاضة الشعبية المجيدة في الوجدان الشعبي العام الذي عَبّر عن عميق احترامه لشهدائها، كما طُبع اسمها بمداد من خلود في صفحات التاريخ المصري الحديث.

رابعًا: حركة «كفاية»... صرخة في الزحام

كان لا بد من أن تمر هذه السنوات، بين عامي ١٩٧٧ و٢٠٠٤، حتى يستمع الجميع، في مصر والعالم، إلى صرخة «كفاية»، الضعيفة والمحاصرة التي طرحت أعلى الأسقف السياسية المتاحة آنذاك: «لا للتمديد... لا للتوريث»، ورفضت الاعتراف بمهازل الانتخابات المزورة، والاستفتاءات المزيفة. «باطل!» كانت صرخة محاصرة بحشد قوات الأمن التي تحيط بها من كل جانب، لكنها، مع ذلك، كانت صيحة قوية وقادرة على لفت الأنظار، والوصول إلى الأفئدة.

غير أن هذه السنوات الطويلة لم تضع هباءً، حيث امتلأت بالعمل الوطني لخدمة القضية الفلسطينية، عبر «اللجان الشعبية لدعم الشعب الفلسطيني» التي شاركت في تجهيز حملات المساندة، المادية والطبية، لأشقائنا الفلسطينيين تحت الاحتلال، و«لجان مقاومة التطبيع مع العدو الصهيوني» و«مقاطعة البضائع الإسرائيلية والأميركية»، وكذلك «لجان دعم الشعب العراقي»، وحملات «فك الحصار عن العراق»... وغيرها. ظهرت نتائج هذه «التدريبات» في خلال

الانتفاضة الفلسطينية في عام ٢٠٠١، وفي أثناء الاحتلال الأميركي للعراق في عام ٢٠٠٣، حين تدفق آلاف المحتجين، إلى وسط المدينة، في أكبر التجمعات الاحتجاجية التي شهدتها البلاد قبل الثورة.

استطاعت «الحركة المصرية من أجل التغيير - كفاية» أن تؤثر تأثيرًا كبيرًا، في داخل مصر وخارجها، فأُسست حركات عديدة على غرارها في العديد من البلدان العربية، واتخذت لنفسها أسماء قريبة، وحاولت قوى سنغالية أن تؤسس حركة مماثلة، لكن الظروف لم تساعد. وكان أهم ما فعلته حركة «كفاية» أنها كسرت حاجز الخوف من السلطة، وهزت ثقافة القمع والترهيب، وحطمت هالة القداسة التي كانت تحيط بالحاكم/الإله، وعممت ثقافة الاحتجاج، وشجعت الجماهير على النزول إلى الشارع دفاعًا عن الحق والمطالب، كما أنها فرضت معادلات جديدة للصراع تنطلق من امتلاك المبادرة، ورفض الاستكانة لردات الفعل أو لقواعد اللعبة التي وضعها النظام السابق، كما أسست «كفاية» شرعية جديدة لا تتسول اعتراف النظام، بل تستند إلى شرعية الشارع، باعتباره نبض الشعب، صاحب السيادة، فضلًا عن أنها جذبت إلى الحركة قطاعات واسعة من الشبان، برز كثيرون منهم في ما بعد في «٦ أبريل» وغيرها من جماعات الثورة الشبابية إلى ساحة العمل الوطني الجامع.

الأهم مما تقدم، أن «كفاية» قدمت النموذج الملهم للعمل العام الجديد في مصر، والمبني على تعزيز «القواسم المشتركة» بين الفرقاء من مختلف الرؤى القومية والإسلامية والاشتراكية والليبرالية، ودعم كل عمل جبهوي على أرض الواقع، وتخطي «الخندقة» السياسية، ونبذ سياسة الإقصاء، وتأكيد وحدة القوى الوطنية كلها في النضال من أجل الحرية والكرامة البشرية... إلخ. وكانت «كفاية» تمرينًا على ما حدث في ميدان التحرير في ٢٥ كانون الثاني/يناير ٢٠١١، على أكثر من مستوى:

- هي تجمّع يمثل معظم قوى المجتمع وطبقاته التي خرجت تقول بوضوح إن الوضع غير قابل للاستمرار، ولا بد من التغيير الفوري لمكونات النظام كلها، حتى يمكن فتح الطريق المغلق أمام التطور على المستويات كلها، وهو ما حدث على مستوى أوسع في الثورة.
- رفضت العمل ضمن أفق السلطة، وقواعد اللعبة السياسية التي أرساها

النظام السابق وقبلت بها القوى السياسية (الرسمية)، الأمر الذي أدى إلى شللها، وعجزها عن التواصل مع الناس والحياة، وهو ما حدث في الثورة التي رفعت منذ البداية شعار التغيير الشامل: «الشعب يريد إسقاط النظام»، ونجحت في تحقيقه.

• اعتمدت على القوى الشابة في المجتمع، وطوّرت عبر تجمعاتها النوعية، مثل «شباب من أجل التغيير»، علاقة خاصة بأعداد منهم، أدوا أدوارًا بارزة في الثورة.

• كانت سبّاقة إلى استكشاف قيمة الثورة التكنولوجية، ووسائل الاتصال الحديثة في إيصال الرسائل السياسية إلى المجتمع والعالم، حينما استخدمت الفضائيات للتواصل، ولتخطي عقبة الحصار الأمني الشرس، وهو الطريق الذي قطعت فيه ثورة ٢٥ يناير أشواطًا باتجاه الاستفادة من الكمبيوتر، وشبكة الإنترنت، وشبكة التواصل الاجتماعي «فيسبوك» (Facebook) ... وغيرها.

• طرحت « كفاية» التغيير الداخلي باعتباره مفتاح أي تغيير في السياسة الخارجية، خلافًا لما كان سائدًا، حيث كان النضال كله في مواجهة أخطاء السياسة الخارجية للنظام، خصوصًا في شأن القضية الفلسطينية، والعلاقات بالولايات المتحدة الأميركية. في المقابل ظهر ذكاء الثورة المصرية في تأكيد التغيير الداخلي، حتى تنجح الثورة، وحينذاك يمكن تناول باقي مظاهر الخلل في السياسة الخارجية، التي هي بموجب التعريف انعكاس موضوعي للسياسة الداخلية، لا العكس.

لم تكن حركة «كفاية» نهاية المطاف في رحلة الثورة المصرية المعاصرة، منذ أن هتف الزعيم أحمد عُرابي في ساحة قصر عابدين، وسط الجيش الثائر: «لقد ولدتنا أمهاتنا أحرارًا، ولم نخلق تراثًا أو عقارًا، ولن نورّث بعد اليوم»، إلى أن هتف الثوار في التظاهرات المليونية، وفي قلب ميدان التحرير: «تغيير... حرية... عدالة اجتماعية، خبز... حرية... كرامة إنسانية». تعددت المحاولات في الاتجاه نفسه، فتكوّنت «الجمعية الوطنية للتغيير» وعشرات اللجان والجماعات التي كانت روافد صغيرة شقت المسار، وهيأت الأرض لفيضان النهر الكبير، نهر ثورة الخامس والعشرين من يناير الخالدة.

الفصل الأول

مراكمة الشروط الاقتصادية والاجتماعية

عبد القادر ياسين

وقف الأب أمام باب بيته المتواضع، زائغ العينين وهو يتلقى التعازي بابنه الذي قضى غرقًا غير بعيد من شواطئ إيطاليا التي كان متوجّهًا إليها بعد أن أجبرته الحياة في مصر على الهروب، مراهنًا بحياته، فكثيرون غيره قضوا قبل أن يصلوا إلى إيطاليا.

سألت الصحافية الوالد عما يتمناه بعد أن فقد ابنه البكر، فرد الأب من دون تردد: «ياخدوا ابني الثاني، يمكن يوصل إيطاليا، ونطلع من الهم اللي احنا فيه»!

نعم، إلى هذا الحد يريد الأب أن يقامر بابنه الثاني، لعلّه ينقذ ما يمكن إنقاذه من أفراد الأسرة التي سقطت، منذ سنوات، تحت خط الفقر مع نحو نصف مجموع الشعب المصري.

كأننا في زمن العجائب، فثمة أم تنتحر بعد أن عجزت عن توفير نصف كيلوغرام من اللحمة لابن لها؛ وهناك أب باع ابنه ليُطعم بثمنه ما تبقى له من أولاد، وثالث قتل أنجاله بعد أن عجز عن إطعامهم! وعشرات قتلوا أقاربهم من الدرجتين الأولى والثانية، طمعًا في شقه أو سوار.

هكذا حوّل نظام مبارك مصرَ إلى جحيم لا يُطاق لمعظم أبنائها لقاء تمتع قشرة رقيقة من المجتمع المصري بخير البلد بعد أن استباحوه بما عليه ومن عليه.

سيطرت البرجوازية الطفيلية على جهاز الدولة الحاكم، ما أتاح لها الهيمنة على موارد اقتصاد القطاعين العام والخاص، بالسرقة والنهب والفساد والقمع والرشوة والعمولات فحققت البرجوازية تلك ثروات خيالية، من دون أن تقدم إنتاجًا يتيح نموًا متوازنًا في المجتمع، فاتسعت الفجوة بين الأغنياء والفقراء، باطراد، وتحركت الثروة. وعندما جفّت الينابيع، أصبح بيع

ممتلكات الدولة ومصانعها مصدرًا جديدًا للإثراء الفاسد، حتى بلغ السيل الزبى، وصار المقموعون المظلومون غير قادرين على احتمال العذاب الذي يعيشونه يوميًا، فثاروا[1].

نحن إذًا أمام نظام يتحيَّز للبرجوازية الطفيلية، وضد الفقراء؛ الأمر الذي تجلى في التسهيلات الضخمة التي يوفرها ذاك النظام لتلك الفئة، بخاصة تشريع «تشجيع الاستثمار والمستثمرين»، بخفض الضرائب من ٤٢ في المئة إلى ٢٠ في المئة من الأرباح، فيما غطّى محدودو الدخل نحو ٨٥ في المئة من مجموع الضرائب السنوية.

جاء قانون الضرائب (٢٠٠٥) مجافيًا للعدالة على نحو شديد الفظاظة، حيث وحَّد معدل الضريبة لذوي الدخل الذي يزيد على ٤٠ ألف جنيه مصري، ولو كان عشرات المليارات! كما أعفى القانون الأوعية الادخارية من الضرائب، وأعفى أرباح الاستثمارات في الأسهم والسندات، ومشروعات جهاز الخدمات الوطنية في وزارة الدفاع، ومعها أرباح منشآت استصلاح الأراضي واستزراعها، وإنتاج الدواجن، والخيل، وتربية الماشية، ومصائد الأسماك، لمدة عشر سنوات من بدء النشاط، كما أعفى القانون المشروعات المحوَّلة من الصندوق الاجتماعي لمدة خمس سنوات، كما ألغى القانون الإعفاءات على الاستثمار المباشر[2].

أما إعفاء أرباح الأسهم والسندات من الضرائب فإنه يشجع على سرعة حركة الأموال في البورصة، أي المضاربة، ما يعني تحيُّز نظام مبارك للمغامرين والطفيليين، المحليين والأجانب، غير العابئين بمستقبل الاقتصاد المصري. كما أن ذاك الإعفاء حوَّل البورصة إلى أحد مسارح اللهو لرؤوس الأموال الأجنبية الساخنة، لتنزح الموارد من الداخل إلى الخارج، وهي مُعفاة

---

(١) مصطفى البرغوثي، «دروس من ثورة مصر،» ٢٠١١/٤/٧، <http://www.palestinemonitor.org>.

(٢) أحمد السيد النجار، «الاقتصاد ومعضلة الفقر والتهميش» في: محمد عبد العاطي، محرر، «ملف: مصر... تبديد أرصدة القوة، ثلاثون عامًا من حكم مبارك،» مركز الجزيرة للدراسات، قسم البحوث والدراسات، ٢٠١١، ص ٩٧. عن: International Monetary Fund IMF, World Economic Outlook (WEO): Rebalancing Growth (Washington; DC: IMF, 2010), p. 66.

من الضرائب! ونتيجة هذا القانون الجائر، فإن النسبة الأكبر من الضرائب كانت تُجبى من الفئات الوسطى والفقيرة، بينما يزداد كبار الرأسماليين ثراءً[٣].

تأخر صدور «قانون المنافسة ومنع الاحتكار» كثيرًا، وأدى ذلك إلى استمرار الاحتكارات الإنتاجية والتجارية التي ترفع أسعار السلع والخدمات، وفقًا لآليات احتكارية، ولسحق الفئات الوسطى والفقراء ممن يعملون بأجر. حدد القانون الوضع الاحتكاري بسيطرة منتج واحد على ٣٥ في المئة من إنتاج أي سلعة أو خدمة، ما دفع بعض المنتجين إلى إساءة استخدام وضعه الاحتكاري. بينما رأى وزير الداخلية أن العبرة بسلوك تلك الاحتكارات! الأمر الذي حُصر، أيضًا، في وزير المالية، أو من يفوِّضه! بينما يُفترض أن يوكل هذا الأمر إلى جهة مستقلة عن السلطة التنفيذية. وزاد تعديل عام ٢٠٠٨ من ضعف هذا القانون، لأن التعديل ألغى مصادرة المادة محل المخالفة الاحتكارية[٤]. وتحول رأس النظام إلى مجرد سمسار لمصلحة الولايات المتحدة وإسرائيل، بالمعنيين الاقتصادي والسياسي للكلمة.

يرصد خبير اقتصادي مصري معروف تحيُّز نظام مبارك الطبقي في المجال الزراعي، حيث جرى طرد الفلاحين لمصلحة الملاك القدامى، وتلقف التجار القطاع الزراعي، فهبط إنتاج القمح من ٥٥ في المئة من حاجة مصر في عام ١٩٨٠، إلى ٢٣ في المئة في أواخر التسعينيات، ما عمّق تبعية مصر للولايات المتحدة، المصدر الذي يمد مصر بحاجتها من القمح الذي شحّ في آذار/مارس ٢٠٠٨، فتسبب بصدامات دامية في طوابير الخبز أمام الأفران[٥].

أصدر نظام الرئيس حسني مبارك في عام ١٩٩٦ تشريعات انتُزعت بموجبها الأراضي التي سبق لثورة ٢٣ تموز/يوليو أن وزعتها على الفلاحين، وأعادها نظام مبارك إلى أغنياء الريف. ثم كانت الطامة الكبرى، بتفجير أزمة العطش في مياه الشرب والري، على حد سواء، وبعد أن كان نصيب الفرد

---

(٣) أحمد السيد النجار: الانهيار الاقتصادي في عصر مبارك، ط ٢ (القاهرة: مركز المحروسة، ٢٠٠٨)، ص ٧-٣٦، والاقتصاد، ص ٩٧،

عن: World Bank, World Development Indicators 2010 (Washington, DC: The World Bank, 2010), pp. 254-256.

(٤) النجار، «الاقتصاد»، ص ٩٩-١٠٠.

(٥) النجار، الانهيار الاقتصادي، ص ١٦-١٩.

المصري، في عام ١٩٥٠، نحو ٢٤٠٠ متر مكعب، هبط، في عام ٢٠٠٧، إلى ٤٧٠ مترًا مكعبًا فقط[٦].

تدهورت معيشة فئات اجتماعية كانت «ميسورة» أو «مستورة» إلى مهاوي الفاقة والعسر، واتسعت دائرة الفقراء إلى نحو ستين مليون فرد. وتفاقمت الفوارق الطبقية، حيث انخفضت عوائد العمل المأجور والمعاشات من الدخل القومي، من ٤٤ في المئة في عام ١٩٧٥، إلى أقل من ٢٠ في المئة في عام ٢٠٠٧، ما يعني أن «الجانب الأكبر من الدخل القومي [نحو ٨٠ في المئة] تحتكره السلطة الحاكمة، مع 'الشلة' المحيطة بها»[٧].

ارتفع التضخم المطرد بحسب أسعار عدد من المنتجات الحيوية وخاماتها في عام ٢٠٠٧، بنسبة تراوح بين ٤٠٠ في المئة و٥٠٠ في المئة، وزادت أسعار الأغذية، ٧٠ في المئة[٨]؛ فيما قدّر «برنامج الغذاء العالمي» متوسط ارتفاع الأسعار في خلال عام ٢٠٠٧ وحده بـ ١٢٢ في المئة[٩]. وبحسب كاتب سياسي موالٍ لنظام مبارك، ترتفع أسعار السلع كلها، بلا تمييز، بنسبة تزيد على الضعف، خلال العام الواحد[١٠].

أما الأجور فبلغ متوسطها في القطاع الخاص أقل من ألف جنيه شهريًا، مقابل ٣٢٠ جنيهًا، في القطاع العام، في وقت استحوذ فيه أصحاب العمل على نحو ٧٠ في المئة من الناتج المحلي الإجمالي، تاركين لملايين العاملين نحو ٣٠ في المئة من ذاك الناتج. وفيما كان الحد الأدنى للأجور في عام ٢٠١٠ أقل من ١٢٠ جنيهًا شهريًا (نحو عشرين دولارًا) نال آخرون مئات الألوف، وبعضهم وصل إلى المليونين، ما يعني غياب نظام عادل للأجور، بحد أدنى وحد أقصى، مع ربط الأجور بالأسعار حتى بلغ عدد الفقراء في

---

(٦) أحمد بهاء الدين شعبان، «ثورة العطش تجتاح وادي النيل،» الأخبار (بيروت)، ٢٠٠٧/٨/٩.

(٧) أحمد بهاء الدين شعبان، «المحنة المصريّة: من «الشدّة المستنصريّة» إلى «الشدّة المباركيّة»!» الأخبار (بيروت)، ٢٠٠٨/٥/٢٢.

(٨) البديل (القاهرة)، ٢٠٠٨/٣/١٨.

(٩) شعبان، «المحنة المصريّة».

(١٠) النجار، الانهيار الاقتصادي، ص ٥٨، ومكرم محمد أحمد، «الاحتكار وضعف حماية المستهلك سببان أساسيان لموجة الغلاء،» الأهرام (القاهرة)، ٢٠٠٨/٣/٨.

مصر نحو ١٥ مليون مواطن، بحسب الحكومة، بينما الرقم الحقيقي يقترب من ٤٥ مليون فقير، نحو ٢٠ مليونًا منهم يعانون فقرًا مدقعًا[١١].

اختطفت حفنة من كبار رجال الأعمال - بفضل تداخلهم العضوي مع السلطة - الملكية العامة (مصانعَ ومرافقَ وأراضيَ وعقاراتٍ ومؤسساتٍ وخدماتٍ... إلخ) بلا مقابل تقريبًا، ما تطلّب إشاعة الفساد وبائيًا. فيما انحدرت الفئات الوسطى، بسرعة، إلى مصاف الطبقات الدنيا، واستفحلت معاناة ما يقرب من ثمانين مليونًا من المصريين، يعيش أكثر من ثلاثة أرباعهم تحت خط الفقر، وتعاني أغلبيتهم أزمات طاحنة في السكن والتعليم والعلاج والانتقال والعمل ومواجهة المخاطر البيئية، فضلًا عن مشاق توفير الحد الأدنى من حاجات المعيشة الآدمية مثل الخبز ومياه الشرب[١٢]. وسقط ١٣ قتيلًا في حروب الحصول على بضعة أرغفة، ونشبت «حروب المياه» بين القرى والمواطنين، لري الأرض الظمآنة، أو للحصول على جرعة ماء (ملوّثة وغير صالحة للاستخدام الآدمي)؛ فيما الفقراء ينتحرون[١٣].

هكذا وصل الأمر بالمصريين إلى مزيد من الفقر والبطالة: سكن ممتنع، وزواج مستحيل و«أحزمة البؤس» تحاصر العاصمة، علاوة على تراجيديا المرض والتلوُّث (احتلت القاهرة المرتبة الأولى في التلوُّث على المستوى العالمي)؛ وخمسة ملايين مصري مصابون بفيروس سي، وهذا العدد يزداد بمعدل ثلاثة أرباع المليون سنويًا، وبهذا احتلت مصر المرتبة الأولى في العالم للمصابين بهذا المرض، عدا أربعة ملايين مريض بالسكري، و١٤ في المئة من أبناء الشعب المصري يعانون حساسية الصدر، ونحو ١٥ مليونًا يعانون الأنيميا (فقر الدم)، فضلًا عن نحو مئة ألف يصابون بالسرطان سنويًا[١٤].

_____

(١١) «ملف: ثورة الشباب في مصر» أحمد السيد النجار، «الحقول المشتعلة،» مجلة الدوحة، السنة ٤، العدد ٤٢ (نيسان/أبريل ٢٠١١)، ص ٨٨-٩٣.

(١٢) أحمد بهاء الدين شعبان، «وقائع «اليوم التالي»: مصر إلى أين؟» الأخبار (بيروت)، ٢٠٠٨/٧/٧.

(١٣) شعبان، «المحنة المصريّة».

(١٤) أحمد بهاء الدين شعبان، «مصر: نهوض جديد لصراع الطبقات،» الأخبار (بيروت)، ٢٠٠٧/٩/٢٧.

أولًا: جذور المحنة

أمضى مبارك العقد الأول من حكمه المديد وهو يتباهى بأنه لم يزر إسرائيل. ووجد في بعض «المعارضين» من يُقدّمه إلى الشعب المصري بريئًا مما اقترفه سلفه، أنور السادات، أي الصلح مع إسرائيل. وتضافرت جملة أمور لتساعد مبارك في إعادة مصر إلى الصف العربي، وإلى العالم الإسلامي. إلى أن كان غزو قوات صدام حسين الكويت في صيف عام ١٩٩٠، حين أتت مبارك الفرصة، فانحاز إلى الحل الأميركي، وأدار ظهره إلى الحل العربي، ووفر مع غيره عباءة عربية للقوات الأميركية الغازية، وتحمس لمشاركة الجيش المصري نظيره الأميركي في «تحرير الكويت». لم يكن مبارك وحيدًا في هذا المجال، بل شاركه النظامان السوري والسعودي، فيما وقفت النسبة الأكبر من دول جامعة الدول العربية مع الحل الأميركي. هنا طفا مبارك على سطح المشهد العربي، وما عاد ذلك المنبوذ كالسادات.

دُحرت قوات صدام حسين عن الكويت في ١٩٩١/٢/٢٦، الأمر الذي شجع مبارك على أن يمضي قُدُمًا في مهاودة الولايات المتحدة، حيث اتفق مع صندوق النقد الدولي لتنفيذ برنامج للتغيير الاقتصادي على ثلاث مراحل[١٥]:

- مرحلة التثبيت، وتتضمن تحرير سعر الفائدة، وإنهاء الرقابة على سعر الصرف الأجنبي، وخفض سعر الجنيه ٣٠ في المئة.

- مرحلة التعديلات الهيكلية، بتعديل أسعار المنتجات الزراعية والصناعية، وتحرير التجارة، والشروع في تفكيك القطاع العام.

- مرحلة تعويض السياسات الاجتماعية، بإنشاء «الصندوق الاجتماعي للتنمية»، لتعويض المتضررين من تلك السياسات.

ارتبط تنفيذ كل مرحلة بإلغاء نسبة من ديون مصر الخارجية (١٥ في المئة، ١٥ في المئة، ٢٠ في المئة على التوالي) مكافأة لنظام مبارك على ما

(١٥) لمزيد من التفصيلات، انظر: تقرير التنمية البشرية في مصر ١٩٩٥ (القاهرة: معهد التخطيط القومي، ١٩٩٦)، ص ٢٢ وما بعدها؛ البنك المركزي المصري، التقرير السنوي ١٩٩٧-١٩٩٨ (القاهرة: البنك المركزي المصري، ١٩٩٨)، ص ٧٩-٨٧، والنجار، «الاقتصاد»، ص ١٠٥-١٠٦.

اقترفه في تسهيل الغزو الأميركي لـ «تحرير الكويت»، ما هبط بديون مصر الخارجية، في أواخر عام ١٩٩٦، إلى ٣١ مليار دولار، وهبطت، بعد سنتين، إلى ٢٨ مليار دولار، بعد البدء في خصخصة القطاع العام الذي وضع في خدمة القطاع الخاص على مدى العقد الأول من حكم مبارك.

انصياعًا إلى شروط الصندوق والبنك الدوليين، بيعت في عام ١٩٩١ الأصول بأرقام أدنى كثيرًا من قيمتها الحقيقية، وكان ذلك فسادًا غير مسبوق في السمسرة، والإضرار بعشرات آلاف العمال الذين سُرّحوا من أعمالهم، ما وسَّع دائرة البطالة، حتى تجاوزت، في نهاية عهد مبارك، التسعة ملايين عاطل عن العمل.

أدت السياسات الاقتصادية المتبعة، آنذاك (سياسات «السوق» و«الخصخصة» و«حرية العرض والطلب») تحت وطأة «الليبرالية الشرسة»، إلى خلخلة التوازنات الاقتصادية والاجتماعية، حيث بيعت أصول الدولة إلى المصريين من رجال المال والأعمال، والأصهار، تحت رعاية نظام فاسد مستبد، ما ترتب عليه طفح طبقي، استأثرت فيه حفنة صغيرة بالثروة والسلطة[١٦]، برأي ناشط يساري مصري معروف[١٧].

كذلك استباحت جماعات نظام مبارك البلد بما عليه ومن عليه؛ ففككت المصانع، وباعت أصولها، بأقل من سعر الأرض التي أُقيمت عليها؛ فتراجع الإنتاج، وارتفعت نسبة البطالة، وطغى التضخم، فأخذ مؤشر الأسعار في الارتفاع المطرد، ما أدى إلى تأكل الأجور، واتساع دائرة الفقر، في مقابل ازدياد غنى البرجوازية، نتيجة أعمال السمسرة، والتوغل في الفساد الفاحش؛ ما أنتج جرائم، مثل السطو المسلح الذي أخلى له النشل موقعه علاوة على تفشي جرائم قتل الأقارب؛ ما عكس مدى تدهور القيم الاجتماعية والأخلاقية في المجتمع المصري على نحو غير مسبوق في التاريخ المصري المعاصر.

---

(١٦) بلغت أرباح أحمد عز، في سنة ٢٠٠٧ نحو ٢،٣ مليار جنيه مصري، إضافة إلى ثلاثة مليارات أخرى من مضاربات البورصة، خلال شهرين فقط.

(١٧) أحمد بهاء الدين شعبان، «مصر: من غرق العبّارة إلى غرق النظام،» الأخبار (بيروت)، ٢٠٠٨/٨/٢٥، والنجار، الانهيار الاقتصادي، ص ١٠٩-١٤٢.

ثانيًا: المراكمة الاقتصادية - الاجتماعية

ما كان لهذا كله إلا أن يرفع معدلات التضخم، على النحو التالي: ٨,٨ في المئة، ٤,٢ في المئة، ١١ في المئة، ١١,٧ في المئة، ١٦,٢ في المئة، في أعوام: ٢٠٠٥، ٢٠٠٦، ٢٠٠٧، ٢٠٠٨، ٢٠٠٩، على التوالي[١٨]. بينما بلغ في عام ٢٠٠٨، وفقًا لأسعار المنتجين، ٢٣ في المئة.

كما غرقت مصر في الديون الخارجية والداخلية، حيث بلغ إجمالي الدين المحلي ٦٧٠,٦ مليار جنيه في عام ٢٠٠٨، فيما بلغ الدين الخارجي ٨,٣٢ مليارات دولار[١٩]. وبلغت الديون في عام ١٩٨٨ نحو ٥٠ مليار دولار، تم التخلص منها بتوفير العباءة العربية إياها للغزو الأميركي في عام ١٩٩١، فضلًا عن صفقات فاسدة، بخاصة في مجال تفكيك القطاع العام وبيعه[٢٠].

تجلى خطر الديون في التهامها أكثر من ثلث الموازنة العامة للدولة[٢١]، ما دفن مصر تحت جبال من الديون. كما تدنّى معدل الادخار فيها[٢٢]، فعجز الاقتصاد المصري عن تحقيق نمو يُعتدّ به، حتى غدا هذا النمو أقرب إلى الركود، ما أرغم مصر على الاستدانة المستمرة، بكل تبعاتها الكارثية، في الاقتصاد والسياسة معًا[٢٣].

---

(١٨) النجار: الانهيار الاقتصادي، ص ٥٨، و«الاقتصاد»، ص ٩٧.

(١٩) موقع وزارة التخطيط: <http://www.egyptiancabinet.gov>.

(٢٠) النجار، «الاقتصاد»، ص ٥٦-٦٥، وشعبان، «وقائع».

(٢١) الأهرام (القاهرة)، ٢٠١١/٧/١٠.

(٢٢) بلغت نسبة الادخار إلى الناتج المحلي الإجمالي: ١٥,٧ في المئة، ١٧,١ في المئة، ١٦,٧ في المئة، ١٢,٤ في المئة في الأعوام: ٢٠٠٥/٢٠٠٤، ٢٠٠٦/٢٠٠٥، ٢٠٠٨/٢٠٠٧، ٢٠٠٩/٢٠٠٨، على التوالي، مقارنة بنحو ٢١ في المئة هو المتوسط العالمي، ونحو ٣١ في المئة في الدول المنخفضة والمتوسطة الدخل، وبنحو ٤٨ في المئة في دول شرق آسيا والمحيط الهادئ سريعة النمو، ونحو ٥٤ في المئة في الصين. وبيعت من القطاع العام، في سياق «الخصخصة» في صفقات شابها فساد كثير، وهي تحقق أرباحًا استثنائية.

(٢٣) النجار، «الاقتصاد»، ص ٩٧، عن: البنك المركزي المصري، «النشرة الإحصائية الشهرية،» العدد ١٦ (تشرين الثاني/نوفمبر ٢٠٠٦)، ص ١٨، والعدد ١٥٩ (حزيران/يونيو ٢٠١٠)، ص ١٩.

١- الفقر

في عهد حسني مبارك غدا الفقر منتجًا رئيسًا، قفزت نسبة الفقر إلى نحو ٤٥ في المئة من إجمالي السكان، ووصل عدد مَن هم تحت خط الفقر إلى ٢٠ في المئة، على الرغم من ازدياد منسوب الموارد المالية[٢٤].

أُهدِرت الموارد التي يملك الفقراء والفئات الوسطى الأغلبية الساحقة من الحقوق فيها، لأنهم يشكلون أكثر من ٩٥ في المئة من مجموع السكان، من خلال بيع الغاز الطبيعي لإسبانيا وإسرائيل، بسعر يقل كثيرًا عن الأسعار السائدة في الأسواق الدولية، ما حرم الفقراء والفئات الوسطى إيرادات مستحقة من هذه الموارد الطبيعية[٢٥]. والمعروف أن توزيع الدخل إنما يتحدد أولًا بنظام الأجور، بينما تكون إعادة توزيع الدخل، أو تحسينه، من خلال نظم الضرائب، والدعم، والخدمات العامة المجانية، وشبه المجانية. وساء توزيع الدخل في مصر إلى درجة جعلت أغلبية المواطنين لا يشعرون بأي ثمار للنمو الاقتصادي المزعوم، بسبب سوء نظام الأجور الذي يطلق أيدي أرباب العمل في تحديد أجور العاملين لديهم، تحت وطأة حد أدنى هزلي للأجر الشهري (١١٨ جنيهًا)، مع غياب سقف للأجور[٢٦].

بلغ متوسط الأجر الأسبوعي في القطاع الخاص ٢١٤ جنيهًا في عام ٢٠٠٧، مقابل ٣٠٨ جنيهات في القطاع العام. وبلغ إجمالي ما حصل عليه العاملون في عام ٢٠٠٨، نحو ٢٧٠,٥ مليار جنيه، من بين ٨٩٥,٥ مليار جنيه (٣٠,٢ في المئة) هي مجموع الأجور، مقابل نحو ٦٩,٨ في المئة لأصحاب حقوق الملكية، بعد أن كانت ٥١,٥ في المئة، في عام ١٩٨٩، وللعاملين ٤٨,٥ في المئة ما عكس تزايد سوء توزيع الدخل، وزاد

---

(٢٤) النجار، «الاقتصاد»، ص ١٠٤، عن: الكتاب الإحصائي السنوي لجمهورية مصر العربية (القاهرة: الجهاز المركزي للتعبئة العامة والإحصاء، ٢٠٠٩)، ص ٩٥، والبنك المركزي المصري، «النشرة الإحصائية الشهرية» (نيسان/أبريل ٢٠١٠)، ص ١١٨؛ و(حزيران/يونيو ٢٠١٠)، ص ١٢٨.

(٢٥) الكتاب الإحصائي السنوي لجمهورية مصر العربية، ص ٩٥، والبنك المركزي المصري، «النشرة الإحصائية الشهرية» (نيسان/أبريل ٢٠١٠)، ص ١١٨؛ و(حزيران/يونيو ٢٠١٠)، ص ١٢٨.

(٢٦) البنك المركزي المصري، «النشرة الإحصائية الشهرية» (نيسان/أبريل ٢٠١٠)، ص ١١٨؛ و(حزيران/يونيو ٢٠١٠)، ص ١٢٨.

الفقراء فقرًا، والأغنياء غنًى. فغدا صوغ نظام عادل للأجور أكثر إلحاحًا، بحيث يرفع الحد الأدنى للأجر، ويربط الأجور بالأسعار التي يجب ضبطها بحزم، بعد أن حققت مصر أسوأ معدلات التضخم في العالم (١٢ في المئة)، فيما هذا المعدل بين ٦,٢ في المئة للدول النامية، و١,٥ في المئة للدول الغنية[٢٧].

تدنت مخصصات الدعم والتحويلات الاجتماعية في مصر إلى نحو ١١٥,٩٢ مليار جنيه في الفترة ٢٠١٠ - ٢٠١١. والأنكى أن النسبة الأكبر من الدعم والتحويلات تذهب إلى كبار الرأسماليين، حيث ذهب نحو ٧٤ مليار دولار لدعم المنتجات النفطية والكهرباء في موازنة ٢٠١٠ - ٢٠١١، أي إلى مالكي شركات الحديد والإسمنت والأسمدة والألمنيوم، وبقية الشركات المستهلكة للطاقة بكثافة، وهي التي تبيع إنتاجها بأسعار تزيد كثيرًا على الأسعار العالمية، وهذه الشركات التابعة للقطاع العام بيعت في سياق «الخصخصة»، في صفقات شابها فساد كثير، وحققت هذه الصفقات المشبوهة أرباحًا خيالية.

كذلك تراجعت مخصصات دعم السلع التموينية لذوي الدخل المحدود من ٢١,١ مليار جنيه في ميزانية ٢٠٠٨ - ٢٠٠٩، إلى ١٤,١ مليار جنيه، في ميزانية العام التالي، و١٣,٦ في ميزانية ٢٠١٠ - ٢٠١١. في المقابل استمر دعم الصادرات عند مستوى ٤ مليارات جنيه، في ميزانية ٢٠١٠ - ٢٠١١، مقابل ٢٠٠ مليون جنيه فقط لدعم الصعيد، ومليار جنيه لدعم إسكان محدودي الدخل، و٤٢١,٢ مليون جنيه للأدوية والتأمين الصحي، ونحو ٢,٢ مليار جنيه لدعم المزارعين (تلتهم الرأسمالية الزراعية نسبتها الكبرى)، ما عُدَّ اعتداءً فظًّا على الحقوق الاقتصادية والاجتماعية لمحدودي الدخل، لمصلحة كبار الرأسماليين. وكان واضحًا حرمان الفقراء من الخدمات الصحية (١,٤ في المئة من الناتج المحلي الإجمالي مخصص للصحة)، مقارنة بنحو ٥,٨ في المئة في المتوسط العالمي، فضلًا عن خدمات التعليم (٣,٤ في المئة من الناتج العام)، مقارنة بنحو ٤,٦٥ في

(٢٧) النجار، «الاقتصاد»، ص ١٠٦. ويمكن مراجعة ميزانيتي الشركتين في: الأهرام (القاهرة)، ٢٠٠٩/٤/١، و٢٠٠٩/٨/١٣.

المئة في المتوسط العالمي، ونحو ٥,٢ في المئة في منطقة الشرق الأوسط وشمال أفريقيا[٢٨].

٢- الفساد

ما كان لهذا كله أن يجري من دون أن يترتب عليه تفشٍ وبائي للفساد[٢٩]. وللأخير مضامين اقتصادية وسياسية وثقافيه وأخلاقية. ويرسخ الفساد واقع الظلم الاجتماعي، وهو إحدى أدوات الاستقطاب الطبقي، على أسس غير نزيهة. وسرعان ما يغدو نمطًا عامًا، يتفشى على حساب القانون. إنه «سوء استخدام السلطة، من أجل تحقيق منفعة خاصة»، بحسب «منظمة الشفافية الدولية»[٣٠].

أدى تأكل الأجور في عهد مبارك إلى التفنن في أشكال الفساد، حتى غدت الحالة المصرية نموذجية في هذا الميدان. وزاد الطين بِلّة أن الفاسدين هم من تولوا صوغ التشريعات، وتدخلوا بفظاظة في أعمال القضاء. وسلك نظام مبارك سياسات، وسك قوانين، أسست للفساد، واخترقت السلطات كلها بما في ذلك الأجهزة الرقابية لتعطيلها عن مهمتها. ومنذ عام ١٩٧٦، صدر القانون الرقم ١٠٩ الذي منح فيه رئيس الجمهورية نفسه حق إغراء كبار المسؤولين، أو حرمان الشرفاء منهم! وعُدّلت المادة ٣٧١ من لائحة مجلس الشعب، بعد أن كانت تحرم أعضاء المجلس من ممارسة أي عمل آخر. وهكذا تمت السيطرة على السلطة التشريعية. ثم كان تعيين أبناء القضاة وانتداب القضاة، من باب الارتزاق، وشراء الولاءات. ومنذ الحكم الشهير في قضية انتفاضة ١٨و١٩ كانون الثاني/يناير ١٩٧٧ الذي برّأ جميع المتهمين فيها، فُتح باب النيابة العامة لضباط الشرطة (نحو ثلث مجموع

---

(٢٨) عبد الخالق فاروق، اقتصاديات الفساد في مصر: كيف جرى إفساد مصر والمصريين (١٩٧٤ ـ ٢٠١٠)، تقديم محمد رؤوف حامد ونادر الفرجاني (القاهرة: مكتبة الشروق الدولية، ٢٠١١)، والنجار، «الحقول المشتعلة،» ص ١٠٩-١٤٢.

(٢٩) محمود عبد الفضيل وجيهان دياب، «أبعاد ومكونات الاقتصاد الخفي وحركة الأموال السوداء في الاقتصاد المصري: ١٩٧٤ - ١٩٨٤،» مصر المعاصرة، العدد ٤٠٠ (نيسان/أبريل ١٩٨٥).

(٣٠) انظر: فاروق، اقتصاديات الفساد، صفحات متفرقة.

القضاة اليوم هم ضباط شرطة في الأساس)، ما وسَّع دائرة عملاء الأمن في سلك القضاء.

بلغ حجم أموال الفساد للفاسدين الكبار ٧,٥٧ مليارات جنيه مصري سنويًا (المقاولات/الأراضي/الاستيراد والتصدير/التجارة الخارجية/الخصخصة/البنوك/المخدرات/السلاح/النفط والغاز). فيما نتج فساد الصغار من الإفقار النسبي الذي يجبر الناس على ممارسة الفساد، ويمكن القول إن كل مصري يمد يده في جيب من يقف أمامه. واستفحل الأمر مع تدني حصة الخدمات الأساسية (التعليم والصحة) في موازنة عام ٢٠٠٦، إلى ٧٠,٥٧ مليار جنيه.

أشار العنوان الرئيس ليومية قاهرية إلى «١,٥ تريليون جنيه فاتورة الفساد». فبحسب تقرير رئيس مركز الدراسات الاقتصادية، صلاح جودة، ذلك الرقم هو ما بلغه الفساد خلال العقود الثلاثة الماضية من حكم مبارك. وتوزعت هذه المبالغ على عشرين فردًا أداروا مؤسسة الفساد في مصر[٣١]. وبحسب الإحصاءات الرسمية، شهد جهاز الحكم ١٦٤ ألف قضية انحراف مالي وإداري كُشفت في خلال عام ٢٠٠٧ وحده، وما خفي كان أعظم[٣٢]. كما أن الأحوال المالية المتدنية كانت وراء تورط فئة صغيرة من الضباط في تجارة المخدرات، بحسب «لجنة الدفاع والأمن القومي» في مجلس الشعب المصري[٣٣].

ربما كان أسطع تجلٍ للفساد الحكومي تداعيات حادث غرق «عبَّارة السلام»، في شباط/فبراير ٢٠٠٦، وبعد نحو عامين ونصف العام من الانتظار، صدرت أحكام هزيلة، قضت ببراءة ساحة ممدوح إسماعيل، أمين الحزب الوطني (حزب السلطة) في مصر الجديدة، والعضو المعيّن في «مجلس الشورى»، ومالك «عبارة الموت» (السلام) التي غرق على متنها

(٣١) هم: أحمد عز وحسن راتب وهشام طلعت مصطفى وجلال الزوربا وشريف المغربي وشريف الجبلي وأبناء مصطفى النجار ومحمد منصور وياسين منصور ومحمد تيمور ومحمد أبو العينين ومحمد عبده سلام. انظر: موقع مجلس الوزراء المصري: <http://www.egyptiancabinet.gov.eg>.

(٣٢) الدستور (القاهرة)، ٢٠١١/٤/١٠.

(٣٣) فاروق، اقتصاديات الفساد، وعبد الفضيل، «أبعاد ومكونات الاقتصاد».

١٠٣٣ مصريًا، وجُرح ٣٧٧[٣٤]. تضمنت الإدانة البرلمانية لحادث العبَّارة أمرين: أولهما تواطؤ المسؤولين الفاسدين في «الهيئة المصرية للسلامة البحرية»، في تقديم التغطية التقنية والتدليس الفني؛ فشركة ممدوح إسماعيل امتلكت خمس عبَّارات اشترتها من شركة إيطالية «خردة» غير صالحة للعمل. وثانيهما تمثل بالعبث في التكييف القانوني للتهمة الموجهة إلى المتهم، الأمر الذي خالف مرافعة وكيل النيابة أحمد محمد محمود الذي أشار إلى «أن إسناد الواقعة للمتهمين قاطع في الأوراق، على نحو ما ورد بأمر الإحالة، وتضمن وصفًا، وجاءت أوراق الدعوى غنية بالأدلة المقنعة على ثبوت تلك الجريمة بحق المتهمين، ثبوتًا كافيًا لا ريب فيه». مع ذلك فاز ممدوح إسماعيل بالبراءة، بعد أن أنفق نحو خمسين مليونًا من الجنيهات، على «الموعودين». إن هذه البراءة - كما يقول المستشار أحمد مكي، نائب رئيس محكمة النقض - لم تبدأ في محكمة «جنح سفاجة»، بل بدأت في النيابة العامة، وتحديدًا في قراري الاتهام والإحالة على المحكمة، إذ علم المتهمون بغرق العبَّارة، ولم يخطروا أجهزة الإنقاذ، ومع ذلك أسقطت التهم الأخرى (سلامة السفينة وسلامة إجراءات تسييرها وحمولتها الزائدة وأخطاء الأجهزة في التفتيش على سلامة السفينة). وجاء تعليق حمدي الطحان، نائب الحزب الوطني الحاكم، رئيس «لجنة النقل» في مجلس الشعب، ورئيس «لجنة تقصي الحقائق» البرلمانية، كاشفًا، ودامغًا فقال: «الذي حدث أن مافيا الفساد، سواء بالمال أم العلاقات، أم بأي وسيلة أخرى نجحت في تستيف [= ترتيب] الأوراق أمام القاضي، بما لا يجعله يحكم إلا بما حكم به [...] إن المشكلة هي منظومة الفساد، بمصر الآن، مثل عبَّارة ممدوح إسماعيل، في فسادها وضعفها، وترهّلها [...] فالدولة في مصر تتفكك، وسلطتها غائبة، وهذا ما يجعل الناس الآن تلجأ إلى أخذ حقها بـ 'الدراع'، وعدم انتظار دور الدولة، لغيابه، وغياب القانون، وهذا مؤشر خطير، يجب تداركه، قبل أن تحدث الكارثة، وتنهار الدولة».

يقول ياسر فتحي، محامي الدفاع في دعوى العبارة: «اكتشفنا، كهيئة دفاع، أننا أمام ملف سياسي، وليس قضائيًا فقط [...] إننا أمام معركة

---

(٣٤) نهضة مصر (القاهرة)، ٢٠٠٨/٣/٢٠.

سياسية كبرى، في مواجهة النظام الذي سمح بدخول 'الخردة'، لبناء سفن تقتل الغلابة، وسمح بالتزاوج بين السلطة والمال».

على أن غرق العبَّارة لم يكن الحادث الوحيد، بل كان واحدًا في مسلسل متواتر من الكوارث الرهيبة التي راح ضحيتها الآلاف من المصريين، عدا ضحايا حوادث الطرق المجانية، ثمة مأساة العبَّارة سالم أكسبرس (١٩٩١) التي راح فيها أكثر من ألف مصري، ومحرقة قطار الصعيد (٢٠٠٢) الذي مات فيه أكثر من ألف آخرين، ومحرقة قصر ثقافة بني سويف (أيلول/سبتمبر ٢٠٠٥) الذي مات فيه ٥٢ شخصًا، وجرح ٢٥ آخرين. علاوة على تلوث المياه والهواء، وقضية الدم الملوَّث (شركة هايدلينا) لصاحبها هاني سرور؛ وكلها كانت تحت الرعاية الرسمية. وكشفت قضية عبَّارة الموت تواطؤ مسؤولي الشركة الفاسدين في تقديم التغطية التقنية والتدليس الفني[٣٥].

٣- «الكويز» والغاز

انحدرت حال نظام مبارك، حتى وصل به الأمر إلى تطوير «التطبيع» الاقتصادي، بتوقيعه اتفاق «الكويز» مع إسرائيل الذي أتاح لها فرصة اختراق الأسواق العربية. وبموجب هذا الاتفاق تستخدم إسرائيل بعض الشركات المصرية منصَّة لاختراق الأسواق العربية، بل ستتحكم في شركات الملابس الجاهزة المصرية المدرجة في مناطق الكويز في كل من القاهرة والإسكندرية والمدينة الصناعية في بورسعيد. وستحقق إسرائيل أرباحًا طائلة نتيجة ذلك الاتفاق الذي نصّ على أن يكون ٧,١١ في المئة من السلع المصرية مستوردة من إسرائيل. وجاء الاتفاق نتيجة ضعف المفاوض المصري، وانحياز وزير الصناعة والتجارة الخارجية المصري، رشيد محمد رشيد، إلى الولايات المتحدة وإسرائيل. كما أن الاتفاق كان مقايضة للسوق المصرية التي فُتحت على مصراعيها أمام إسرائيل مقابل تخفيف الضغط الأميركي على نظام مبارك، للسير في الإصلاح السياسي[٣٦]، فضلًا عن رغبة مبارك في انتزاع اعتراف أميركي بتوريث نجله جمال السلطة.

---

(٣٥) شعبان، «مصر: من غرق العبّارة».

(٣٦) النجار، الانهيار الاقتصادي، ص ٨٩-١٠٥.

شجع إمرار اتفاق «الكويز» مبارك على التوغل، أكثر فأكثر، في مستنقع «التطبيع» مع إسرائيل، فعقدت صفقة بيع إسرائيل الغاز الطبيعي، بأسعار تقل كثيرًا عن سعر السوق العالمية (نحو السدس) ولأجل طويل، ما أتاح لإسرائيل نهب موارد مصر من الغاز، ودعم اقتصادها. وأعلنت الحكومة المصرية أنها ستمد إسرائيل بنحو ١٦٠ مليون قدم مكعب من الغاز يوميًا أي نحو ١,٧ مليار متر مكعب في العام الواحد، لمدة ١٥ عامًا متواصلة، قابلة للتمديد إلى ٢٠ عامًا، بواقع ١,٦ سنت أميركي لكل متر مكعب. وتهرّب نظام مبارك من عرض هذا الاتفاق على مجلس الشعب المصري، أسوة باتفاق الكويز، ما جعل مبارك شخصيًا، المسؤول المباشر عن الاتفاقين المشينين، وهو من احتكر السلطات كلها، واستأثر بها[٣٧].

في عهد حسني مبارك أيضًا وجدت الأغلبية العُظمى من الشعب المصري نفسها أسيرة الإفقار والإذلال والتجويع والتعطيش والتعطيل والتطويق والتجهيل والتشليح والتزوير والتضليل والترويع والتركيع والتنكيل والتكبيل والتشتيت. انعكس هذا كله على مكانة مصر الإقليمية والدولية، فتدهورت إلى الحضيض، في وقت فتشت فيه القلة عن حل فردي؛ بالسطو أو الرشوة أو الاختلاس أو حتى الانتحار، هربًا إلى جهنم نفسها للإفلات من براثن نظام مبارك. ولم تجد النسبة الأكبر من الشعب مناصًا من إعمال الحل الجذري الذي يخلِّص مصر وشعبها من طغيان نظام ما عاد على مصر وشعبها إلا بالكوارث، فكانت الثورة بالإجماع الطبقي الذي شهدناه، بعد أن عُزلت هذه البرجوازية وحلفاؤها من كبار الرأسماليين والملّاك ووكلاء الشركات الاحتكارية الأجنبية (الكومبرادور) الذين لم يجدوا إلا حثالة البروليتاريا من البلطجية ليستعينوا بهم، بالأجر.

ثالثًا: احتجاجات تُتوَّج بالثورة

حين خلف السادات عبد الناصر في الرئاسة (خريف عام ١٩٧٠) أكد أنه سيسير على خط عبد الناصر. غير أن الشعب المصري

(٣٧) النجار، الانهيار الاقتصادي، ص ١٠٥-١٠٨.

لم تفُتْه المفارقة، فأكمل الجملة: «حتى يمحوه بأستيكه»! وصدقت رؤية الشعب هنا، حيث ضحّى السادات بمكاسب العمال والفلاحين لحساب الرأسماليين، من خلال الانفتاح على السوق الرأسمالية مع الولايات المتحدة الأميركية، ومناصبة الدول الاشتراكية العداء. وشجعت سياسة «الانفتاح المحلية على حساب القطاع العام رضوخًا لسياسات 'إجماع واشنطن' التي تقلّص الحقوق الأساسية للعمال» بخلق ما يسمى «سوق عمل مرنة تشمل تسريحه العمال»، وتُضعِف النقابات والبنية التحتية ورواتب موظفي الحكومة، ونفّذ السادات توصيات بعثة صندوق النقد الدولي (١٩٧٧)، فخفض دعم السلع الاستهلاكية الأساسية، ما أشعل انتفاضة الخبز التي عمّت مصر يومي ١٨ و١٩ كانون الثاني/يناير ١٩٧٧، ما اضطر الحكم إلى التراجع موقتًا، والعودة إلى رفع الدعم تدريجيًا، من دون إعلان، وصاحب سياسات «إجماع واشنطن» ارتفاع مطرد في الأسعار، وهبوط موازٍ في الأجور الفعلية، كما رافقها ارتفاع حاد في منحى الاحتجاجات الجماعية العمالية، بين عامي ١٩٨٤ و١٩٨٩. على سبيل المثال ضاعفت الحكومة الاقتطاعات المحسوبة على الأجور الفعلية لموظفي القطاع العام، وعندما تم ذلك، في تشرين الأول/أكتوبر ١٩٨٤، ثار عشرات الآلاف من عمال النسيج في كفر الدوار وعوائلهم في عصيان مدني دام ثلاثة أيام، خرّبوا خلالها خطوط الاتصالات، وأضرموا النار، وأغلقوا الشوارع، ودمّروا عربات القطار إلى أن قمعتهم أجهزة الأمن. وفي شركة الحديد والصلب في المنطقة الصناعية في حلوان (نحو ٢٥ ألف عامل)، ما إن رفضت اللجنة النقابية في الشركة دعم مطالب العمال بزيادة الحوافز المقررة، حتى قام ناشطون من العمال يمثلون العمال في مجلس إدارة الشركة بالتصدي، وردّت الحكومة بفصلهم من أعمالهم، الأمر الذي فجّر تظاهرتين صامتتين (في تموز/يوليو، وفي آب/أغسطس ١٩٨٩). فرقتهما قوات الأمن بعد أن قتلت عاملاً، وأصابت عشرات الآخرين بجروح بالغة[٣٨].

أتم نظام مبارك في عام ١٩٩١ برنامج الإصلاح الاقتصادي والتكيف الهيكلي (ERSAP) مع «صندوق النقد الدولي» و«البنك الدولي»، وطُبّقت هذه

---

(٣٨) جويل بينين [وآخ]، النضال من أجل حقوق العمال في مصر: العدالة للجميع، مركز التضامن العمالي الدولي (القاهرة: مركز المحروسة للنشر، ٢٠١٠)، ص ١٢-١٣.

الاتفاقـات بموجـب القانـون ٢٠٣ لعـام ١٩٩١ الـذي رشّـح ٣١٤ شـركة قطـاع عـام للخصخصـة. وخُصخصـت ١٩٠ شـركة بحلـول منتصـف عـام ٢٠٠٢، وجـرى تسـريح أعـداد كبيـرة مـن عمّالهـا.

أما حكومة أحمد نظيف (تموز/يوليو ٢٠٠٤ - كانون الثاني/يناير ٢٠١١) فباعت القطاع العام، وخصخصت في عامها الأول وحده ١٧٢ مؤسسة، وارتبطت الحياة السياسية بوزراء تخرجوا في الجامعات الغربية، ورجال أعمال مقربين من الوريث المنتظر جمال مبارك. ومنذ عام ٢٠٠٨ أصبح الحد الأدنى للأجور ١٠٨,٥ جنيهات شهريًا (نحو ١٧,٨٥ دولارًا أميركيًا)، فيما كان الأجر الشهري قبل موجة اضرابات عام ٢٠٠٤ في قطاع النسيج نحو ٢٥٠ جنيهًا (٤٤,٥ دولارًا شهريًا)، مقابل ٤٠٠ - ٤٥٠ جنيهًا في القطاع العام. وفجّر تسريح العمال وارتفاع البطالة (بتأثير الخصخصة) موجة إضرابات وتحركات جماعية منذ منتصف التسعينيات، حيث ارتفعت البطالة من ٨ في المئة في التسعينيات إلى ١٢ في المئة في عام ٢٠٠٣، واستفحلت في عام ٢٠٠٨ بتأثير الأزمة الاقتصادية العالمية. والحقيقة أن النسبة الحقيقية تزيد الضعف على الأرقام الحكومية، فقبل أربع سنوات من اندلاع ثورة ٢٥ يناير، كان ١٠ في المئة من المواطنين الأكثر غنًى يستحوذون على نحو ٢٧ في المئة من الدخل القومي، في حين لا يستحوذ ١٠ في المئة من المواطنين الأكثر فقرًا إلا على ٣,٩ في المئة فقط. وهذا يعني ببساطة خللًا اجتماعيًا خطيرًا في بنية المجتمع المصري.

ثمة أرقام ذات دلالة على مدى اتساع الفجوة الطبقية في مصر، وتغوّل البرجوازية الكومبرادورية على بقية طبقات الشعب وفئات المجتمع[٣٩]:

٢٠٠ مليار جنيه	ودائع البنوك المصرية
١٠٠ مليار دولار	أموال مهربة إلى الخارج
٢,٨ مليار جنيه	قيمة ما استولى عليه نواب القروض من البنوك

(٣٩) بينين، ص ١٣-١٤.

٨ مليارات دولار	حجم تجارة المخدرات والسلاح في مصر
١٢ مليار جنيه	تهرّب ضريبي
١٧ مليار جنيه	إعفاء ضريبي
٢٥ مليار دولار	غسيل الأموال في مصر
٥٠ مليار جنيه	أموال العمال في التأمينات الاجتماعية
١٦ مليار جنيه	حصيلة بيع ١٧٢ شركة في القطاع العام

عشية الثورة كان ٢,٥ في المئة من المجتمع المصري يستحوذ على نصف إجمالي الدخل القومي، فيما يتبقى النصف الآخر لـ ٩٧,٥ في المئة من الشعب.

كان طبيعيًا أن تتزايد مخاوف العمال على حاضرهم ومستقبلهم نتيجة الخصخصة، ما أشعل موجة جديدة من الإضرابات المطلبية في بداية عام ٢٠٠٠، واحتدمت بعد وصول أحمد نظيف إلى رئاسة الحكومة (تموز/يوليو ٢٠٠٤). وبعد أن كان عمال القطاع العام هم القوة الأكبر في الإضرابات منذ عام ١٩٧١، نفّذ عمال القطاع الخاص أكثر من ٤٠ في المئة من الإضرابات خلال السنوات العشر الأولى من القرن الحادي والعشرين، وشهدت مصر أكبر حركة مجتمعية منذ أكثر من نصف قرن، شارك فيها أكثر من ١,٧ مليون عامل، وزاد عدد الإضرابات على ١٩٠٠ إضراب، فضلًا عن أشكال أخرى من الاحتجاجات بين عامي ٢٠٠٤ و٢٠٠٨، رافقها حراك سياسي نشط. وانتهت الإضرابات المطلبية في خلال عام ٢٠٠٧ في مركزها الأساس، أي صناعة النسيج والملابس، لكنها امتدت إلى عمال البناء والمواصلات ومترو الأنفاق في القاهرة والأغذية والمخابز والصرف الصحي والنفط في السويس، وفي صيف العام المذكور سجلت حركة الإضرابات إضراب الموظفين الحكوميين. وكان أكبر وأهم تحرّكين شعبيين من الناحية السياسية إضرابي كانون الأول/ديسمبر ٢٠٠٦ وأيلول/سبتمبر ٢٠٠٧ في شركة الغزل والنسيج في

المحلة الكبرى (٢٥ ألف عامل)، وحصل العمال على مكاسب اقتصادية، وإن لم تتحقق مطالبهم كلها. واللافت أن العمال تجاهلوا «اتحاد نقابات عمال مصر»، وانتخبوا لجان إضراب خاصة بهم[٤٠] لأن الاتحاد نادرًا ما وقف إلى جانب مصالح العمال ومطالبهم.

الجدول (١ - ١)

الاحتجاجات العمالية (١٩٩٨ - ٢٠٠٣)

العام	إضرابات	أشكال أخرى	اعتصامات	تظاهرات	المجموع
١٩٩٨	٥٤	٦٠	٣٢	١٨	١٦٤
٢٠٠٠	٤٠	-	٤٨	٤٧	١٣٥
٢٠٠١	١٩	-	٣٢	٦٤	١١٥
٢٠٠٢	٢٤	-	٢٦	٤٦	٩٦
٢٠٠٣	٢٥	٣٣	٢٢	٦	٨٦
المجموع	١٦٢	٩٣	١٦٠	١٨١	٥٩٦

المصدر: جويل بينين [وآخ]، النضال من أجل حقوق العمال في مصر: العدالة للجميع، مركز التضامن العمالي الدولي (القاهرة: مركز المحروسة للنشر، ٢٠١٠)، ص ١٧.

تتّضح من الجدول (١ -١) قلة الاحتجاجات عمومًا، وإن كان أغلبها أتى في شكل تظاهرات، تليها الإضرابات، فالاعتصامات. أما الأعوام التالية فشهدت صعودًا ملحوظًا في الاحتجاجات العمالية المطلبية، على النحو الذي يُبيِّنه الجدول (١ - ٢).

(٤٠) بينين، ص ١٤-١٥.

الجدول (١ - ٢)

الاحتجاجات العمالية (٢٠٠٤ - ٢٠١١)

العام	إضرابات	تجمعات	اعتصامات	تظاهرات	المجموع	أعداد المشاركين
٢٠٠٤	٤٣	٨٧	٩٠	٤٦	٢٦٦	٣٨٦,٣٤٦ عاملاً
						١٤١,١٧٥
٢٠٠٥	٤٦	٨١	٥٩	١٦	٢٠٢	١٩٨,٠٨٨
٢٠٠٦	٤٧	٦٩	٨١	٢٥	٢٢٢	٤٧٤,٨٣٨
٢٠٠٧	١١٠	٢٦٤	١٩٧	٤٣	٦١٤	١٧٤,١٨٧
٢٠٠٨	١٢٢	٢٥٣	١٧٤	٦٠	٦٠٩	١,٣٥٠,٠٠
٢٠٠٩	١٣٠	٩٠	١٩١	٨١	٤٩٢	
٢٠١٠	١٣٥	٨٣	٢٠٩	٨٠	٥٠٧	

المصدر: بينين، ص ١٦-١٨، وخالد علي عمر، عادل وليم ومحمود المنسي، إعداد وتحرير، عمال مصر ٢٠٠٩، تقديم إلهامي الميرغني، سلسلة العمال والحراك الإجتماعي (القاهرة: المركز المصري للحقوق الاقتصادية والاجتماعية ومؤسسة أولاد الأرض لحقوق الإنسان، ٢٠١٠)، ص ١٧-٢٥.

في خلال عام ٢٠٠٩، فقد نحو ١٢٦ ألف عامل أعمالهم، وأقدم ٥٨ عاملًا على الانتحار لعدم كفاية دخلهم لحاجات أُسرهم، فيما وقعت ١٣٣ حالة طلاق، و١٢٠٦ إصابات عمل، بسبب غياب وسائل الأمن الصناعي والصحة المهنية[٤١].

لم تقتصر الاحتجاجات على العمال، بل امتدت إلى الفئات الدنيا من الطبقة الوسطى التي تقترب بمستوى معيشتها من الطبقة العاملة، مثل موظفي

(٤١) خالد علي عمر، عادل وليم ومحمود المنسي، إعداد وتحرير، عمال مصر ٢٠٠٩، تقديم إلهامي الميرغني، سلسلة العمال والحراك الإجتماعي (القاهرة: المركز المصري للحقوق الاقتصادية والاجتماعية ومؤسسة أولاد الأرض لحقوق الإنسان، ٢٠١٠)، ص ٢٠-٢١، ٢٤-٢٥، ٢٨٤-٢٨٦، ٣٣٦-٣٣٨، ٣٨٦-٣٨٧ و٤١٧.

الحكومــة الذيـن شكّلت احتجاجاتهـم المطلبيــة نحـو ٤٧ فـي المئـة مــن إجمالـي احتجاجات عـام ٢٠٠٩، يليهـا عمـال القطـاع الخـاص (٣٧ في المئة)، فعمـال قطـاع الأعمـال العـام (١٦ فـي المئـة)[٤٢].

تحت وطأة القانون الرقم ١٠٠ لعام ١٩٩٣ الذي جمّد العمل في أغلبية النقابات المهنية، وقعت احتجاجات المهنيين في الأغلب الأعم. وكان المحامون الأكثر احتجاجًا على رفع الرسوم القضائية، وتعسُّف ضباط الشرطة والقضاة بحق المحامين، كما مثّلت احتجاجات الصحافيين محورًا للتحركات. وإذ جاءت وقفات «أطباء بلا حقوق» من خارج التنظيم النقابي، فإن تحركات الصيادلة جاءت من داخل النقابة المتحرِّرة من السيطرة الحكومية. كما تظاهر المعلمون بسبب الكادر الخاص، وكذلك الأطباء في عدة مواقع، وامتد الأمر إلى أعضاء هيئة التدريس في جامعتي المنيا والمنصورة، احتجاجًا على عدم صرف الدفعة الثالثة من مستحقات الأطباء المالية. فضلًا عن أعضاء هيئة التدريس في جامعة جنوب الوادي، ما يعني أن احتجاجات المهنيين ارتبطت بالقيود المفروضة على نقاباتهم؛ وكذلك نوادي أعضاء هيئات التدريس في الجامعات التي كانت تتعرّض لتدخُّلات إدارية فظّة متتالية. كما امتدت الاحتجاجات إلى فئات اجتماعية أخرى، مثل أصحاب نوادي الغوص في شرم الشيخ، والصيادين، وأصحاب محالّ قطع الغيار في الفيوم، وسائقي السيارات المقطورة، وأصحاب المخابز في القليوبية، إلى أصحاب مزارع الألبان، وأصحاب المحالّ في سوق العبور، وموزعي أنابيب الغاز في طنطا، والمأذونين الشرعيين المطالبين بنقابة مستقلة، إلى الكومبارس الذين اعتصم نحو ٣٠٠ منهم مطالبين بنقابة لهم. وهكذا قادت الطبقة العاملة الاحتجاجات الاجتماعية المطلبية التي اتسعت حتى شملت عددًا من الفئات الاجتماعية[٤٣].

١- سِمات الحركة المطلبية

يُلاحظ المتابع لأشكال الاحتجاج الجمعي للعمال المصريين فـي العقـد

---

(٤٢) عمر، عمال مصر، ص ٢٣-٢٥.

(٤٣) عمر، عمال مصر، ص ١٢-١٣ و٢٧٧.

الأخيـر أمريـن: أولهمـا الفجـوة الواسـعة بيـن الشـكل التنظيمـي للطبقـة، المتمثِّـل بالتنظيـم النقابـي الرسـمي، والطبقـة ككل؛ فالتنظيـم النقابـي لا يضـم، علـى الـورق، إلا نحـو ٣٠ في المئة مـن الطبقـة العاملـة بحسب أحمـد العماوي، رئيـس الاتحاد العـام لنقابات عمـال مصر[٤٤]. كما أن لقطـاع الخدمـات ثِقلاً أكبـر، نتيجة تضخُّم حجمه في الاقتصاد المصري بعد تبنّي سياسـة الانفتاح الاقتصادي[٤٥] (٥٤٫١ في المئة مـن قـوة العمل بيـن عامي ١٩٨٦ و١٩٨٩ بحسب «البنـك الدولـي»)[٤٦]. وثانيهمـا يتعلّـق بمفهـوم الطبقـة العاملـة التي تضم، مجـازًا، العمـال الأجـراء فـي المـدن والقـرى المصريـة، ولها خصائـص أساسـية، ومـن ثـم تجانُـس وعيهـا الطبقـي نسـبيًا وحركتهـا النوعيـة والعامـة مثـل غلبـة الأصـول الريفيـة والـولادة المشـوّهة للطبقـة مـن حيـث اسـتقلالها وتخلُّـف فنهـا الإنتاجـي وازدواجيـة الموقـع الاجتماعـي لبعـض جماعاتهـا وأفرادهـا[٤٧] والهجـرة إلـى أقطـار النفـط[٤٨]، مـا حـدّ مـن تجانـس تلـك الطبقـة، وأثّـر سـلبًا فـي وعيهـا الطبقـي، وفـي قدرتهـا علـى قيامهـا بالـدور المنـوط بهـا[٤٩].

(٤٤) خطاب أحمد العماوي، في افتتاح الجمعية العمومية الاتحاد العام لنقابات عمال مصر، الدورة النقابية ١٩٩١-١٩٩٥.

(٤٥) انظر كتاب: محمود عبد الفضيل، الاقتصاد السياسي للناصرية، بالإنجليزية:Mahmoud Abdel-Fadil, The Political Economy of Nasserism: A Study in Employment and Income Distribution Policies in Urban Egypt, 1952-72, Occasional paper - University of Cambridge Department of Applied Economics; 52 (Cambridge [Eng.]: New York: Cambridge University Press, 1980), p. 41,

أورده: هويدا عدلي رومان، "الحركة الاحتجاجية للطبقة العاملة المصرية ١٩٨٢-١٩٩١،" في: أحمد عبد الله، محرر، هموم مصر وأزمة العقول الشابة (القاهرة: مركز الجيل للدراسات الشبابية والاجتماعية، ١٩٩٤)، ص ١٧٤، وعادل غنيم، النموذج المصري لرأسمالية الدولة التابعة: دراسة في التغيرات الاقتصادية والطبقية في مصر ١٩٧٤-١٩٨٢، المستقبلات العربية البديلة: البنى الاجتماعية السياسية والتنمية (القاهرة: دار المستقبل العربي، ١٩٨٦).

(٤٦) تقرير التنمية البشرية لعام ١٩٩٢ (القاهرة: برنامج الامم المتحدة الإنمائي، ١٩٩٣)، ص ١٥٩.

(٤٧) عبد الباسط محمد عبد المعطي، دراسات التكوين الاجتماعي والبنية الطبقية لمصر: الدراسات المحلية، الدراسات التحليلية النقدية؛ ١ (القاهرة: المركز القومي للبحوث الاجتماعية والجنائية، ١٩٨٨)، ص ١٦٣-١٦٤.

(٤٨) هويدا عدلي رومان، «الدور السياسي للحركة العمالية في مصر من ١٩٥٢-١٩٨١» (رسالة ماجستير، كلية الاقتصاد والعلوم السياسية، جامعة القاهرة، ١٩٩٠).

(٤٩) عبد الله، هموم مصر، ص١٧٣-١٧٤.

أما حركات الاحتجاج السياسية والمطلبية في مصر، على مدى العقد الأول من القرن الحادي والعشرين، فاتّسمت، بحسب أحمد بهاء الدين شعبان، باتساع نطاقها الجغرافي، ووصولها إلى معظم الطبقات والفئات الاجتماعية، مع دور متميِّز للمرأة، واستجابة الحكم لبعض مطالب تلك الحركات، إلى وهن التنظيم النقابي، والوعي بالمصالح الاقتصادية من دون السياسية، وفرز جيل جديد من القادة العماليين، فضلًا عن تجلّي وحدة النسيج الاجتماعي المصري[٥٠]. وبحسب أحمد بهاء الدين شعبان فإن إضراب ٦ نيسان/أبريل ٢٠٠٨ كان «الإضراب الشعبي الأول في مصر منذ ما لا يقل عن ستة عقود»[٥١]. فيما رأى كاتب وناشط يساري آخر هو إلهامي الميرغني في ذلك الإضراب «علامة فارقة في التطوُّر السياسي المصري»، ووضع إضراب ٦ نيسان/أبريل في سياق النهوض الفلاحي الذي شهدته الأعوام الأخيرة، على نحو «لم نعهده، منذ معركة قانون الإيجارات الزراعية في التسعينيات، وأصبحت هناك بؤر لمقاومة إعادة الأرض إلى الإقطاعيين، وسقط الشهداء الذين دشّنوا مرحلة جديدة من النضال الفلاحي الذي تولدت منه 'لجنة الدفاع عن فلاحي الإصلاح الزراعي'. كما شهدت عدة قرى ومدن مصرية تظاهرات واحتجاجات فلاحية ضد عدم وجود الأسمدة والمبيدات، وضد نقص مياه الشرب والري. وعرفت مصر في صيف عام ٢٠٠٧ ما عُرِفَ بتظاهرات العطش. ومنذ نهاية عام ٢٠٠٦، شهدت مصر صحوة عمالية لم تشهدها منذ أعوام عديدة، ومع أن عام ٢٠٠٦ شهد انتخاب دورة نقابية جديدة، فإن معظم التحركات جاءت من خارج الأطر النقابية، بل هدفت إلى سقوط النقابات العمالية الرسمية»[٥٢].

دخل على الخط شبان «الإنترنت»، وانضموا إلى الدعوة إلى توسيع نطاق إضراب المحلة، ليُصبح إضرابًا عامًا في مصر. وبسبب انعدام الخبرة السياسية وسّع بعضهم الدعوة إلى حدود العصيان المدني الشامل. ومنذ البداية تحفّظت الأحزاب السياسية التقليدية (عدا «الناصري» الذي اكتفى بعدم المشاركة،

(٥٠) شعبان، «مصر: نهوض جديد».

(٥١) شعبان، «المحنة المصريّة».

(٥٢) للمزيد من التفصيلات عن الإضراب ننصح بالعودة إلى هذا الكتاب: إلهامي الميرغني، رؤية لما حدث في ٦ أبريل، سلسلة رؤى؛ ١ (القاهرة: مركز هشام مبارك للقانون، ٢٠٠٨)، ص ٥.

وكذلك حزب «الجبهة الديمقراطية»)، وأيد الدعوة كل من «الكرامة»، و«الوسط» (تحت التأسيس)، و«الغد». أما «الإخوان»، فلم يرغبوا في إغضاب النظام، وبين يديه قيادات إخوانية رهن المحاكمة. فيما نزلت «كفاية» بثقلها وراء الدعوة إلى الإضراب. وشنّ النظام، بأجهزة قمعه، حملة شرسة ضد المضربين، ما منح ٦ نيسان/أبريل مذاق الانتفاضة الشعبية(٥٣). قبل أن تستوعب المعارضة دروس ٦ نيسان/أبريل، انطلق الشبان، بقلة خبرتهم، يدعون إلى إضراب عام في عيد ميلاد مبارك (٢٠٠٨/٥/٤). واستخفّ «التجمع»، و«الوفد» بالدعوة وأصحابها، ولف الغموض موقف «حزب الجبهة الديمقراطية»، وتحفّظ «الوسط»، وتردّد «الكرامة»، وانفرد «الغد» بالتأييد، فيما تضامنت «كفاية» مع الدعوة وأرادت جماعة الإخوان أن تغيظ النظام الذي لم يكافئها على مقاطعتها إضراب ٦ نيسان/أبريل، وأصدر أحكامًا قاسية على المتهمين من الإخوان. فيما تعامل نظام مبارك بذكاء، فمنح العمّال علاوات سخية وحيّدهم في حركة صامتة لإجهاض إضراب ٥/٤. ورأى الميرغني نفسه أن في الإضراب «دعوى(*) لاستخدام سلاح تكتيكي، ذي تأثيرات استراتيجية، وينبغي عدم استهلاكها 'عمّال على بطّال' حتى لا يتم ابتذالها، وإفقادها قيمتها. ذلك أن للإضراب أصوله وشروطه للنجاح، أولها: قوة حاملة للفكرة؛ وثانيها: سبب مقنع لإطلاقها؛ وثالثها: اختيار زمني مناسب؛ وأخيرًا ظرف مواتٍ»(٥٤).

تدفّقت على أعمدة صحيفة البديل، وهي صحيفة يسارية قاهرية مستقلة، جملٌ تصف حال نظام مبارك غداة إضرابيْ ٦ نيسان/أبريل ، و٤ أيار/مايو:

- «نظام شائخ، ومعارضة مرتبكة»(٥٥).

- «أزمة هيكلية ومتغيرات موضوعية»(٥٦).

- غلب على تلك التحركات الطابع الاقتصادي من دون السياسي؛

---

(٥٣) أحمد بهاء الدين شعبان، «مصر ٢٠٠٨ تحليل أزمة،» البديل (القاهرة) ٢٠٠٨/٥/١٧.

(*) هكذا وردت في الأصل، والصحيح «دعوة» (المحرر).

(٥٤) شعبان، «مصر ٢٠٠٨».

(٥٥) البديل (القاهرة)، ٢٠٠٨/٤/١٢.

(٥٦) البديل (القاهرة)، ٢٠٠٨/٤/٣٠.

وهـي حـركات جزئيـة تتسـم بتخلـف ملحـوظ، مـا جعلهـا لا تمتلـك برنامجًـا للتغييـر»(٥٧).

وحصر سامح فوزي، وهو أكاديمي ديمقراطي مصري، السمات العامة للحركات المطلبية في مصر في العقدين الأخيرين، بما يلي(٥٨):

- غلبة الطابع الفئوي على المطالب.

- شيوع درجات مرتفعة من رأس المال الاجتماعي في تكوين الحركات، واستمرارها (قيمة الثقة والاعتماد المتبادل وتداول المعلومات وتماسك القيادة ووضوح الأهداف... إلخ).

- القبول بالشرعية القائمة.

- العلاقات التي تجمع الأفراد الأعضاء فيها وطبيعة «الأفراد» ذاتها (المساواة في المواقع).

- سقف توقعات مطلبية يسهِّل الحوار مع الحكومة.

- النأي عن القوى السياسية.

- القيام على فكرة التعلم من خلال الممارسة.

أما نجاح المطلبيين فيعيده الأكاديمي نفسه إلى أن الاحتجاجات المطلبية:

- لا تتهدد شرعية الحكم.

- ذات سقف مطلبي فئوي قابل للمساومة.

- تتحرك في سياق مستقل.

- جرس إنذار جماعي.

- الطرف الآخر في التفاوض على المطالب هو الأجهزة الأمنية.

- تمتلك قيادات شرعية.

- تضمّ وجوهًا غير تقليدية وغير مرصودة من أجهزة الأمن.

---

(٥٧) البديل (القاهرة)، ٢٠٠٨/٥/١٥.

(٥٨) سامح فوزي، «الحركات «المطلبية» والحركات «السياسية» في مصر: قراءة نقدية ومقارنة،» في: دينا شحاتة، تحرير، عودة السياسة: الحركات الاحتجاجية الجديدة في مصر (القاهرة: مركز الدرسات السياسية والاستراتيجية، ٢٠١٠)، ص ٣١.

بيد أن الاحتجاج لم يبق محصورًا في الطبقة العاملة، بل إن الفئات الوسطى عبّرت عن غضبها على التدهور الكبير المطرد في أوضاعها الاقتصادية والاجتماعية والسياسية والثقافية، وعلى تهميش حضورها المادي والمعنوي. وسرعان ما اقتحم الساحة متغيِّر جديد تمثل بالطبقات المهمَّشة من العمال والفلاحين وصغار الكسبة، وغدت مصر حُبلى بالأمل[٥٩].

ما بين الأول من تشرين الأول/أكتوبر ٢٠٠٥ ونهاية كانون الثاني/يناير ٢٠٠٩ رصد عماد صيام، وهو باحث وناشط تقدمي مصري، ١٣٣١ تحركًا احتجاجيًا مطلبيًا، ساهم العمال في ١٨,٥ في المئة منها، ما مثّل عودة قوية للحركة العمالية. أما مساهمة الفلاحين فانحصرت في ٣,٢ في المئة من الاحتجاجات، والطلاب ٥,٩ في المئة، والموظفين والمهنيين ١٢,٤ في المئة، وأصحاب المشروعات الصغيرة ٩,٤ في المئة، والسياسيين والنقابيين والحقوقيين ١٩,١ في المئة، وسكان الأحياء العشوائية والفقيرة ٩,٧ في المئة، وفئات أخرى متنوعة ٨,٢١ في المئة. ما يعني أن ٤٦,٨ في المئة من المحتجين ينتمون إلى الفئات الوسطى، وأن ٨٠,٩ في المئة من الاحتجاجات كانت بعيدة كل البعد من القوى السياسية، الأمر الذي يشير إلى عمق عملية «تجريف» السياسة في مصر، على مدى أكثر من ستة عقود. كما استمرت مشاركة طلاب الجامعة ولم تعد وقفًا على طلاب «الإخوان المسلمين»[٦٠].

انتقل الباحث نفسه إلى تتبع مدى اتساع نطاق الأسباب الدافعة إلى الاحتجاج وتنوّعها[٦١] على النحو التالي:

- الاحتجاج على الاحتجاز (٣٧ تحرّكًا).
- الاتهام بالفساد (٢٧ تحرّكًا).
- المطالبة باستقلال الجامعة (١٧ تحرّكًا).
- الدفاع عن استقلال القضاء (٣٩ تحرّكًا).

---

(٥٩) أحمد بهاء الدين شعبان، «الحركات الاحتجاجية الجديدة في مصر: هل طفح الكيل؟» باريس، نشرة مبادرة الإصلاح العربي، أوراق المتابعة السياسية، ١٧ تشرين الثاني/نوفمبر ٢٠٠٧.

(٦٠) عماد صيام، «خريطة الاحتجاجات السلمية في مصر: مؤشرات أولية على تخلّق مجتمع مدني من نوع جديد،» في: شحاتة، عودة السياسة، ص ٥٥-٦٠.

(٦١) صيام، ص ٦٢-٧٠.

- الخدمات الأساسية (٤٢ تحرّكًا).

- حق المحاكمة أمام القاضي الطبيعي (٩ تحرُّكات).

- المطالبة بتعديل الدستور (٦ تحرُّكات).

- حق التنظيم المستقل (٩ تحرُّكات).

- حرية النشر والتعبير (١٤ تحرّكًا).

- حق التعليم (٢٨ تحرّكًا).

- حق العمل المناسب (٢٥ تحرّكًا).

- حق الحصول على مسكن آمن وصحي (٧٣ تحرّكًا).

- رفض ممارسات التمييز (٢٠ تحرّكًا).

- مواجهة التعذيب وانتهاك حرمة الجسد (٩٦ تحرّكًا).

- ممارسات العنف (٤٠ تحرّكًا).

- مناهضة الفساد ورفضه (٣٤ تحرّكًا).

- رفض زيادة الضرائب والرسوم (٥١ تحرّكًا).

- المطالبة بزيادة الأجور (٢٢٩ تحرّكًا) .

- التضامن مع الضحايا (٩٢ تحرّكًا).

- الدفاع عن الحق في الحياة الآمنة (٢٨ تحرّكًا).

- حماية المال العام (٣١ تحرّكًا).

- مواجهة نزع ملكية الأراضي الزراعية (١٩ تحرّكًا).

- الدفاع عن حق المشاركة السياسية (١٧ تحرّكًا).

- رفض تزوير الانتخابات (١٣ تحرّكًا).

- نقد السياسة العامة (٣٨ تحرّكًا).

- الاحتكام إلى القانون (٣٥ تحرّكًا).

- مواجهة سوء استخدام السلطة (٣٩ تحرّكًا).

- التصدي لمصادر التلوث البيئي (٢٣ تحرّكًا).

- من أجل غذاء صحي وسليم (١٢ تحرّكًا).

- حق التنظيم المستقل (١٤ تحرّكًا).

- حق الرعاية الصحية (١٠ تحرُّكات).

- توفير مستلزمات الإنتاج (١٧ تحرّكًا).

- رفض حالة الطوارئ والقوانين المقيدة للحريات (١٣ تحرّكًا).

- أسباب أخرى مثل رفض الاحتكار ومناهضة بيروقراطية الأجهزة الحكومية، والمطالبة بتعويضات ورفض بيع الغاز لإسرائيل (١١ تحرّكًا).

بعد تعداد أسباب الاحتجاج، يلاحظ التنوع الكبير في أشكال ممارسة الاحتجاجات التي وصلت إلى ١٦٠ شكلًا احتجاجيًا يرتبط كل منها بالهدف من الاحتجاج، وبمستوى تطور وعي من يقوم به (نحو ٩٧ في المئة منها تحرُّكات سلمية). وتمثّل التوجه التنظيمي الثاني بالسعي إلى إيجاد أشكال أولية من التنظيم المستقل، عدا التنوع الشديد في أماكن الاحتجاجات السلمية، حيث لم تقتصر على أماكن العمل بل شملت تلك التي يرتبط معظمها بأجهزة الدولة وكلها تتمتع باهتمام ومتابعة إعلاميّين، بما يُيسِّر توظيف الإعلام لمصلحة الدعاية للتجمعات الاحتجاجية.

هنا تأكدت صحة التراكم في الخبرات والوعي السياسي لدى جمهرة المحتجين، فيما كانت مطالب الاحتجاجات السلمية مزدوجة: حماية الحريات المدنية، وتحديد المجال الخاص الذي على الدولة والأفراد عدم انتهاكه؛ كما تناولت القضايا العامة بالتدرُّج، عبر البدء بالقضايا الحياتية المباشرة التي لا تصطدم بسلطة النظام السياسي على المدى القريب، وبالتالي لا تستفزه مباشرة خشية التبكير بإجهاضها[٦٢].

كشف إضراب عمال المحلة (٢٠٠٦) وصعود الحركة العمالية مدى تردي المجتمع السياسي المصري ومعه المجتمع المدني اللذين غابا باعتبارهما حليفين منتظرين للعمال. وتحفظت جماعة «الإخوان المسلمين»، ولم تؤدِ أي دور في حركة الإضراب. فيما لم يكن لدى «كفاية» من الإمكانات المادية أو المهارات التنظيمية أو القاعدة الشعبية ما يكفي لمساندة الإضراب. وحين جُذبت «كفاية» و«٦ أبريل» إلى إضراب عمال المحلة (٦ نيسان/أبريل

(٦٢) صيام، ص ٧١-٧٥.

٢٠٠٨) سارعت أجهزة الأمن إلى توجيه ضربة إجهاضية للفاعلين العماليين بعد أن شعر النظام بمدى التهديد الذي يمثله اقتران المطلبي بالسياسي. ولا يمكن إنكار مساهمة حركة الطبقة العاملة في الدفع نحو التحول الديمقراطي في مصر[٦٣].

٢- الاحتجاجات السياسية

كانت غاية الاحتجاجات السياسية إسقاط النظام عبر هزِّه وتصديعه. وكان من تصدّر تلك الاحتجاجات يعي أن عملية إطاحة نظام مبارك مديدة ودامية وتتطلب خوض معارك اقتصادية واجتماعية وسياسية وثقافية لتتوّج بالمعركة الفاصلة بعد اكتساب المزيد من الوعي السياسي والخبرات التنظيمية والجماهيرية الكافية لتحريك الجماهير وتوجيهها وتنظيمها وقيادتها.

ثمة عدة دلالات على تنامي عدد الحركات الاحتجاجية السياسية على مدى السنوات السبع السابقة لثورة ٢٥ يناير. ولعل في مقدمة تلك الدلالات: عجز المؤسسات السياسية عن استيعاب مطالب أجيال وقوى اجتماعية وسياسية جديدة، ما أفقد تلك المؤسسات مبرر وجودها، وبشّر بمؤسسات فاعلة بديلة. أما الدلالة الثانية فكانت عودة الحيوية إلى المجتمع المدني المصري، وظهور قوى اجتماعية وسياسية جديدة تسعى إلى إعادة صوغ العلاقة بين المجتمع والدولة، واستعادة ما صودر من حقوق وحريات سياسية. أما محدودية تلك الحركات الاحتجاجية فتعود إلى تشرذمها وغياب الحد الأدنى من التنسيق والتشبيك في ما بينها، والإخفاق في ربط الاحتجاج المطلبي بنظيره السياسي[٦٤].

أدت حركات الاحتجاج السياسي - وعلى رأسها حركة «كفاية» - إلى تحريك المياه الراكدة وتسليح الناس بثقافة الاحتجاج والدفاع عن الحق، كما فتحت الطريق على مصراعيها أمام تدفق أكبر حركة احتجاجية جماهيرية في تاريخ مصر المعاصر، مع أن تلك الحركات لم تتمكن من بلورة قيادة

(٦٣) رباب المهدي، «عمال غزل المحلة: انطلاق حركة عمالية جديدة،» في: شحاته، عودة السياسة، ص ١٦٣-١٦٧.

(٦٤) شحاتة، «المقدمة،» في: عودة السياسة، ص ٢٠.

جماعيـة، أو تنظيـم موحّـد يقـود كفاحهـا، فاسـتمرت تحركاتهـا جزئيـة، ومفتقـرة إلـى برنامـج مشـترك للنضـال يوحّـد جهودهـا، ويرسـم طريقهـا إلـى التغييـر. ومـع هـذا كان ثمـة فـي كل يـوم تصاعـد جديـد لوتيـرة الاحتجـاج الجماهيـري: ثـورة أهالـي محافظـة دميـاط (شـباط/فبراير - تشـرين الأول/أكتوبـر ٢٠٠٨) ضـد بنـاء مصنـع ملـوّث للبيئـة تمتلكـه شـركة «أجريـوم» الكيماويـة الكنديـة، وأرغـم الأهالـي نظـام مبـارك علـى التراجـع. ثـم جـاءت فضيحـة تسـرب أسـئلة امتحانـات الثانويـة العامـة إلـى أبنـاء المسـؤولين والأمنييـن والسياسـيين وأعضـاء مجلـس الشـعب، فضـلاً عـن الأزمـة الاقتصاديـة والغذائيـة التـي ضربـت المجتمـع المصـري بقسـوة، عـلاوة علـى تصعيـد حالـة القمـع[٦٥].

تطورت حركة الاحتجاج السياسي مع ميلاد حركة «كفاية» وتنظيمها أول تظاهرة متحركة في ميدان التحرير في وسط القاهرة يوم ٢٠٠٤/١٢/١٢ تحت شعار «لا للتمديد لا للتوريث». وتطورت تظاهرات «كفاية» وتواصلت منذ عام ٢٠٠٤، وابتكرت أساليب جديدة مثل استخدام الطبول والنعوش والشموع ضد تجاوزات رجال الأمن في قمع التظاهرات، وبخاصة في ٢٠٠٥/٥/٢٥ أمام نقابة الصحفيين ونادي القضاة، في القاهرة، حيث انتهكت أعراض النساء في ميدان التحرير يوم الاستفتاء على تعديل المادة ٧٦ من الدستور (٢٠٠٥/٧/٣٠)، وبلغت التظاهرات الاحتجاجية ذروتها عندما شارك نحو عشرة آلاف متظاهر في تظاهرات متحركة في قلب القاهرة يوم انتخاب رئيس الجمهورية في ٢٠٠٥/٩/٧ وفي اليوم التالي. وانتقلت التظاهرات إلى معظم محافظات مصر. ووصلت إلى حد التنسيق بين المتظاهرين، في ١٥ محافظة في يوم واحد وتوقيت واحد. كما شهد شهر أيار/مايو ٢٠٠٥ تضامنًا واسع النطاق مع القضاة المحتجين على تزوير الانتخابات، والمطالبين بضمانات لنزاهة الانتخابات شرطًا لإشرافهم عليها، كما طالبوا باستكمال استقلال السلطة القضائية. وتطورت أزمة القضاة إلى حد إحالة القاضيين الجسورين هشام البسطويسي ومحمود مكي على مجلس التأديب. وارتدى القضاة الأوشحة في تظاهراتهم من نادي القضاة إلى دار القضاء العالي حيث أحاطتهم تجمعات شعبية حاشدة ما لبثت أن تحولت إلى تظاهرات متحركة في وسط القاهرة، اندلعت

(٦٥) شعبان، «وقائع اليوم التالي».

خلالها صدامات عنيفة مع قوات الأمن المركزي المدججة بأحدث الأسلحة، وسقط العديد من المتظاهرين مضرجين بدمائهم، وجرى الاعتداء على قضاة، فضلًا عن اعتقال مئات المتظاهرين. وعلى الرغم من هبوط موجة الاحتجاجات خلال عام ٢٠٠٦ فإنها لم تنقطع تمامًا؛ حيث نُظمت تظاهرات في آذار/مارس ٢٠٠٧، وبدأت تتشكل على شبكة المعلومات الدولية مجموعات من الشبان تتابع الشأن العام، وتتواصل في ما بينها؛ ودعت إحداها إلى إضراب سياسي عام في مدينة المحلة الكبرى في ٦ نيسان/أبريل ٢٠٠٨، في ذكرى إضراب عمال الغزل والنسيج في المدينة، وتحول الإضراب إلى انتفاضة شعبية شارك فيها أهالي المحلة وعمالها وامتدت ثلاثة أيام متصلة تجلّت خلالها قدرة المصريين على العصيان والخروج من نفق الموت الممتد بطول السنوات الثلاثين الأخيرة وعرضها، وداسوا صور مبارك، وسقط عشرات الشهداء ومئات الجرحى. والتفّت حول تلك الانتفاضة جماعات سياسية وشعبية متعددة في شتى أنحاء القطر، في ما يشبه الإضراب السياسي العام. ومن رحم هذه الانتفاضة وُلدت جماعة «٦ أبريل» التي اكتسبت اسمها من اليوم الذي دعت إلى الانتفاض فيه.

عشية الذكرى الأولى لانتفاضة ٦ نيسان/أبريل، وفي ٢١ آذار/مارس ٢٠٠٩، صدر بيان مشترك بين حركة «كفاية» و«شباب ٦ أبريل» والطلاب دعا إلى يوم للغضب العام، فنُظمت وقفات احتجاجية في كل من القاهرة والمحلة الكبرى وعواصم المحافظات، وفي الجامعات، وأجهضت محاولات أخرى في بعض المدن، وجرى الاعتداء على المشاركين في الوقفات الاحتجاجية في أكثر من موقع. وفي ٤ أيار/مايو ٢٠٠٩ - يوم ميلاد الرئيس مبارك - وقعت مواجهات عامة لمناسبة صدور الحكم على سكان جزيرة القراصية، واعتدى الأمن على المتظاهرين. هذا كله أكسب الشبان خبرات نضالية في التحرك الجماعي والتنسيق في المواقف وكيفية مواجهة قوات الأمن ومراوغتها وتشتيت قواها وتوقّي ضرباتها. واكتشف الشبان مدى استعداد المواطنين العاديين للتحرك من أجل تغيير أوضاعهم، بل لإسقاط النظام. كما تأكد الشبان من أن لا سبيل إلى الإضراب السياسي العام إلا بعد تنظيم شبكة لهذا الإضراب، فانهمكوا في إعدادها تمهيدًا لهذا التحرك الذي فجر الثورة في ٢٥ كانون الثاني/يناير ٢٠١١.

كانت «كفاية» قد طرحت في آب/أغسطس ٢٠٠٥ وثيقة بعنوان «نحو عقد اجتماعي سياسي جديد»، اقترحت فيها حُكمًا انتقاليًا يُمهد الطريق لتطور البلاد ديمقراطيًا، على أن يتضمن برنامج المرحلة الانتقالية إلغاء التشريعات كافة المقيدة للحريات العامة، وتعديل شامل لقوانين الانتخابات ومباشرة الحقوق السياسية، وكفالة الاستقلال الكامل للسلطة القضائية والجامعات، وانتخاب جمعية تأسيسية تتولّى صوغ دستور جديد، وصولًا إلى «مجتمع العدل والحرية». ولنتذكر هنا شعار ثورة ٢٥ يناير الأساسي: «حرية - عدالة اجتماعية - كرامة إنسانية». وفي ٨ أيلول/سبتمبر ٢٠٠٧ طرحت «كفاية» خطة للانتهاء السلمي من حكم مبارك وعائلته، تضمنت إلغاء حالة الطوارئ، وإطلاق سراح جميع المعتقلين السياسيين، وإلغاء القوانين كافة المقيّدة للحريات، وضمان استقلال القضاء وإدارته الانتخابات وتنظيم محاكمات علنية أمام القضاء الطبيعي لعائلة مبارك وجميع المسؤولين، وتنظيم ثلاثة استفتاءات شعبية في شأن تجميد اتفاق «كامب ديفيد» أو إلغائه، والخصخصة، والمعونة الأميركية، وانتخاب جمعية تأسيسية شعبية تضع الدستور. وفي ٣ تشرين الثاني/نوفمبر ٢٠٠٨ أصدر «ائتلاف المصريين من أجل التغيير» بيانه التأسيسي، الذي وقعه أكثر من ٣٠٠ شخصية.

في ٦ نيسان/أبريل ٢٠٠٩ أصدرت جماعتا «٦ أبريل» و«كفاية» ومنظمات طالبية بيانًا مشتركًا حمل عنوان «حان وقت التغيير»، وضُمّن «إعلان القاهرة» المهمات نفسها تقريبًا التي سبق أن تضمّنتها الوثائق السابقة مضافًا إليها إلغاء حالة الطوارئ، والتخلص من ملامح دولة الرجل الواحد، وتحرير ملكية وسائل الإعلام، وإزالة أشكال إعاقة التداول السلمي المرن للسلطة كافةً، وقطع الطريق أمام مشروع توريث رئاسة الجمهورية، والسعي إلى تحقيق الدولة المدنية. ومع إعلان البرادعي استعداده للمشاركة في عملية التغيير في مصر ظهرت «الحملة الشعبية لمساندة البرادعي»، كما ظهرت «الجمعية الوطنية للتغيير» التي ضمت في صفوفها الأحزاب والشخصيات العامة والشبابية المستعدة للنضال في سبيل التغيير. وتبنت «الجمعية» و«الحملة» الدعوة إلى ضمان نزاهة الانتخابات، عبر إنهاء حالة الطوارئ، وتمكين القضاء من الإشراف الكامل على العملية الانتخابية، ورقابة منظمات المجتمع المدني عليها، مع إعطاء فرصة متكافئة في وسائل الإعلام للمرشحين جميعهم،

وحق المصريين في الخارج في التصويت، وإلغاء القيود على الترشح لرئاسة الجمهورية، والتصويت بالرقم القومي.

نعود إلى الباحث المصري عماد صيام الذي أجرى تحليلًا كميًا لعيّنة عشوائية مؤلفة من ١٣٣١ نشاطًا احتجاجيًا، كما مرّ معنا سابقًا، فرأى أن ثمة ظاهرتين مهمتين هما: امتداد الأنشطة الاحتجاجية إلى محافظات مصر كلها، ومشاركة فئات اجتماعية مختلفة. فيما انقسمت أسباب الاحتجاج إلى(٦٦):

- حماية كرامة المواطن وجسده (١٥٫٦ في المئة).

- الدفاع عن الحقوق المدنية والسياسية (٧٫٤ في المئة).

- استعادة أركان الدولة المدنية الحديثة (٨٫٥ في المئة).

- الدفاع عن الحقوق الاقتصادية والاجتماعية (٤٧٫٦ في المئة).

- مواجهة الفساد، وتدهور جهاز الدولة (٢٠ في المئة).

كانت للحراك السياسي في مصر على امتداد العقد الأول من الألفية الثالثة أسبابه على الرغم من نجاح الدولة في تحويل المواطنين المصريين إلى مجرد أفراد أمام جهاز الدولة بكل طغيانه وقدراته(٦٧)، وهذه الأسباب هي:

- امتداد عملية التحديث والتنمية.

- فقدان مشروعية النظام الحاكم نتيجة فشله، وما أصاب مؤسساته من تحلل تدريجي.

- تراكمات ساهمت في نشوء إدراك عام بوجود أخطار ولحظات فارقة يستحيل معها استمرار الدولة.

- فتح الباب لإعادة صوغ علاقة الدولة بالمواطن بشكل جذري.

- نجاح الإسلام الحركي.

- موجة التحول الديمقراطي التي اجتاحت العالم.

- ثورة الاتصالات والمعلومات.

- تداعيات التحول نحو اقتصادات السوق والليبرالية الاقتصادية.

---

(٦٦) لمزيد من التفصيلات، انظر: صيام، ص ٤٩-٧٦.

(٦٧) صيام، ص ٥١-٥٣.

- تراجع دور الدولة لحساب تعميق سياسات الخصخصة ما عمّق الفقر ووسّع نطاقه.

اتسمت الحركات الاحتجاجية السياسية في مصر على مدى العقد الأخير بجملة من السمات العامة[٦٨]:

- غلبة القضايا السياسية.
- ارتفاع سقف التوقعات في الاحتجاج السياسي.
- غلبة الطابع النخبوي على إنتاج الأفكار لدى هذه الحركات.
- كون النسبة الأكبر من أعضائها عبارة عن وجوه معروفة في الحياة السياسية.
- اتسام العلاقات السائدة فيها بطابع رأسي.

إن المراقب لهذه الاحتجاجات في مصر على امتداد العقد الأخير سيلاحظ نجاح النسبة الأكبر من الاحتجاجات المطلبية، مقابل تعثر الاحتجاجات السياسية وتعسرها، أما سبب ذلك التعثر فيعود إلى[٦٩]:

- ارتفاع سقف مطالب الاحتجاجات السياسية.
- عجزها عن المحافظة على تحالفاتها.
- نشوب الخلافات في داخل تلك الحركات ما أفقدها جاذبيتها.
- غلبة الأيديولوجيا على البرنامج السياسي وخطة العمل.
- سيادة وجوه تقليدية على تلك الاحتجاجات.

من الطبيعي أن يرتفع سقف مطالب الاحتجاجات السياسية فوق ما تنتظره السلطة الحاكمة، وإلا فما مبرر الاحتجاج السياسي إذا تطابق ارتفاع سقف المحتجين مع سقف النظام الحاكم؟! أما غلبة الوجوه التقليدية في حركات الاحتجاج السياسي، فسبب ذلك كامن في فقر الحياة السياسية المصرية، بخاصة أن الوجوه التقليدية على مدى نحو عقد من السنين لم تكن لتحول دون ظهور وجوه جديدة في تربة جرى تجريف السياسة منها بالقمع، وحرف

(٦٨) فوزي، «الحركات المطلبية،» ص ٣١-٣٢.

(٦٩) فوزي، «الحركات المطلبية،» ص ٣٦.

الأنظار إلى أعداء وهميين، خارجيين أو داخليين، أو إلهاء الشعب بمباريات كرة القدم.

اتسم معظم الحركات الاحتجاجية المطلبية والسياسية بما يلي[٧٠]:

- العمل خارج الأطر الحزبية والمؤسسية.
- الاعتماد على العمل الاحتجاجي المباشر.
- الدور الريادي في تلك الحركات لما عرف باسم «جيل السبعينيات».
- اتسام معظم تلك الحركات بطابع تحالفي، عابر للأيديولوجيات.
- جذب جيل جديد من ناشطي الشباب، وتسييسهم.
- غياب التنسيق والعمل المشترك بين مختلف الحركات الاحتجاجية.
- الاعتماد بكثافة على وسائل الاتصال الحديثة، مثل المدوّنات والفيسبوك.

(٧٠) شحادة, تحرير، عودة السياسة، ص ٢٤٧، ٢٧٠ و٢٧٣.

الفصل الثاني

المقدمات السياسية لثورة ٢٥ يناير في مصر الأسباب والتراكمات

محمد فرج

مقدمة

لا ثورة بلا مُقدّمات. ينطبق هذا القول على ثورة ٢٥ يناير كما على الثورات كلها التي حدثت في التاريخ. ومقدّمات الثورة هي الأسباب التي دفعتها إلى الاندلاع والتفجر والظهور، لكن المقدمات والأسباب لا تكون بالضرورة ظاهرة وواضحة للجميع، للحكام والمحكومين، ولا تكون مقروءة لدى الجميع، فالثورات بمقدّماتها ومساراتها وطرق اندلاعها ليست مجرد معادلات رياضية صارمة، ولا مجرد مقدّمات محددة تقود، بالضرورة، إلى الثورة في مسار منطقي محكوم بقواعد المنطق، بل تنطوي على سلسلة من المقدّمات الظاهرة والغامضة، البعيدة والقريبة، المعلومة وغير المعلومة، المباشرة وغير المباشرة، ولذلك تنطوي الثورات على كثير من عناصر المفاجأة، وكثير من الإبداع والجدة والابتكار السياسي والتنظيمي.

فاجأت ثورة ٢٥ يناير الجميع، شبابها الذي دعا الى الاحتجاج في ٢٥ يناير عبر رسائل وتجمعات الفيسبوك ونظّم نفسه في سبيل هذه الدعوة ودرّب نفسه من أجل يوم احتجاجي ناجح فإذا به يفجر ثورة، وفاجأت فئات الشعب المصري التي سارعت إلى الانضمام بالآلاف والملايين إلى الثوار الشبان المنتفضين في ميادين مصر وشوارعها، كما فاجأت ألوان الطيف السياسي كافة من أحزاب وقوى سياسية وحركات احتجاجية التي تسابقت إلى الانخراط في الثورة، والمثقفين المصريين من كتّاب وأدباء ومُبدعين، كان هؤلاء الذين فوجئوا بثورة ٢٥ يناير وتظاهراتها المليونية بعضًا من صنّاعها، فكثيرًا ما حلموا بها، وعملوا من أجل اقتراب يومها، وساهموا بمقادير مختلفة في مراكمة أسباب اندلاعها. كما فاجأت الثورة نظام مبارك الذي تصور نفسه استقر واستتب، فتصرف كأنه باقٍ في سلطته إلى الأبد، أو أنه قد وصل إلى نهاية التاريخ، وأنه لا قبل لأحد به، فبغى وطغى، وتكبر وتجبر، وتعالى واستكبر،

وأكثر من ذلك استهان بقدرات الشعب المصري واستهتر، وتصوّر أنه أمام وقفة احتجاجية مطلبية مثل غيرها من الوقفات الاحتجاجية السابقة، تقوم فتحاصر في ركن من الأركان، وتبقى صامدة يومًا أو بعض يوم، ثم تتفرق تحت ضربات العصي وخراطيم الماء. ولم يفطن نظام مبارك إلى أنه لم يكن أمام وقفة احتجاجية كتلك الوقفات التي تكررت كثيرًا في السنوات الماضية، ولم يعرف أنه أمام ثورة إلا وهو يترنح وتتساقط قلاعه.

لا نريد أن نتوقف عند الأبعاد المختلفة لهذه المفاجأة السارة وتداعياتها وتحدياتها، وهو موضوع يستحق البحث والتأمل والدراسة، بل نريد أن نهتم فيه بالتراكم الذي قاد إلى هذه الثورة، بالبحث في المقدمات والأسباب التي تراكمت وأنتجت ثورة ٢٥ يناير، وبصفة خاصة المقدمات والأسباب والتراكمات ذات الطابع السياسي، من دون أن نغفل أو نتغافل عن ضرورة التوقف للتعرض - ولو سريعًا - للنظر في الطابع السياسي الخاص لهذه الثورة، وبصفة خاصة ما تنتجه طبيعتها من بعض المعضلات والتحديات السياسية.

أولًا : المقدمات السياسية للثورة

لكل ثورة مقدّماتها، تلك التي تصنع التراكمات الكمية، وتزرعها في الواقع، وتمهد لذلك التحول النوعي الثوري، ولكل ثورة أحلامها، تلك التي تزرعها التراكمات في النفوس والأرواح والعقول، وكل من التراكمات والأحلام أفعال مادية ومعنوية، تحركات وتظاهرات واحتجاجات وإبداعات سياسية وأدبية وفنية، وانطوت مقدمات ثورة ٢٥ يناير على العديد من التراكمات المادية والروحية المتنوعة عبر زمن طويل، ساهمت كلّها في مراكمة الغضب في الصدور، وفي مراكمة الخبرة والوعي في العقول الشابة والأجيال والفئات الشعبية كلّها، ذلك الغضب الذي انفجر في ٢٥ كانون الثاني/يناير وتلك الخبرة التي ظهرت في التحركات المليونية، وفي عمليات الحشد والتعبئة والكر والفر والصمود والتحدي، وتلك الصلابة الروحية والنفسية التي ظهرت عند ملايين الثوار من الشهداء والأحياء المؤمنين بضرورة التغيير وضرورة تحقيق أهداف الثورة.

مقدمات ثورة ٢٥ يناير مباشرة وبعيدة المدى، أي ينتمي بعضها إلى السنوات القليلة السابقة للثورة وينتمي بعضها إلى سنوات أبعد وأطول. ومن المفهوم أن مقدمات الثورات لا يمكن أن ينفصل بعضها عن بعض، فهي مقدّمات تكون مترابطة الأركان مهما تنوّعت وتعدّدت في مقدّمات اقتصادية ومقدّمات اجتماعية ومقدمات سياسية ومقدمات ثقافية، بل كذلك؛ مقدمات نفسية اجتماعية، ذلك أن قانون الترابط يقوم بعمله بامتياز بين هذه المقدمات المتنوعة صانعًا منها سبيكة من المقدمات الصانعة لتراكم الغضب والخبرة والوعي، والمقدمات الصانعة للتراكم الثوري.

إذا كان لنا أن نبحث في المقدمات البعيدة والقريبة، فإننا مضطرون هنا إلى التركيز على المقدمات السياسية من بين تلك السبيكة من المقدمات التي تنطوي على تنوع اقتصادي واجتماعي وسياسي وثقافي ونفسي مترابط البنيان، وهو تركيز محكوم بأهداف هذا الفصل ليتكامل ويترابط مع غيره من الفصول الأخرى.

تنتمي مقدمات الثورة السياسية، قريبُها وبعيدُها، إلى تلك المنظومة من الاتجاهات والانحيازات والإجراءات السياسية التي تبناها النظام السابق ونفّذها في المجال السياسي، فشكلت في مجملها أزمة سياسية ممتدة للمجتمع المصري، وأحدثت ردود أفعال سياسية وشعبية متنوّعة بين القبول والرفض والغضب، ذلك الذي تراكم في الصدور ثم انفجر منتجًا ثورة ٢٥ يناير، فما أهم هذه المقدمات السياسية؟

١- السياسات العربية لنظام مبارك

الخروج من خندق النضال الوطني وتدهور دور مصر العربي

خرج النظام السياسي المصري منذ أواخر عهد السادات من خندق النضال التحرري العربي ضد الاستعمار الصهيوني، بما ترتب على هذا الخروج من تمزق داخلي وعربي وتصرفات وتراكمات، وبدأ النظام المصري الجديد بقيادة محمد حسني مبارك في نهاية عام ١٩٨١ عهده، مُحمَّلًا بالأحداث الدرامية للسنوات الثلاث الأخيرة من حكم سلفه محمد أنور السادات، حيث كانت حصيلة هذه السنوات الأخيرة هي ما يُمكن تسميته سنوات الانهيار الشامل

للدور الوطني العربي لنظام الحكم المصري. في الداخل وصلت صراعات القوى السياسية إلى حد اعتقال السادات أكثر من ألف مصري من السياسيين والمفكرين والكتاب وأساتذة الجامعات ورجال الدين من الاتجاهات السياسية كلها في ٥ أيلول/سبتمبر ١٩٨١ باعتبارهم معارضين لحكمه وسياساته الداخلية والخارجية، العربية بصفة خاصة والصلح مع إسرائيل بصورة أكثر خصوصية. ولم يمر شهر على هذه الاعتقالات حتى وصلت موجات العنف والإرهاب في الساحة المصرية إلى مداها، واغتالت إحدى المجموعات الرئيس المصري في أثناء احتفالات السادس من تشرين الأول/أكتوبر ١٩٨١، والدولة المصرية كلها محتشدة في ساحات العرض العسكري.

لم تكن الدولة المصرية الممزقة من الداخل محصنة خارجيًا أو تشعر بالدفء في أحضان الأخوّة العربية، بل كانت معزولة عن محيطها العربي، مطرودة من جامعة الدول العربية، بلا مشروع عربي تحرري واضح، وبلا استراتيجية تحررية عربية، في ظل استراتيجيتها الجديدة التي نجمت عن انفرادها بالحركة صوب الصلح والتعاون مع الدولة العبرية، بعد زيارة السادات القدس في تشرين الثاني/نوفمبر ١٩٧٧، وعقد اتفاق كامب ديفيد ومعاهدة السلام مع إسرائيل خلال العامين التاليين لعام الزيارة[1].

كانت لهذه التوجّهات الجديدة آثارها بعد ذلك، لا في الانقسام العربي - العربي فحسب، أو الانقسام الفلسطيني - الفلسطيني فحسب، بل كذلك في توجّهات نظام مبارك داخل معسكرات الصراع العربي - الصهيوني والصراع الفلسطيني - الإسرائيلي، وظهرت في الموقف من حزب الله، وفي لبنان، وفي العلاقات المصرية - الإسرائيلية، وفي رهان التسوية والحل السلمي للصراع، وفشلت التسوية وظل رهان الدولة المصرية عليها قائمًا، باسم العقلانية والاعتدال، وأكثر لأن خط التسوية السياسية في رؤية نظام مبارك لحل الصراع تقدم باعتباره استراتيجية، وهي استراتيجية استبعدت من طريقها أي

(١) لمزيد من التفصيلات، انظر: محمد إبراهيم كامل، السلام الضائع في كامب ديفيد، مقدمة خاصة للطبعة المصرية فتحي رضوان، كتاب الأهالي؛ ١٢ (القاهرة: جريدة الأهالي، ١٩٨٧)، وإيتان هابر وزيف شيف وإيهود يعاري، حدث في كامب ديفيد: المفاوضات على الطريقة الساداتية، ترجمة وتوثيق إبراهيم منصور، كتاب الأهالي؛ ١٠ (القاهرة: جريدة الأهالي، ١٩٨٦).

خطـوط تحمـل شـبهة المقاومـة أو الصمـود أو الرفـض أو نقـد مسار التسوية ونتائجـه الكارثيـة، بـل اسـتبعدت اسـتثمار أي ظواهـر عربيـة إيجابيـة فـي هـذا المسـار.

هكذا استبعدت الرؤية المصرية عدة ظواهر إيجابية ولم تراهن عليها، مثل اندلاع الانتفاضة الفلسطينية الأولى (١٩٨٧) والثانية (٢٠٠٠) في الأراضي المحتلة، وتحرير جنوب لبنان، وصمود حزب الله أمام العدوان الإسرائيلي على لبنان في تموز/يوليو ٢٠٠٦، واستمرار عداء سورية وإيران للدولة الصهيونية وعدوانيتها واتخاذهما مواقف داعمة للمقاومة الفلسطينية والصمود الفلسطيني(٢).

راهن النظام المصري على التقدم في مسار التسوية عن طريق انتظار الضغط الأميركي على الحكومات الإسرائيلية، وإقناعها بقدرتها على قيادة حركة تطبيع العلاقات مع إسرائيل عربيًا، والدعوة إلى قبولها في المنطقة، والضغط على الأطراف الفلسطينية لتقديم حسن النوايا والاعتراف بإسرائيل مقدمةً للسلام، فكان رهانًا خاسرًا أوصل التسوية السياسية إلى طريق مسدودة، واستُهلك الوقت وأُهدِرت الفرص العربية والإقليمية، وفي المقابل استثمرت الدولة الصهيونية كل وقت، لقضم الأراضي الفلسطينية المحتلة وهضمها وزرعها بالمستوطنات، وزرع الشقاق بين الفرق العربية والفلسطينية، وإضعاف عناصر القوة العربية(٣).

استمر نظـام مبـارك فـي ممارسـة سياسـات التطبيـع مـع العـدو الصهيوني، وإقامـة العلاقـات الاقتصاديـة الصناعيـة والزراعيـة والتجاريـة، وفـي القلـب مـن ذلـك تصديـر الغـاز المصـري إلـى إسرائيل بأسـعار خاصـة، وكانـت لهـذه العلاقـات الجديـدة منتوجاتهـا فـي مراكمـة الغضـب فـي صـدور فئـات اتسـعت باستمرار ضـد

---

(٢) أسعد عبد الرحمن، «الانتفاضة الفلسطينية، الأسباب، المسار.. النتائج والآفاق،» مجلة شؤون عربية، العدد ٥٦ (كانون الأول/ديسمبر ١٩٨٨)، ص ٩٧-١٠٦، ونظام العباسي، "الانتفاضة الفلسطينية الراهنة: رؤية تاريخية،" مجلة شؤون عربية، العدد ٥٦ (كانون الأول/ديسمبر ١٩٨٨)، ص ١٠٧ - ١١٧.

(٣) لمزيد من التفصيلات، انظر: محمد فرج، «العلاقات المصرية - العربية في عهد مبارك،» في: محمد عبد العاطي، محرر، «ملف: ثلاثون عاما من حكم مبارك لمصر... تبديد أرصدة القوة،» مركز الجزيرة للدراسات، قسم البحوث والدراسات، ٢٠١١.

نظــام مبـارك وسياسـاته العربيــة فـي السـنوات العشـرين الأخيــرة، وبصفـة خاصـة فـي السـنوات العشـر الأخيــرة مـن حكمـه.

٢- السياسات الاقتصادية
سيطرة رأسمالية المحاسيب على السلطة والثروة
منتجة الفقر والبطالة والفساد

مثّلت السياسات الاقتصادية والاجتماعية والمالية لنظام مبارك نقطة أساسية لمراكمة عوامل الرفض والغضب الشعبيين، تلك السياسات التي اعتمدت خط الخصخصة وبيع شركات القطاع العام الصناعية والتجارية والخدمية، وانسحاب الدولة من دورها الاقتصادي والاجتماعي والخدمي، وأنتجت هذه السياسات أعدادًا متزايدة من الشبان العاطلين عن العمل، وأعدادًا متزايدة من العاملين بعقود موقتة، ومن العاملين من دون تأمينات اجتماعية أو صحية، ومن العاملين باليومية، وأدّت إلى ظهور حالات متزايدة من الفساد، وإلى زيادة متصاعدة في معدلات الفقر ومعدلات التضخم وارتفاع الأسعار ومعدلات الجريمة.

أنتجت هذه السياسات أوضاعًا حادة من التفاوت الطبقي، بين قلة من المترفين وأغلبية من الفقراء ومحدودي الدخل، وظهرت الرأسمالية المصرية باعتبارها رأسمالية للمحاسيب تتكوّن من دائرة ضيقة من المحيطين بالرئيس ونجله، وراكمت هذه السياسات الاقتصادية بما نشأ عنها من ظلم وفساد مشاعر القهر الاجتماعي والظلم وغياب العدالة وغياب الكرامة، وراكمت مشاعر الكراهية والغضب الذي ظهر بعد ذلك في موجات من الإضرابات العمالية والاحتجاجات الاجتماعية[٤].

---

(٤) انظر في هذه السياسات الاقتصادية وآثارها: إبراهيم العيسوي، الاقتصاد المصري في ثلاثين عاما: تحليل التطورات الاقتصادية الكلية منذ ١٩٧٤ وبيان تداعياتها الاجتماعية مع تصور لنموذج تنموى بديل، منتدى العالم الثالث/ مشروع مصر ٢٠٢٠ (القاهرة: المكتبة الأكاديمية، ٢٠٠٧)؛ عبد الخالق فاروق، «السلطة والثروة والعلاقة الشوهاء.. كيف تحول الفساد إلى بنية مؤسسية في مصر؟» في: «ملف: ثلاثون عامًا من حكم مبارك»، وأحمد السيد النجار: الانهيار الاقتصادي في عصر مبارك، ط ٢ (القاهرة: مركز المحروسة، ٢٠٠٨)؛ و«الاقتصاد المصري ومعضلة الفقر والتهميش كمحصلة للسياسات الاقتصادية العامة،» في: «ملف: ثلاثون عاما من حكم مبارك».

٣- الاستبداد السياسي

محاصرة العمل السياسي ونزع السياسة من المجتمع وسيادة الدولة البوليسية

كان من المفترض - دستوريًا وقانونيًا - أن النظام السياسي في مصر أصبح نظامًا متعدد الأحزاب منذ عام ١٩٧٦، أي إنه يقوم على التنافس السياسي بين الأحزاب المختلفة؛ إلا أنه ظل يتكوّن في الواقع من حزب واحد، هو الحزب الحاكم الذي لم يتصرف باعتباره حزبًا حاكمًا؛ بل تصرف طول الوقت باعتباره مالكًا للدولة، بأجهزتها البيروقراطية وهيئاتها السيادية والاقتصادية، ومصالحها الحكومية والخدمية، ومالكًا للبشر، وظل يُسخّر هذه الملكية ويستغلها في تجميد الحياة السياسية، وفي الضغط على الأحزاب السياسية الأخرى، قيادات وأعضاء، وفي الضغط على المواطنين اقتصاديًا وأمنيًا لإبعادهم عن الانضمام إلى أي حزب آخر، أي إن الصورة كانت تعددية، لكن في الواقع كان ثمة حزب واحد حاكم متحكم، ومسيطر على أجهزة الدولة، وعلى الأحزاب الأخرى.

امتدت آثار الاستبداد السياسي إلى تحريم العمل السياسي، في صورة عدوان السلطة التنفيذية على حقوق المواطنين السياسية والديمقراطية، فالعمل السياسي ظل ممنوعًا في الجامعات، تحت لافتة منع العمل الحزبي، وظل ممنوعًا في المصانع والشركات والمصالح الحكومية، تحت لافتة عدم تعطيل العمل، وظل ممنوعًا في الشوارع والمنتديات، تحت لافتة حماية الأمن العام.

كانت النتيجة منع العمل السياسي بين الطلاب والعمال والموظفين، والمواطنين كافة، واعتقال الأحزاب السياسية في داخل مقارّها وصحفها، وأدى هذا إلى احتكار الحزب الحاكم العمل السياسي الحزبي في هذه الأماكن المهمة، باعتبارها ملكية خاصة للحزب الحاكم يفعل بها ما يشاء، ويستخدم الأساليب كافة للسيطرة على النقابات العمالية، وعلى الاتحادات الطالبية، وعلى مراكز الشباب، وعلى قصور الثقافة وبيوتها، وغيرها من المنظمات الجماهيرية وأماكن وجود المواطنين، والنتيجة إعاقة الديمقراطية، والفردانية

في قرارات الدولة، وغياب الفصل بين السلطات من خلال سيطرة السلطتين التنفيذية والأمنية، والبيروقراطية، وقتل المجتمع السياسي والمدني، ما أدى إلى نهب الدولة(٥).

٤- ألاعيب الإصلاح السياسي والتعديلات الدستورية
دسترة التزوير والاستبداد والتمديد والتوريث
والقضاء على الهامش الديمقراطي

لم تكن هذه السياسة لتمر من دون مقاومة، أو من دون نقد أو رفض أو احتجاج، بخاصة مع ظهور حركات الاحتجاج السياسي من أجل الحقوق السياسية والمدنية، ثم حركات الاحتجاج الاجتماعي من أجل الحقوق الاقتصادية والاجتماعية، وعلى الرغم من سيادة منطق التعالي والغرور والتكبر والتجبر. وعلى الرغم من سيادة منطق الاستهانة بقدرات الشعب وطلائعه السياسية والثقافية في مقاومة الظلم الاجتماعي والاستبداد السياسي، فإن نظام الحكم تحت وطأة الضغط الخارجي أحيانًا، وتحت وطأة سياسة إمرار الضغط الداخلي وامتصاصه أحيانًا أخرى، ولأهداف تنتمي في حقيقة الأمر إلى مخطط جماعة لجنة السياسات للتمديد والتوريث، انتهج منذ عام ٢٠٠٥ سياسة اللعب بنغمة الإصلاح السياسي. لكن السحر انقلب على الساحر، فاتسع السخط والغضب في صدور المصريين، وارتفعت أصوات حركات الاحتجاج والقوى السياسية بمطالب الإصلاح والتعديلات الدستورية، بخاصة في المادتين ٧٦ و٧٧ المتعلقتين بالانتقال من الاستفتاء على فرد واحد إلى انتخاب الرئيس من بين أكثر من مرشح، وامتداد مدة الرئاسة على دورتين رئاسيتين وحسب، وضرورة تعديل المواد المرتبطة بصلاحيات الرئيس في دستور عام ١٩٧١ بهدف تقليصها، وكان الرد الرسمي من الحاكم ورجاله في البداية الرفض التام.

فجأة ظهرت الاستجابة من مبارك مصحوبة بترشيحه نفسه - في صورة

(٥) لمزيد من التفصيلات، انظر: محمد فرج، أبواب الفوضى: دراسة في مقدمات انهيار الدولة المدنية في مصر، قضية للحوار؛ ١٥ (القاهرة: دار العالم الثالث، ٢٠٠٦).

ترشيح الحزب الحاكم له - رئيسًا للمرة الخامسة في عام ٢٠٠٥، وشهد تعديل المادة ٧٦ التحول من نظام الاستفتاء إلى نظام الانتخاب مع وضع شروط تعجيزية للترشيح للمنصب، وهي شروط تتحكم فيها المجالس المزوّرة التي يُسيطر عليها الحزب الحاكم ومؤسسة الرئاسة، مع وضع استثناءات موقتة في متن المادة لضمان إخراج مسرحية انتخابية هزلية، ليست فيها انتخابات حقيقية، بل استفتاء بواسطة الشرطة.

رفضت الأحزاب والحركات والقوى السياسة والاحتجاجية هذا التعديل ونتائجه واستمرت في المطالبة بالإصلاح والتغيير، ففاجأ النظام الجميع في أواخر عام ٢٠٠٦ بالانتقال من الهزل إلى الهزل، وخرج على الجميع بطلب تعديل ٣٤ مادة من مواد الدستور، بينها المادة ٧٦ التي سبق تعديلها، والمادة ٨٨ لينهي تمامًا الإشراف القضائي على الانتخابات، ويجعلها في يوم واحد، وغير ذلك من المواد في هجمة على الدستور عُرفت بعملية دسترة التزوير، ودسترة الاستبداد، وتقليص الهامش الديمقراطي وإيقاف العمل بالمواد الخاصة بالحريات العامة والخاصة للمواطنين، وبصفة خاصة دسترة عملية التمديد والتوريث[٦].

أكدت هذه الألاعيب الدستورية خط الاستبداد السياسي لنظام مبارك إلى آخر مدى، والترويج لهاجس التوريث الذي سيطر على قطاعات واسعة من المواطنين والنخب المصرية، ووضع الأحجار في طريق التغيير الديمقراطي السلمي، وتشويه الدستور عن طريق ترقيعه والتلاعب بمواده ومبادئه، وتكوين صورة هزلية للنظام الحاكم بتحويله إلى نظام شخصاني عائلي عصبوي لا تحكمه المؤسسات التنفيذية والتشريعية.

---

(٦) عرفت هذه التعديلات بتعديلات ٢٠٠٧ وفقًا لتاريخ الاستفتاء عليها. وحول تفاصيل ألاعيب التعديلات الدستورية في أعوام ٢٠٠٥ و٢٠٠٦ و٢٠٠٧، انظر: «تحديث دستور مصر،» نص رسالة الرئيس مبارك إلى البرلمان بطلب تعديل ٣٤ مادة في الدستور، ملحق مجلة الإذاعة والتلفزيون، القاهرة ٢٠٠٧، و«الدستور المصري وتعديلاته،» ملحق مجلة الإذاعة بعد تعديلات ٢٠٠٥ وقبل تعديلات ٢٠٠٧، و«دستور جمهورية مصر العربية وتشريعاته المكملة» (نقابة المحامين المصرية، لجنة الحريات ٢٠٠٦)، و«دستور جمهورية مصر العربية بتعديلاته،» المجلس القومي للشباب متضمنًا التعديلات التي أجري الاستفتاء عليها في ٢٦ آذار/مارس ٢٠٠٧.

٥- سياسة تزوير الانتخابات

سياسات إغلاق أفق التغيير الديمقراطي السلمي عبر صناديق الانتخابات

استخدم نظام مبارك آلية تزوير الانتخابات بطريقة منهجية من أجل بناء مؤسسات محلية (شعبية) ومركزية تشريعية مزوّرة، بهدف حماية سياساته الخارجية والداخلية، وبصفة خاصة بهدف حماية سياساته الاقتصادية بما تنتجه من إعادة توزيع الثروة لمصلحة دائرة من المحاسيب، وبما تنتجه من إفقار وشبكات فساد مالي واجتماعي وسياسي، وبهدف حماية سياساته الداخلية وإدارة الهيئات والمصالح والأفراد بمنطق الاستبداد السياسي والأمني.

أُجريت عام ٢٠١٠ انتخابات التجديد النصفي لمجلس الشورى في الأول من حزيران/ يونيو، حيث شهدت تجاوزات وعمليات تزوير ضخمة وعكست نفسها في صورة تخوفات وشكوك في شأن انتخابات مجلس الشعب التي جرت وقائعها بعد ذلك في تشرين الثاني/ نوفمبر وكانون الأول/ديسمبر من العام نفسه. وجاءت انتخابات مجلس الشعب لتكون من أهم أحداث عام ٢٠١٠ التي راكمت قدرًا كبيرًا من الغضب داخل الصدور، مع عودة أساليب التزوير بالجملة، وطرد المندوبين، والتلاعب في إعطاء التوكيلات العامة والخاصة، وتسويد البطاقات، واستخدام فرق البلطجة، والتزوير الحكومي والتزوير الأهلي، وسعى الحزب الوطني الحاكم في هذه الانتخابات إلى الحصول على أغلبية المقاعد بأي طريقة وأي وسيلة، وصلت إلى حد ترشيح مجموعات متنافسة باسم الحزب الوطني في الدائرة الواحدة، وبدا كأن الهدف هو إقصاء المعارضة بأي طريقة.

أنتجت هذه الانتخابات آثارًا سلبية كبيرة في المجتمع وأحزاب المعارضة وقواها، أهمها إعلان عدم جدوى الانتخابات عند قطاعات كبيرة من المواطنين وأفراد النخب الحزبية، وإعلان أن باب الأمل في التغيير السلمي الديمقراطي مغلق حتى إشعار آخر، ما أدّى إلى غضب شديد وكبير بين عامة المواطنين والسياسيين.

استُكملت انتخابات مجلس الشعب بهذه الطريقة الفاسدة، وتأجج السخط والغضب في صدور الفئات الاجتماعية والأطياف السياسية، ففي

كل دائرة كان التزوير قد أسقط كثيرين من المرشحين على قوائم أحزاب المعارضة، وكثيرين ممن ترشحوا مستقلين، وكثيرين ممن ترشحوا على قوائم الحزب الحاكم نفسه، ولهؤلاء أنصار ومؤيدون وأقارب، شهدوا ما جرى ضدهم من تزوير، وذاقوا مرارة السقوط أو الإسقاط الذي وصل إلى حد الإهانة.

هكذا راكمت سياسات نظام مبارك الخارجية والداخلية السخط والغضب، فهل يُعقل أن يكون هذا التراكم بلا نتيجة؟ أم أنه كان بالضرورة صانعًا لمقدّمات النهوض والاحتجاج والثورة؟

ثانيًا: المقدمات الحركية للثورة
سنوات النهوض والاحتجاج

لم تكن السياسات التي تبنّاها النظام في مختلف المجالات سوى الأساس الذي راكم الحالات المتنوعة من الانفضاض عنه، ومن زيادة مساحات عدم الرضا وعدم الثقة به، والنقد والرفض والغضب الشعبي. تكوّنت هذه الحالات عبر مدى زمني طويل، لكن النتائج بدأت تطفو على السطح بقوة في السنوات العشر الأخيرة من عمر نظام مبارك. وبدأت عمليات النقد والانتقاد لهذا النظام نحو السياسات الخارجية، في صورة تضامن مع الشعب الفلسطيني والشعب العراقي، لكن هذا النقد سرعان ما تحول في منتصف العقد الأول بعد عام ٢٠٠٠ تقريبًا إلى السياسات الداخلية للنظام.

نشأت، منذ بداية القرن الجديد، وبالتحديد منذ اندلاع انتفاضة الأقصى الفلسطينية في ٢٨ أيلول/سبتمبر ٢٠٠٠، حركة تضامنية/احتجاجية جديدة، بدأت بتأليف «اللجنة المصرية للتضامن مع انتفاضة الشعب الفلسطيني»، (في الثاني عشر من تشرين الأول/ أكتوبر ٢٠٠٠ في عقب اندلاع الانتفاضة الفلسطينية بأسبوعين. ووقع بيانها التأسيسي نحو ٣٦٠ سياسيًا ومثقفًا ومفكرًا وفنانًا مصريًا)، ودعت هذه اللجنة إلى أوّل وقفة تضامنية جديدة في ميدان التحرير في ١٠ أيلول/سبتمبر ٢٠٠١.

نشأت حركات أخرى في مواجهة التهديدات الأميركية بضرب العراق، مثل الحملة الدولية لمناهضة الحرب الأميركية ضد العراق، وتصاعدت التظاهرات العالمية ضد غزو العراق وضد الحرب، وتصاعدت الوقفات التضامنية والاحتجاجية المصرية التي رفعت شعارات تقول إن أميركا وإسرائيل عدو واحد، وإن العراق وفلسطين شعب واحد، ووصلت هذه الاحتجاجات داخل مصر إلى ذروتها بالخروج الكبير إلى ميادين القاهرة والمدن المصرية صباح يوم شنّ أميركا وبريطانيا حربهما على العراق في ٢٠ و٢١ آذار/ مارس ٢٠٠٣ (٧).

بعد غزو العراق، ومع منتصف عام ٢٠٠٣ ثم نهايته بدأ خطاب الديمقراطية والإصلاح السياسي والحكم الرشيد يرتفع عالميًا، وظهر تحول جديد في توجهات الحركة الاحتجاجية المصرية، وخَفَتَ تدريجًا الخطاب القومي الداعي إلى دعم الشعبين الفلسطيني والعراقي من دون أن ينتهي هذا الخطاب، لكن بمعنى خفوت الصوت مقابل تصاعد خطاب جديد هو خطاب الإصلاح السياسي والدستوري الذي سرعان ما تبلور حول شعار رئيس هو «التغيير».

كانت البدايات الأولى في تكوين «حركة ٢٠ مارس للتغيير» (٢٠٠٣)، ومحاولة تكوين حركة احتجاجية تحت شعار «كفاية طوارئ» في نهاية العام نفسه، وظهرت محاولات حملت عناوين مثل مبادرة القوى الوطنية للتغيير وغير ذلك من مبادرات، ثم ظهرت في النصف الأول من عام ٢٠٠٤ محاولات عسيرة لجذب تيارات وأفراد الحركات الاحتجاجية ضد أميركا وإسرائيل أو المبادرة من أجل الإصلاح السياسي نحو «حركة ٢٠ مارس» في شكل تنظيمي أقرب إلى الحزب السياسي منه إلى الحركة الاحتجاجية.

في ٢٠ آذار/مارس ٢٠٠٤ أصدرت «حركة ٢٠ مارس» بيانًا تحت عنوان: «التغيير الجذري مطلب شعبي»، وفي العام نفسه ظهرت محاولة

---

(٧) انظر: محمد فرج، ماذا بعد سقوط بغداد؟: دراسة في أسرار الحرب الأمريكية وتداعياتها، كتاب الأهالي؛ رقم ٧٦ (القاهرة: مؤسسة الأهالي، حزب التجمع الوطني التقدمي الوحدوي، ٢٠٠٣)، وانظر أيضًا: نكبة العراق - الآثار السياسية والاقتصادية، أحمد السيد النجار [وآخ] (القاهرة: مطبوعات مركز الدراسات السياسية والاستراتيجية بالأهرام، ٢٠٠٣).

أخرى تمثلت بالدعوة إلى تأسيس «الحملة الشعبية من أجل التغيير»، ورأت هذه المحاولة الجديدة النور في ٩ أيلول/سبتمبر ٢٠٠٤ حين أصدرت بيانها التأسيسي تحت عنوان «بيان إلى شعب مصر، البيان التأسيسي، لا للتجديد.. لا للتوريث.. نعم لانتخاب رئيس الجمهورية من بين أكثر من مرشح». وانتهى هذا البيان إلى القول «إن الحرية والديمقراطية حق أصيل لكل إنسان... وقد خلقنا الله أحرارًا ولن نورَّث أو نُستعبَد بعد اليوم، عليه فنحن الموقعين أدناه نطالب بما يلي:

- تعديل الدستور بما يسمح بانتخاب رئيس الجمهورية من بين أكثر من مرشح، على ألا تتجاوز فترة رئاسته دورتين، وتقليص صلاحيات رئيس الجمهورية بما يضمن الفصل الحقيقي ما بين السلطات.

- إلغاء حالة الطوارئ، وكافة القوانين المقيدة للحريات والإفراج عن جميع المعتقلين والمسجونين في قضايا الرأي.

- تعديل قانون مباشرة الحقوق السياسية بما يكفل الإشراف القضائي الكامل على كافة مراحل الانتخابات».

لم تكن «الحركة المصرية للتغيير - كفاية» نبتًا شيطانيًا في مصر، بل نتاج التحول السياسي الذي حدث في العالم، وفي المنطقة العربية، ومنها مصر، وإحدى ثلاث حركات ظهرت في ذلك الوقت: «حركة ٢٠ مارس للتغيير» التي بدأت تتكوّن منذ منتصف عام ٢٠٠٣، وأعلنت عن نفسها في ٢٠ آذار/مارس ٢٠٠٤، و«الحملة الشعبية للتغيير - الحرية الآن» التي أعلنت عن نفسها في ٩ أيلول/سبتمبر ٢٠٠٤، و«الحركة المصرية للتغيير - كفاية» التي أعلنت عن نفسها في ١١ أو ١٢ كانون الأول/ديسمبر ٢٠٠٤[٨].

تميزت حركة «كفاية» من كل من «حركة ٢٠ مارس» و«الحملة الشعبية للتغيير» بأنها تكونت باعتبارها حركة تضم أفرادًا وقعوا بيانها التأسيسي

---

(٨) انظر في ذلك البيانات التأسيسية لكل من «اللجنة المصرية للتضامن مع انتفاضة الشعب الفلسطيني» عام ٢٠٠٠، و«حركة ٢٠ مارس» التي ظهرت بين عامي ٢٠٠٣ و٢٠٠٤، و«الحملة الشعبية من أجل التغيير - الحرية الآن» أيلول/ سبتمبر ٢٠٠٤، و«الحركة المصرية من أجل التغيير - كفاية» كانون الأول/ ديسمبر ٢٠٠٤. ولمزيد من التفاصيل، انظر: موقع حركة «كفاية» على شبكة الإنترنت: <http://www.harakamasria.org>.

ووافقوا على شعارها «لا للتمديد لا للتوريث». واختار مؤسسوها بناءً تنظيميًا فضفاضًا، يقوم على وجود أفراد «كفاية» في كل مكان، فكل من يقول إنه عضو في كفاية هو عضو فيها، وكل من يحضر مؤتمراتها وتظاهراتها هو عضو فيها، قد يوجد منسق عام للحركة ومتحدث رسمي، ويوجد منسق لحركة «كفاية» في هذه المحافظة أو تلك، أما بعد ذلك فلا تنظيم حديديًا، وإذا عُقد اجتماع فكل من يريد أن يحضر الاجتماع له ذلك، ويتيح هذا البناء التنظيمي إمكانات كبيرة في التوسع وإمكانات لامحدودة في الحركة والتوغل والاختراق.

أتاح وجود حركة «كفاية» وبناؤها التنظيمي وجود ظاهرة «أخوات كفاية»، مثل: «شباب من أجل التغيير»، و«صحفيون من أجل التغيير»، و«أطباء من أجل التغيير»، و«عمال من أجل التغيير»، و«نساء من أجل التغيير»، و«أدباء من أجل التغيير»، وغير ذلك من دُعاة التغيير.

توسعت الحركة الاحتجاجية في مصر كثيرًا منذ الفترة ٢٠٠٤-٢٠٠٥ وتعددت أشكالها، إضافة إلى كل من «حركة ٢٠ مارس» و«الحملة الشعبية» و«الحملة الدولية المناهضة للحرب»، نشأت «مجموعات مناهضة العولمة - أجيج» و«المنتدى الاجتماعي العربي»، ونشأت منظمة «شايفينكو» للعمل في مجال مراقبة الانتخابات، و«مصريين ضد الفساد»، وانشغلت منظمات المجتمع المدني بتنظيم عمليات مراقبة الانتخابات، كما توسعت الحركة الاحتجاجية بنشأة كل من «حركة القضاة الاحتجاجية» و«حركة ٩ مارس من أجل استقلال الجامعات» (أساتذة جامعات)، وتجمع «مهندسون ضد الحراسة» و«الحركة الاحتجاجية للمعلمين»، وظهرت حركة «مصريين ضد التمييز الديني» في مواجهة تصاعد عمليات العنف الطائفي في البلاد، وغيرها من الحركات الاحتجاجية.

في الفترة ٢٠٠٦-٢٠٠٧ توسعت الحركة الاحتجاجية المصرية بظهور الاحتجاجات الاجتماعية العمالية والمهنية، وشهدت البلاد حركة إضرابية عمالية واسعة في مصانع الغزل والنسيج والإسمنت حاملة العديد من المطالب التي تدور حول الأجور وضد فصل العمال وضد بيع المصانع. وظهرت في هذا السياق النقابات المستقلة مثل نقابة موظفي الضرائب العقارية ونقابة المعلمين المستقلة واتحاد أصحاب المعاشات.

في تفاعل بين مواجهة السياسات الاقتصادية والاجتماعية ومواجهة أوضاع الاستبداد السياسي والقمع والتعذيب، ظهرت الحركات السياسية للشباب مثل «شباب ٦ إبريل»، ودعت إلى أشكال مختلفة من الإضراب العام والعصيان المدني، وظهرت مجموعة «كلنا خالد سعيد» على الفيسبوك ضد عمليات التعذيب بعامة، وضد اغتيال خالد سعيد تعذيبًا من مجموعة من مخبري وضباط أمن الإسكندرية بصفة خاصة.

مع اقتراب موعد الانتخابات البرلمانية والرئاسية في عامي ٢٠١٠ و٢٠١١، وقبل عودة محمد البرادعي (شباط/فبراير ٢٠١٠)، ظهرت مجموعات وتشكيلات جديدة رافضة لعمليات التوريث، مثل «اللجنة المصرية الرافضة للتوريث»، وبدأت الائتلافات السياسية والحزبية المطالبة بتعديل الدستور، وبخاصة مواده المرتبطة بانتخاب الرئيس تظهر في نهاية عام ٢٠٠٩ وبداية عام ٢٠١٠[٩].

مع عودة البرادعي إلى مصر تصاعدت موجة جديدة من موجات الحراك السياسي، فتكوّنت المجموعات المؤيدة لترشيحه رئيسًا للجمهورية من الشباب، كما أُسست «الجمعية الوطنية للتغيير» من نخبة متنوعة من الكتّاب والأدباء والسياسيين والإعلاميين وأساتذة الجامعات، وأدى ظهور البرادعي مرشحًا - أو عنده نية الترشح - إلى عملية تصعيد لمطالب تعديل الدستور وتغيير قواعد اللعبة السياسية ورفع سقف الجدل السياسي في المجتمع المصري.

جاءت انتخابات مجلس الشعب في تشرين الأول/أكتوبر وتشرين الثاني/نوفمبر ٢٠١٠، وما جرى فيها من عمليات تزوير فج يجعل منها الانتخابات الأسوأ في تاريخ مصر، وما جرى حولها من تبجح وتباهٍ مُعلن على شاشات التلفزيون وصفحات الصحف من مهندسي هذه الانتخابات من أفراد أمانة السياسات في الحزب الوطني الحاكم، وبخاصة من المجموعة المحيطة بنجل الرئيس، لتضيف إلى الغضب المتراكم غضبًا جديدًا، وتُعلِن بقوة أن التغيير الديمقراطي السلمي دخلت نفقًا مغلقًا وطريقًا مسدودة.

---

(٩) انظر: عمرو الشوبكي، «قوى الحراك السياسي الجديدة في مصر،» في: «ملف: ثلاثون عاما من حكم مبارك».

في هذا السياق ظهرت مجموعات جديدة من الشباب، مثل تلك التي دعت إلى الاحتجاج يوم ٢٥ كانون الثاني/يناير، وكانت ثورة الشعب التونسي الشقيق قد ظهرت، وفرّ الرئيس التونسي زين العابدين بن علي، فتفاعلت نوازع الغضب المتراكمة في صدور المصريين عبر السنين مع نوازع الأمل البازغ مع نجاح ثورة تونس مع ظهور تشكيلات قوى الاحتجاج السياسي والاجتماعي المتنوعة، مكونة سبيكة جديدة من الطموحات التي لا تُحدّها حدود، وأمزجةً نفسية جديدة تسعى نحو الإنجاز.

ظهر كل هذا بقوة في إبداعات الخروج المليوني للشباب المصري، والخروج الكبير لألوان الطيف الشعبي والسياسي الذي ظهر في ميدان التحرير وميادين وشوارع مصر كلها في ٢٥ كانون الثاني/يناير.

ثالثًا: المعضلات السياسية لثورة ٢٥ يناير

الثورة الديمقراطية التي اندلعت في ٢٥ كانون الثاني/يناير ٢٠١١ في ميدان التحرير وسائر المدن المصرية، وقدّمت المئات من الشهداء والجرحى، ونجحت في إزاحة رأس النظام عن موقع الرئيس في ١١ شباط/فبراير ٢٠١١، هي في حقيقة وضعها ثورة سياسية ديمقراطية، تنتمي إلى مقدماتها السياسية التي فجرتها، وتنتمي إلى معضلاتها المرتبطة بمرحلة الانتقال التي فتحتها، حيث فتحت ثورة ٢٥ يناير الباب أمام عملية الانتقال السلمي الشامل نحو الديمقراطية، بما تحتاج إليه هذه العملية من استكمال هدم النظام القديم وإقامة نظام سياسي جديد يتسم بالديمقراطية والعدالة الاجتماعية، تطبيقًا للشعارين الرئيسين للثوار: «الشعب يريد إسقاط النظام» و«تغيير - حرية - عدالة اجتماعية».

تنطوي كل ثورة على عمليتين معًا: الهدم والبناء، لكن ما يتم في الظروف العادية في سنوات ببطء وبوتيرة عادية قد تصل حد الركود أو التطور غير المنظور لا يتم في أثناء الثورة بالطريقة نفسها، قد يتم في أيام أو ساعات، فالثورات تقوم بعمليات تسريع للإنجازات باعتبارها نقلات نوعية في التاريخ، لأن الثورات تنتمي إلى مفهوم التغير الكيفي، استكمالًا لما تم في السابق من

تراكـم كمـي، والتراكم الكمـي عندمـا يكون بطيئًا وغيـر منظـور فإن التغيـر النوعـي يكـون سـريعًا ومنظـورًا ومتّسـمًا بالثوريـة.

تتميز ثورة ٢٥ يناير بشبابها، وطريقتها في عمليات الحشد والتعبئة ورفع الشعارات والتوحد حولها، والضغط عن طريق الانتفاضات السلمية المليونية، بقدرتها على إزاحة رأس النظام، والقضاء على شرعية النظام القديم (من دون القضاء عليه بعد)، والمطالبة بنظام ديمقراطي جديد يستهدف إقامة دولة مدنية ديمقراطية.

لكن معضلة هذه الثورة أنها حين فتحت الباب لبناء نظام جديد، لم تكن تمتلك قيادة منظمة قادرة على الانتقال من حالة الحشد والتعبئة والصمود في الميادين إلى حالة استلام السلطة والقيام بالتغيير الثوري للنظام، بل فتحته في اتجاه إنجاز عملية التغيير والبناء عبر مرحلة انتقالية قلقة، تتسم قواها والعناصر المتنفذة فيها بالتداخل بين عناصر تنتمي إلى نظامين: القديم والجديد.

هذه هي معضلة هذه الثورة وقدرها في أن تكون ثورة مستمرة، دائمة، كي تتمكن من إنجاز مهمتها الرئيسة، بناء الديمقراطية بمعناها الشامل، ومواجهة التحديات الفكرية والسياسية والثقافية المرتبطة بعمليتي الهدم والبناء، كي يتمكن النظام الجديد المنشود من البزوغ والنمو والتوسع والتحقق على حساب النظام القديم المرفوض. وعلى الرغم من التداخل في المرحلة الانتقالية وعلى الرغم من معضلاتها وتحدّياتها فإننا يجب أن نُدرك أن ثورة ٢٥ يناير فجّرت في الواقع المصري والعربي ثلاث ثورات في ثورة واحدة:

- ثورة سياسية من أجل تغيير النظام السياسي القديم.

- ثورة اجتماعية من أجل تغيير نسق القيم السائد.

- ثورة ثقافية من أجل تغيير نظام التفكير السائد.

هي ثورات ثلاث لها تداعياتها وتحدياتها التي على قوى الثورة الوعي بها ودفع استحقاقاتها في مواجهة حتمية مع بقايا النظام القديم.

المراجع

العباسي، نظام. «الانتفاضة الفلسطينية الراهنة: رؤية تاريخية.» مجلة شؤون عربية: العدد ٥٦، كانون الأول/ديسمبر ١٩٨٨.

عبد الرحمن، أسعد. «الانتفاضة الفلسطينية، الأسباب.. المسار.. النتائج والآفاق.» مجلة شؤون عربية: العدد ٥٦، كانون الأول/ديسمبر ١٩٨٨.

عبد العاطي، محمد. «ملف: ثلاثون عامًا من حكم مبارك لمصر... تبديد أرصدة القوة.» مركز الجزيرة للدراسات، قسم البحوث والدراسات، ٢٠١١.

العيسوي، إبراهيم. الاقتصاد المصري في ثلاثين عامًا: تحليل التطورات الاقتصادية الكلية منذ ١٩٧٤ وبيان تداعياتها الاجتماعية مع تصور لنموذج تنموي بديل. القاهرة: المكتبة الأكاديمية، ٢٠٠٧. (منتدى العالم الثالث/ مشروع مصر ٢٠٢٠)

فرج، محمد. أبواب الفوضى: دراسة في مقدمات انهيار الدولة المدنية في مصر. القاهرة: دار العالم الثالث، ٢٠٠٦. (قضية للحوار؛ ١٥)

_____ ماذا بعد سقوط بغداد؟: دراسة في أسرار الحرب الأمريكية وتداعياتها. القاهرة: مؤسسة الأهالي، حزب التجمع الوطني التقدمي الوحدوي، ٢٠٠٣. (كتاب الأهالي؛ ٧٦)

كامل، محمد إبراهيم. السلام الضائع في كامب ديفيد. مقدمة خاصة للطبعة المصرية فتحي رضوان. القاهرة: جريدة الأهالي، ١٩٨٧. (كتاب الأهالي؛ ١٢)

النجار، أحمد السيد. الانهيار الاقتصادي في عصر مبارك. ط ٢. القاهرة: مركز المحروسة، ٢٠٠٨.

نكبة العراق – الآثار السياسية والاقتصادية. أحمد السيد النجار [وآخ]. القاهرة: مطبوعات مركز الدراسات السياسية والاستراتيجية بالأهرام، ٢٠٠٣.

هابر، إيتان، زيف شيف وإيهود يعاري. حدث في كامب ديفيد: المفاوضات على الطريقة الساداتية. ترجمة وتوثيق إبراهيم منصور. القاهرة: جريدة الأهالي، ١٩٨٦. (كتاب الأهالي؛ ١٠)

الفصل الثالث

الضلع الغائب من المثلث

عبد القادر ياسين

على الرغم من استفحال الأزمة الاقتصادية - الاجتماعية والسياسية وانسداد الآفاق، فإن الثورة لم تندلع، إذ ظلت تنتظر توافر الشرط الرئيس الثالث لاندلاعها، بعد أن طفح الكيل بجماهير الشعب، وراحت تحلم بالتخلص من النظام الجاثم على صدرها، وبعد أن عجز هذا النظام عن إدارة الحكم بالأساليب التقليدية، وأعني بالشرط الرئيس الثالث الفرقة الثورية المؤهلة لتوظيف الشرطين الأولين في إسقاط النظام.

إن المتابع للساحة المصرية سيلاحظ أزمة مستفحلة في داخل الحياة الحزبية تجلت أولًا في تشظي كل تيار (إسلامي/قومي/يساري) إلى نحو عشرة تجمعات، وثانيًا في وقوع كل حزب من الأحزاب «الشرعية» في إسار المحبسين، أي الجريدة والمقر، ما أفقد تلك الأحزاب الفاعلية، وأدى إلى تأكل عضويتها، وانحسار شعبيتها إلى حد بعيد.

غني عن القول إن للإسلام الحركي ما يبرر تشرذمه، فكل جماعة منه تتوهّم أنها تحتكر الحقيقة، وحدها، وأنها تمثل «صحيح الإسلام». أما الاتجاه القومي العربي فتمثل أساسًا بالتيار الناصري المفتقر إلى اثنين من أعمدة الحزب الثلاثة أي المنظومة الفكرية (الأيديولوجيا) والتنظيم. ودأب نظام ثورة ٢٣ يوليو المصرية، طويلًا، على التنديد بالحزبية، فيما لم يكن «الاتحاد الاشتراكي» (١٩٦٢ - ١٩٧٦) إلا كيانًا إداريًا يُصدر المستوى الأعلى تعليماته، وما على المستويات الدنيا إلا التنفيذ. هكذا تبلورت المعادلة التنظيمية في داخل «الاتحاد الاشتراكي»: يأمُر فيُطاع، يُؤمَر فيُطيع. وزاد الطين بِلّة أن نجاح أنور السادات في ضرب اليسار الناصري في ١٩٧١/٥/١٥ الذي اصطلح على تسميته «مراكز القوى»، أفسح في المجال لتوالد حلقات ناصرية، سرية وشبه سرية، في أرجاء مصر، ما عمّق جذور الحلقية الناصرية، بخاصة أن عناصر تلك الحلقات حمّلت «مراكز القوى» مسؤولية ترك السادات يضربها بتلك السهولة، بينما استكثرت

«مراكز القوى» على الشباب الناصري اتهام تلك المراكز بالسذاجة السياسية. هكذا انتصب سور عالٍ بين قدامى الناصريين وشبابهم، الأمر الذي أغرى بعضهم بإطلاق تسمية «صراع الأجيال» على هذه الحالة، علاوة على تلك الأسوار التي فصلت كل حلقة ناصرية عن مثيلاتها.

أما اليسار الذي عانى، تاريخيًا، التبعثر في عدة منظمات، منذ مطلع الأربعينيات وحتى حل المنظمات الشيوعية المصرية في ربيع عام ١٩٦٥، وهو ما عُرِف بالميلاد الثاني للحركة الشيوعية المصرية، فتمسّكت أقلية من الكوادر الوسطى بالحزب ورفضت حلّه، ما عرّضها لاضطهاد متقطع. ثم حين اقتنعت كوادر وقيادات أخرى بخطيئة حل الحزب، بعد هزيمة عام ١٩٦٧، عمدت إلى تأسيس حلقات منفصل بعضها عن بعض (الشروق/الانتصار/مجموعة سعد كامل/حزب العمال الشيوعي/التيار الشيوعي/التروتسكيون)، فضلًا عن «الحزب الشيوعي المصري - ٨ يناير» الذي ضمّ رافضي الحل. وسرعان ما افتتحت هذه الحلقات حوارًا توحيديًا بينها، انتهى إلى توحيد الحلقات الثلاث الأولى في «الحزب الشيوعي المصري» الذي أُعلن عنه في ١ أيار/مايو ١٩٧٥، لكنه ظلّ سريًا حتى ٢٠١١/٣/١٥.

بعد نحو عام على ضرب مراكز القوى (١٩٧١) أصدر السادات مرسومًا قضى بفك «الاتحاد الاشتراكي» إلى ثلاثة منابر (يمين ويسار ووسط). ودلف بعض كوادر الحزب الشيوعي المصري وقادته إلى «منبر اليسار» الذي سرعان ما تحوّل إلى «حزب التجمع الوطني التقدمي الوحدوي»، ورَأَسَه عضو مجلس قيادة ثورة تموز/يوليو ١٩٥٢، خالد محيي الدين.

صحيح أن «التجمع» وفّر للحركة الشيوعية السرية مجالًا للتحرك العلني، لكن هذه الإيجابية تضمّنت سلبيتين: أولاهما أن هناك من غادر العمل السري إلى العمل العلني، فيما عمد من انخرط في العمل العلني إلى ضخ استحقاقات العمل «العلني» إلى العمل «السري»؛ فمن المعروف أن للعلنية ثمنًا، على من يأخذ بها أن يدفعه على هذا النحو أو ذاك. فما من طرف حاكم يمكن أن يسمح لِـ «عدّوه الطبقي» بالعمل العلني مجّانًا، بل يجعل ذاك «العدو» يخفض سقفه باطراد، حتى يكاد هذا السقف يكتم أنفاس صاحبه، بينما يتحرر «السري» من هذا السقف. وحاول «السري» أن يفرض أسلوبه على «العلني»، وانتهى الأمر

بتأكل «السري» من دون أن يتقدّم «العلني»، بل تراجع باطراد، بعد أن استسلم لصيغة «خفض الأسقف». وانفجر «٨ يناير» و«العمال الشيوعي» من الداخل، وذوى «التيار»، وغصّت الساحة المصرية بالشيوعيين السابقين، وكان طبيعيًا أن تستفحل أزمة اليسار المصري على هذا النحو الكارثي نتيجة سقوط «المعسكر الاشتراكي» في عام ١٩٨٩، وانفراط عقد الاتحاد السوفياتي بعد نحو عامين، ما أضاف أسبابًا خارجية إلى الأسباب الداخلية والذاتية.

أولًا: البديل من الحزب

وضعت نُطفة الشرط الرئيس الثالث مع اندلاع «انتفاضة الأقصى والاستقلال» في الضفة الغربية وقطاع غزة في ٢٠٠٠/٩/٢٨، حيث أخذت لجان التضامن مع هذه الانتفاضة تنتشر في أنحاء جمهورية مصر العربية، ونشطت تلك اللجان في جمع التبرعات العينية والمالية للانتفاضة. والأهم من ذلك أن تلك اللجان ضمّت ناشطين من خارج البنى الحزبية القائمة، السرية والعلنية، وتعزّزت فكرة «الجبهة» والخندق المشترك بين شتى ألوان الطيف السياسي المصري.

ضمت تلك اللجان ناشطين مستقلين غاضبين، فضلًا عن أقلية من الحزبيين، وأقلية أكبر من أحزاب تحت التأسيس التي حال النظام دون منحها تراخيص عمل، مثل «حركة الكرامة» برئاسة حمدين صبّاحي، و«حزب الوسط» برئاسة أبو العلا ماضي. وتوالى نشاط لجان التضامن، وامتد إلى التظاهر الذي وصل إلى ذروته مع اجتياح الجيش الإسرائيلي الضفة الغربية في ٢٠٠٢/٣/٣٠، ومع ضرب الحصار على مقّر رئيس السلطة الفلسطينية ياسر عرفات. وتخلى جميع الحكّام العرب عن عرفات، حتى إنه لم يحظ باتصال هاتفي واحد من أي حاكم عربي على مدى الأشهر المديدة لحصاره. على أن أشد التظاهرات وأوسعها اندلعت مع اجتياح القوات الأميركية وحلفائها العراق الشقيق في ٢٠٠٣/٣/٢٠؛ وكأن هذه التظاهرة كانت إشارة البدء لانطلاق الحركات الاحتجاجية في مصر، في سبيل القضايا الداخلية.

كان مألوفًا أن يصوّت مندوبو أحزاب المعارضة «الشرعية» في مجلسي

الشعب والشورى المنتخبين قبل المعينين لمصلحة مرشحي الحزب الوطني الحاكم، في جلسة انتخاب رئيسي المجلسين. حتى سلبية الامتناع عن التصويت - وهي أقل من خطيئة الموافقة - افتقدها نواب المعارضة حتى قبل أقل من شهرين من اندلاع ثورة ٢٥ يناير.

ثانيًا: بديل يولَد

تمثلت حركات الاحتجاج بـ «كفاية» و«الجمعية الوطنية للتغيير» و«حركة ٦ أبريل» و«الحملة الشعبية لدعم البرادعي» و«٩ مارس»، فضلًا عن تيار المستقلين في نادي القضاة ونقابة الصحفيين. وأدارت تلك الحركات ظهرها إلى الأحزاب «الشرعية» التي نجح نظام مبارك في استئناسها، وبخاصة المعارِضة منها، فيما كان طبيعيًا أن تُسقط تلك الحركات من حسابها الحزب الحاكم (الوطني الديمقراطي). ونجحت تلك الحركات في انتزاع حق التظاهر، الأمر الذي توافر على طبق من فضة لأحزاب المعارضة «الشرعية» وإن من كيس غيرها.

١- حركة «كفاية»

هي «الحركة المصرية من أجل التغيير»[1]، عُرفت باسمها المختصر «كفاية». وهي تنظيم وطني ديمقراطي فضفاض اتسع لألوان الطيف السياسي المصري كلّها. وهدفت «كفاية» إلى الحؤول دون التمديد لحسني مبارك في رئاسة الجمهورية، أو تمكينه من توريث نجله جمال.

أُسست الحركة غداة التغيير الوزاري في مصر في تموز/يوليو ٢٠٠٤، حيث بلور نحو ثلاثمئة مثقف وشخصية مصرية وازنة من شتى ألوان الطيف السياسي المصري «وثيقة تأسيسية». غلب على معظم أعضاء الحركة طابع الاستقلال عن الأحزاب السرية والعلنية، فضلًا عن أعضاء حزبيين تحت

(١) للمزيد عن حركة «كفاية»، انظر: أحمد بهاء الدين شعبان، رفة الفراشة: كفاية: الماضي والمستقبل (القاهرة: مطبوعات كفاية، ٢٠٠٦)؛ موقع إيجيبتي: <http://www.egypty.com>؛
موقع ويكيبيديا: <http://www.wikipedia.org>؛
وموقع الجزيرة نت، ٢/٢/٢٠١١، <http://www.aljazeera.net>.

التأسيس أفلتوا من محاولات الحكم تدجين الأحزاب «الشرعية». ووقف نظام مبارك طويلًا ضد منح «حركة الكرامة» و«حزب الوسط» ترخيص العمل.

طالبت وثيقة الحركة التأسيسية بتغيير سياسي عميق في مصر، وبإصلاح اقتصادي، فضلًا عن ضرورة وضع حد للعنف الاجتماعي والسياسي والأمني واجتثاث الفساد.

ردت أجهزة أمن نظام الرئيس مبارك بشن حملات اعتقال متتالية، وتنظيم وجبات تعذيب ضد عدد غير قليل من ناشطي «كفاية». أما أحزاب المعارضة المدجّنة فناكفت الحركة الوليدة التي رأت فيها تحديًا جديًا لها، يكشف عجزها وخورها. لكن الحركة «كفاية» حازت دعم معظم الصحف المستقلة التي ارتفع منسوب شجاعتها في نقد أداء مبارك وفساد سياساته. وكان أن رفعت «كفاية» سقف المطالب الشعبية، وأخذت تهدم حاجز الخوف لدى الناس من بطش أجهزة الأمن. وذلك كله عبر تنظيم واسع ومرن ولامركزي، تمتع بديمقراطية داخلية ملحوظة.

ترتب على ظهور الحركة وأدائها الجسور توالي ظهور حركات الاحتجاج في هيئات التدريس في الجامعات، وأوساط الشباب، والنقابات العمالية، فظهرت «حركة ٩ مارس» في هيئات التدريس في الجامعات، و«حركة ٦ أبريل» الشبابية، و«شباب من أجل التغيير»، و«عمال من أجل التغيير» و«صحفيون من أجل التغيير»، و«طلاب من أجل التغيير»، و«كلنا خالد سعيد» التي حملت اسم شابّ قضى تحت التعذيب في أحد أقسام شرطة مدينة الإسكندرية، وزوّر الطبيب الشرعي أسباب الوفاة لمصلحة الشرطة.

يلاحظ من أسماء الحركات التي توالدت بعد «كفاية» أنها اتخذت من «التغيير» عنوانًا لها. في موازاة هذه كله، اتسعت دائرة الإضرابات المطلبية في التجمعات العمالية في أنحاء شتى من مصر.

تولى موقع المنسق العام للحركة الناشط السياسي الديمقراطي المخضرم جورج إسحق، ولم يخلُ انتخاب مسيحي لقيادة الحركة من دلالة. خلفه في ذلك الموقع المفكر الإسلامي المستنير عبد الوهاب المسيري، وبعد وفاته خلفه الأكاديمي المرموق عبد الجليل مصطفى قبل أن يسلّم الراية إلى الكاتب

المعروف عبد الحليم قنديل. إلى جانب المنسق العام أُلّفت - بالانتخاب الحر المباشر - لجنة تنسيق ضمت شخصيات وازنة مستقلة وحزبية، أبرزها أبو العلا ماضي (إسلامي - الأمين العام لحزب «الوسط» تحت التأسيس) وأحمد بهاء الدين شعبان (يساري) وكريمة الحفناوي (يسارية) وعبد الغفار شكر (يساري) وأمين إسكندر (قومي) والديدامون أبو العينين (ليبرالي - نائب رئيس «حزب الأمة» وعمرو محمد شاهين (ليبرالي) ومحمد أبو الغار (ليبرالي) وكمال خليل (يساري).

أُخذ على «كفاية» أنها اكتفت بالعمل على إسقاط النظام، ولم تقدم بديلًا منه. والرد بسيط وهو أن «كفاية» لو فعلت ذلك لدب الاختلاف بين أعضائها - وهم المتحدّرون من منابع فكرية وسياسية شتى - ولتشظّت شر تشظٍّ. ويكفي هذه الحركة شرف الريادة في الدعوة إلى إسقاط نظام مبارك من خلال تحريك بركة الحياة السياسية المصرية الراكدة، وانتزاع المزيد من الحريات الديمقراطية، وتعرية رموز الفساد، وفضح أدوات القمع في مصر، علاوة على المساهمة بدور مُجد في كسر حاجز الخوف عند الشعب.

٢- الجمعية الوطنية للتغيير

تحت شعارات «الديمقراطية/العدالة الاجتماعية/الانتخابات الحرة النزيهة»، أُسست «الجمعية الوطنية للتغيير»[٢]. وهي تجمّع فضفاض من شخصيات وازنة، ومن ممثلين عن منظمات المجتمع المدني والشباب، يهدف العمل على التغيير في مصر. وطلب مؤسسو «الجمعية» إلى الرئيس السابق للهيئة الدولية للطاقة الذرية محمد البرادعي تولي رئاستها حين عاد إلى أرض الوطن في شباط/فبراير ٢٠١٠، ما وفّر للجمعية زخمًا سياسيًا شعبيًا جديدًا، ورئيسًا يتمتع بوزن عالمي معتبر.

بدأت «الجمعية» جمع مليون توقيع على بيان «معًا سنغيّر»، ونجحت في جمع التواقيع المطلوبة في أقل من سبعة أشهر منذ تاريخ صدور البيان، وتم ذلك في ٢٠١٠/٣/٢. وفي مجال الأهداف التكتيكية ناضلت «الجمعية»

---

(٢) للمزيد من التفاصيل، انظر: موقع الجمعية الوطنية للتغيير؛ <http://www.taghyeer.net>
موقع الجمعية الوطنية؛ <http://www.misrdt.net>
وموقع ويكيبيديا، وموقع الجمعية على «الفيسبوك» <http://www.facebook.com/shabab.taghyeer>

من أجل كفالة الضمانات الأساسية لانتخابات حرة ونزيهة، تشمل جميع المصريين في الداخل والخارج، ولفرص متكافئة للجميع عبر إنهاء حالة الطوارئ، وتمكين القضاء المصري من مراقبة العملية الانتخابية من المنبع إلى المصب، مع إشراف منظمات المجتمع المدني المصري والأجنبي عليها، وتكافؤ الفرص في وسائل الإعلام لجميع المرشحين بخاصة في انتخابات رئاسة الجمهورية، وتمكين المصريين في الخارج من ممارسة حقهم الانتخابي في السفارات والقنصليات المصرية، وإلغاء قيود الترشيح لرئاسة الجمهورية، وقصر حق الترشيح للرئاسة على فترتين. وحددت «الجمعية» مطالبها بالتالي: تعديل المادتين ٧٦ و٧٧ من الدستور المصري اللتين تُجيزان انتخاب الرئيس مددًا مفتوحة بلا حدود. فضلًا عن المادة ٨٨ التي ألغت الإشراف القضائي على العملية الانتخابية برمّتها. وحصرت تلك المادة إشراف القضاء على مجرد عملية فرز صناديق الاقتراع. وفي هذه «الجمعية» اتسع تمثيل القوى السياسية بمختلف اتجاهاتها، ما جعلها المؤسسة الأكثر معارضة. إذ ضمت - إضافة إلى المستقلين من أطياف الفكر والسياسة كلّها - أحزابًا مثل «الغد» و«الجبهة الديمقراطية» و«الإخوان المسلمون» و«الوسط» (تحت التأسيس) و«الكرامة» (تحت التأسيس) و«الاشتراكيون الثوريون» (غير مرخّص) و«العمل» (سحب ترخيصه منذ نحو عقد) و«مصريات مع التغيير» و«الشيوعي المصري» (غير مرخّص) و«الحملة الشعبية لدعم البرادعي».

أما الشخصيات الوازنة في «الجمعية» - عدا من ذُكرت أسماؤهم من ناشطي «كفاية» - فهي محمد البرادعي والإعلامي حمدي قنديل والأكاديمي حسن نافعة والشاعر عبد الرحمن يوسف والمستشار محمود الخضيري ووكيل مؤسسي حزب «الكرامة» الناشط القومي المعروف حمدين صبّاحي ورئيس «حزب الغد» أيمن نور والقيادي في «حزب الأمة» شادي طه والناشطة السياسية جميلة إسماعيل والفقيه الدستوري يحيى الجمل ورئيس «الجبهة الديمقراطية» أسامة الغزالي حرب ومحمد سعد الكتاتني رئيس كتلة الإخوان المسلمين البرلمانية والمخرجون السينمائيون خالد يوسف وعلي بدرخان ويسري نصر اللّه والممثلتان السينمائيتان بسمة ونجلاء فتحي والروائي علاء الأسواني والخبير الاقتصادي اليساري عبد الخالق فاروق ورجل الأعمال نجيب ساويرس.

٣- حركة «٩ مارس»

إن تاريخ ٩ آذار/مارس مرتبط، في التاريخ المصري المعاصر، بحادثة مشهورة[٣]، حين دعا طه حسين، عميد كلية الآداب في جامعة فؤاد الأول (القاهرة الآن)، طلبة الكلية إلى حفل شاي. وفي اليوم التالي نشرت جريدة الجهاد الوفدية خبرًا عن الحفل، أرفقته بصورة له يظهر فيه الطلاب والطالبات معًا. فما كان من وزير المعارف، حينذاك، محمد حلمي عيسى إلا أن أصدر أمرًا بنقل طه حسين إلى وظيفة إدارية في وزارة المعارف العمومية عقابًا له على الجمع بين الطلاب والطالبات في حفل واحد. وكان عيسى وزيرًا في حكومة الطاغية إسماعيل صدقي باشا الذي ألغى دستور عام ١٩٢٣، وأحل محله دستور عام ١٩٣٠ الاستبدادي. واشتهر وزير المعارف في حكومة إسماعيل صدقي بلقب «وزير التقاليد» لتزمّته، حتى إنه ألغى «معهد التمثيل». وكانت الخلفية السياسية لقرار نقل طه حسين هي قربه من «الوفد»، الحزب المعارض الشرس لحكومة صدقي. وكان أحمد لطفي السيد أحد رموز حزب الأحرار الدستوريين المعارض بدوره لحكومة إسماعيل صدقي. لذلك أسرع أحمد لطفي السيد إلى تقديم استقالته من رئاسة جامعة فؤاد الأول احتجاجًا على النقل التعسفي لطه حسين[٤].

قدّم أحمد لطفي السيد استقالته في ٩ آذار/مارس ١٩٣٢، فغدا يومًا مجيدًا لاستقلال الجامعة المصرية، وغاب الاحتفال بهذه المناسبة حتى عام ٢٠٠٢، حين نشر الأكاديمي والطبيب والناشط الديمقراطي محمد أبو الغار كراسًا عن تلك المناسبة، تمهيدًا لبلورة حركة ديمقراطية، عبر تطهير الجامعات وتعديل اللائحة الطالبية الجائرة وإكسابها بعض الديمقراطية، وتخليصها من الشوائب، ما يمكّن الجامعة من أداء دورها، ويصل بها إلى مصاف الجامعات المهمة في العالم.

---

(٣) للمزيد عن هذه الحركة يمكن العودة إلى: موقع ويكيبيديا؛ موقع إيجيبتي: <http://www.march9online.net>؛ محمد أبو الغار ومديحة دوس، «من أجل جامعة أفضل: مجموعة ٩ مارس» ألف (القاهرة)، العدد ٢٩، ٢٠٠٩، ص ٨٩-١٠٠، وموقع بر مصر، انظر: <http://www.brmasr.com>.

(٤) جلسة مع المؤرخ المصري صلاح عيسى في منزله في ٢٠١١/٥/١٣.

أُسست «مجموعة العمل من أجل استقلال الجامعات» في صيف ٢٠٠٣، وضمت خمسة وعشرين من أعضاء هيئات التدريس في الجامعات المصرية اتفقوا على ضرورة التكاتف لوقف التردي المطّرد في الجامعات، وقرروا بدء التصدّي للتدخلات السياسية والأمنية في شؤون الجامعات. هكذا أُسست «حركة ٩ مارس» التي دأبت على عقد الندوات وتنظيم الوقفات الاحتجاجية ضد إفساد الحياة الأكاديمية، فضلًا عن عقد مؤتمر دوري في ٩ آذار/مارس من كل عام، إحياء لذكرى استقالة أحمد لطفي السيد. وسرعان ما اجتذبت الحركة مزيدًا من أعضاء هيئات التدريس في الجامعات المصرية الأخرى. في هذا السياق نظمت «الحركة» تظاهرة صامتة في داخل حرم الجامعة في ٢٠٠٥/٤/١٩ رفعت فيها لافتات كُتِب عليها: «لا للتدخلات الأمنية في الجامعة»، «نعم لجامعة حرة مستقلة». وساندت مجموعة من الطلبة أساتذتها بلافتات كتب عليها: «كفاية نهب»، «كفاية فساد، وكفاية طوارئ»، «كفاية ظلم للعباد»، «نعم لحرية الشعب». وفي التظاهرة نفسها أكد مدحت خفاجة، أحد ناشطي الحركة والأستاذ في معهد الأورام، أن النظام الحاكم فشل في إدارة البلاد، حيث يهدر نصف موازنة الدولة على نفسه، فيما يتفشّى الفساد على نحو وبائي. وشدّدت دينا الخواجة، الناشطة في الحركة وأستاذة العلوم السياسية في جامعة القاهرة، على ارتباط حركة «٩ مارس» بالحركة الديمقراطية في المجتمع المصري، وتبعتها زميلتها أستاذة الصحافة في كلية الإعلام في الجامعة نفسها والناشطة اليسارية المعروفة، عواطف عبد الرحمن، فأعلنت تضامن الحركة مع قرابة ألفي قاضٍ أعلنوا في ٢٠٠٥/٤/١٥ امتناعهم عن الإشراف على الانتخابات الرئاسية أو البرلمانية المقبلة ما لم يُعَدَّل قانونا السلطة القضائية ومباشرة الحقوق السياسية اللذان يحولان دون الإشراف القضائي على الانتخابات، ولا يضمنان نزاهة العملية الانتخابية. وتوّجت التظاهرة بتوقيع ١٢٠ من الأساتذة المشاركين بيانًا دان «تدخل الجهات الأمنية في الشؤون الأكاديمية والنشاط الطالبي».

خلال خمسة أعوام أصدرت حركة «٩ مارس» أربعة كتيبات عن الحريات الأكاديمية وإصلاح الجامعة والنهوض بالبحث العلمي، فضلًا عن الجامعة

في خدمة المجتمع[٥]، إلى كتاب خامس عنوانه مائة عام من النضال في جامعة القاهرة، حرره المؤرخ المصري رؤوف عباس.

٤- «كلنا خالد سعيد»

خالد سعيد[٦] شاب من الإسكندرية، ولد في ١٩٨٢/١/٢٧، احتجزه ضابطا شرطة في عام ٢٠١٠، وأخذا بتفتيشه ذاتيًا استنادًا إلى قانون الطوارئ المعمول به منذ اغتيال أنور السادات في ١٩٨٢/١٠/٦. وحين طلب سعيد إلى الضابطين معرفة سبب التفتيش، أو إبراز إذن تفتيش من النيابة العامة، ردّا عليه بالضرب المُبرّح الذي أفضى إلى موته في ٢٠١٠/٦/٦، على مرأى من المارة في حي سيدي جابر في الإسكندرية. وفجّر قتله موجة احتجاجات عالية في مصر والخارج. بدأ هذا الحادث حين نجح سعيد في الحصول على فيديو عن تداول المخدرات وتعاطيها في قسم شرطة سيدي جابر، ووضعه على الإنترنت. وتوصل الأمن إلى معرفة خالد سعيد من طريق مرشد الأمن محمد رضوان عبد الحميد، وشهرته «حشيش»، فاستدرجه رجال الأمن إلى منزله، وهناك قُتل تحت التعذيب العلني. ونشر زهاء أربعة آلالف شخص في أقل من ساعة واحدة الخبر على الفيسبوك. وعلى الفور دعت «حملة البرادعي رئيسًا» إلى ورشة عمل إلكترونية، لبيان كيفية التحرك الشعبي على سبيل انتزاع حق الشهيد خالد، في وقت بدأ فيه مركز «نصّار للقانون» تأليف لجنة تقصّي حقائق في مقتل خالد سعيد، توطئة لتقديم المتهمين إلى المحاكمة. ووصل الأمر بالغاضبين إلى حد وصف نظام مبارك بـ«الصهيوني»، مؤكدين أن جيش الاحتلال الإسرائيلي يقمع أبناء الشعب الفلسطيني على نحو أقل قسوة. وجهت دعوة مفتوحة في فيسبوك للانضمام إلى الحملة، وأُسست صفحة حملت عنوان «كلنا خالد سعيد»، وشعار «دمي في رقبتكم يا مصريين»! وتجاوز عدد أعضاء «كلنا خالد سعيد» الألف عضو.

---

(٥) الكتيبات الأربعة هي: أحمد لطفي السيد (القاهرة: حركة ٩ مارس، ٢٠٠٤)؛ لا للتدخلات الأمنية في الجامعة (القاهرة: حركة ٩ مارس، ٢٠٠٥)؛ ط ٢ (القاهرة: حركة ٩ مارس، ٢٠٠٦)؛ الاستبداد الإداري (القاهرة: حركة ٩ مارس، ٢٠٠٦)، وملاحظات حول تطوير التعليم الجامعي: ١٩٠٨-٢٠٠٨ (القاهرة: حركة ٩ مارس، ٢٠٠٨).

(٦) للمزيد من التفصيلات، انظر موقع مجلة إيلاف: <http://www.elaph.com>
وموقع الجزيرة نت، الاقتصاد والعمال، ٢٠١١/٢/٧.

زعم جهاز الأمن أن خالد سعيد مات بسبب ابتلاعه كمية من مخدر البانجو، ما إن اقترب رجلا الشرطة منه. وسرعان ما فُضح كذب ذاك الادعاء. طالب محمد البرادعي على صفحته الخاصة في موقع تويتر بمحاسبة المسؤولين عن مقتل سعيد، وأكد أن «مقتل خالد مسؤولية كل مصري». وشددت منظمة العفو الدولية على ضرورة فتح السلطات المصرية تحقيقًا رسميًا في مقتل سعيد، وأشارت إلى أن الصور الفوتوغرافية التي نُشرت لجثمان القتيل، تؤكد «استخدام الشرطة المصرية القوة الوحشية». وأضافت المنظمة أن الأمن المصري دأب على الإفراط في استخدام العنف، ثم الإفلات من العقاب.

أما المنظمة المصرية لحقوق الإنسان فأصدرت تقريرًا عن مقتل خالد سعيد، أكدت فيه أن مقتل سعيد «يُعد انتهاكًا لأبسط حقوق الإنسان، وهو الحق بالحياة»، وطالبت بضرورة «إعادة النظر في التشريعات العقابية لجرائم التعذيب، وإلغاء التشريعات التي ساهمت في توفير بيئة خصبة لانتشار ظاهرة التعذيب مثل ’قانون الطوارئ‘ و’قانون العقوبات‘ و’قانون هيئة الشرطة‘ التي فتحت الباب على مصراعيه أمام استخدام القوة من دون ضوابط جادة».

قرر النائب العام المستشار عبد المجيد محمود، تحت الضغط الشعبي المتزايد، استخراج جثمان خالد سعيد، وندب لجنة ثلاثية من «مصلحة الطب الشرعي» في القاهرة، برئاسة كبير الأطباء الشرعيين لإعادة تشريحه وبيان سبب الوفاة، بحضور رئيس نيابة استئناف الإسكندرية أحمد عمر، وأهل الشاب المتوفى. واصلت نيابة استئناف الإسكندرية بإشراف المستشار ياسر رفاعي، المحامي العام الأول لنيابات استئناف الإسكندرية، تحقيقاتها في القضية وسماع شهود الواقعة. وفي ٢٠١٠/١/٢٥ قاد البرادعي مسيرة حاشدة في الإسكندرية تنديدًا بمقتل خالد سعيد، كما زار أسرة المغدور. وفي ٢٠١١/٥/٤ قرر وزير العدل المستشار عبد العزيز الجندي إقالة كبير الأطباء الشرعيين السباعي أحمد السباعي للاشتباه الذي لم يخلُ من الأدلّة بأن السباعي «أهمل واجبًا إجرائيًا بتوقيعه تقريرًا لم يقرأه، ثم عاد وتنصل من مسؤوليته عنه»[٧].

(٧) انظر الصحف المصرية بتاريخ ٢٠١١/٥/٥.

٥ - حركة «٦ أبريل»

هي حركة ديمقراطية معارضة، ظهرت على أيدي شبان مصريين مستقلين غداة إضراب عمال غزل المحلّة الكبرى في ٦ نيسان/أبريل ٢٠٠٨. وكانت هذه الحركة محاولة جادة للتضامن مع عمال المحلة[٨]، حيث دعا أولئك الشبان إلى إضراب عام للشعب المصري، متبنين فكرة الأمين العام لحزب العمل مجدي أحمد حسين. بدأت الحركة تأليف مجموعات لنشر فكرة الإضراب العام، ووصل عدد المشاركين في الحملة إلى نحو سبعين ألف فرد.

استجابت الأحزاب والحركات التالية: «كفاية»، «الإخوان المسلمين»، «الكرامة»، «الوسط»، «العمل»، وحركات معارضة أخرى مثل «حركة موظفي الضرائب العقارية» و«حركة إداريي وعمال القطاع التعليمي» و«نقابة المحامين» و«حركة ٩ مارس»، فضلًا عن بعض المثقفين وناشطي الإنترنت. وانتشرت الفكرة تحت اسم «خليك في البيت»، واندلعت تظاهرات في القاهرة والإسكندرية والمحلّة الكبرى، فشنّت أجهزة الأمن حملة اعتقال بين ناشطي الإضراب والتظاهرات، بعد تظاهرة محدودة على سلالم نقابة الصحفيين في القاهرة، في ٢٨ تموز/يوليو ٢٠١٠. ثم نظمت الحركة تظاهرة أخرى في الإسكندرية بعد نحو شهر على تظاهرة القاهرة، واختار منظموها الكورنيش مكانًا لتظاهرهم، حيث رفعوا الأعلام المصرية وهتفوا بأناشيد وأغاني وطنية، فحاصرهم الأمن المركزي، وألقى القبض على بعضهم، فيما أفلت من تبقى عبر الشوارع الجانبية. وكان أبرز ناشطي الحركة أحمد ماهر، الآتي من حركة «كفاية»، وهو من مواليد الإسكندرية في عام ١٩٨١؛ ووليد رائد، المتحدث باسم الحركة؛ ومحمد عادل، منسق اللجنة الإعلامية في الحركة، وشهرته «العميد ميَت»؛ وإنجي حمدي، منسقة اللجنة الفنية.

قال مؤسسو الحركة إنهم ناضلوا من أجل عمل جماعي يُساهم فيه الشباب مع فئات المجتمع وطبقاته كلها في أنحاء الوطن كله من أجل إخراجه من أزمته، وفي سبيل مستقبل ديمقراطي، بعد انسداد الآفاق الاقتصادية والاجتماعية والسياسية. وأكد المؤسسون أن أغلبيتهم لم تأتِ من خلفية سياسية، كما أنها لم تمارس عملًا سياسيًا قبل ٦ نيسان/ أبريل ٢٠٠٨.

---

(٨) الدستور (القاهرة)، ٢٠٠٨/٨/١١.

بعد الحديث تحت عنوان «من نحن؟»، انتقل المؤسسون للإجابة عن السؤال: «ماذا نريد؟»، حيث حددوا مطلبهم في «مرور مصر بفترة انتقالية، يكون الحُكم فيها لشخصية عامة، يتم التوافق عليها، ليتم إرساء مبادئ الحكم الديمقراطي الرشيد، عبر التغيير السلمي». وأكد مؤسسو الحركة أن علاقتها بالقوى السياسية المصرية «تقوم على الاحترام والتعاون المتبادل، مع التشديد على استقلالية أفكارنا».

كما رأت الحركة أن الخارج منقسم إلى حكومات وشعوب ومنظمات مجتمع مدني، رافضة التعامل مع الحكومات الأجنبية، لكن مع الانفتاح على التجارب والخبرات كلها، وتبادلها مع الحركات المشابهة، والتعاون مع منظمات المجتمع المدني، في إطار التضامن الحقوقي والإعلامي، والتدريب والتعلُّم، «مع التشديد على الاحتفاظ باستقلاليتنا، وعدم فرض أي أجندات، أو أفكار علينا من أي طرف، أيًا كان».

حرص المؤسسون على التأكيد أن تمويل الحركة يعتمد على تبرعات الأعضاء، مع رفض التمويل الأجنبي.

تجمّعت هذه الروافد كلها وكوّنت نهرًا هادرًا اجتاح نظام مبارك في غفلة منه... واندلعت الثورة.

الفصل الرابع

مقدمات سردية للثورة

شعبان يوسف

منذ قرون كتب العلامة ابن خلدون: «ثمة بلدان لا يعرف القلق منها سبيلًا إلى قلب السلطان لندرة الثورات فيها، ففي مصر مثلًا، لا تجد غير السيد المطاع والرعية المُطيعة». وفي الأعوام القريبة كتب جمال حمدان وجلال أمين ما يشي بأن المصريين لم ولن يستطيعوا النهوض والتغلب على الطغاة لأن عزائمهم خارت، وقواهم أنهكت، وأحلامهم ضاعت في سراديب الحياة اليومية وخيالهم صار عقيمًا. والحقيقة أن هذه الجمل والمقولات كانت تجد صداها الكبير في التلقي والتداول والتفاعل أيضًا، ما دفع كثيرين إلى حالة من اليأس أو الإحباط، وكانت مطالب الجميع تتلخص في بضعة تغييرات دستورية هزيلة، أو جراحات اقتصادية محدودة. وقبيل الثورة مباشرة صدر كتاب حاد اللهجة للكاتب والمحلل السياسي مصطفى الحسيني عنوانه: مصر على حافة المجهول، يتناول جوانب الأزمات المصرية كلها، واصفًا هذه الأزمات بالمزمنة، لكنه شكك في قدرة المعارضة المصرية على التغيير، حيث إن الوضع الداخلي للبلاد - كما كتب الحسيني - وصل إلى حد التدهور والانهيار، وإلى حد يتهدد وجود البلد نفسه، ليحل محله بلد بلا معالم، لا يسكنه شعب بل «تتوزعه جماعات متفرقة من الناس تهيم في أرجائه القاحلة»[1]، ويصل الأمر إلى حد الحديث عن العجز الكامل عن التغيير. على الرغم من الاجتهادات المختلفة لكتّاب وساسة وباحثين وربما قادة أحزاب، كان هذا التحليل (أو الرؤية) شبه موحد ويؤدي إلى نتيجة واحدة وهذا لا ينفي أن أشكالًا من الصراخ كانت تدوي بين الحين والآخر، لكن هذا الصراخ لم يكن يعني أبدًا الاتجاه نحو الثورة أو نحو التغيير الجذري، أو حتى الخلاص الفردي؛ إذ إن حركات الاحتجاج كافة كانت تصدر عن جماعات أو أحزاب قديمة أنهكتها عناصر عديدة ومعقدة وتداخلت في هذه العناصر بالذات المعارضة مع النظام الذي كان قائمًا، وكانت الانشقاقات المدوّية أصبحت علامة مسجلة لأحزاب المعارضة، من دون استثناء، حتى حزب التجمع الوطني

(١) مصطفى الحسيني، مصر على حافة المجهول (القاهرة: دار ميريت، ٢٠١٠)، ص ٥.

الوحدوي انشق منه شخص رَأَس حملة جمال مبارك لوراثة أبيه، أو في مواجهة أبيه. وهذا أعجبُ انشقاق لم يتّصف به إلا حزب التجمع الذي كان مناورًا مهمًا في الثمانينيات والتسعينيات، وانتهى به الأمر إلى الانشقاقات المؤسفة التي كانت تطالب بتنحية رئيسه رفعت السعيد الذي كانت قوى الانشقاق تراه داعمًا للنظام.

ما حدث في ٢٥ كانون الثاني/يناير وبعده كان مذهلًا ومفاجئًا وغير متوقع، بل لم تكن أحزاب المعارضة راضية عنه، وبالتالي لم تُشارك هذه الأحزاب في دعم الثورة في بداياتها، لكنها لحقت بقطار الثورة عندما اقتنعت بأن هذا القطار سوف يصل بالجماهير إلى محطة إيجابية. «الإخوان المسلمون» لم يكونوا بدورهم موجودين في بداية الاحتجاج، لكنهم فعلوا مثلما فعل الآخرون: لحقوا بآخر عربة في القطار. وعندما تبيّن أن الأمر جد وجديد ذهبوا بكل قوتهم نحو العربة الأولى، ووجدوا في الإعلام دعمًا رهيبًا للنفخ في قواهم وتصويرهم بأنهم القوة العظمى التي ستتبوأ المنصات نظرًا إلى قدرتها على التنظيم والتحرك بقوة.

أين كانت الأشكال الروائية من هذا المشهد؟ وهل كانت الرواية المصرية قادرة على التحريض أو على الأقل وصف الدراما الاجتماعية الموّارة في الحياة السياسية والاقتصادية لمصر؟ أظن أن الرواية المصرية وأشكال السرد الروائية الأخرى قدمت تنوعًا هائلًا وثريًا للحياة المصرية، وهناك روايات جرى تداولها بشكل واسع، وتركت أثرًا قويًا عند قطاعات عريضة من الشعب المصري، وعلى رأس هذه الروايات تأتي روايتا علاء الأسواني عمارة يعقوبيان وشيكاجو. ولا يختلف اثنان على أن الروايتين ساهمتا بشكل كبير في ترويج النوع الروائي في الأدب بين الناس، بل أصبحت هناك قطاعات شبه منظمة للقراءة، وتجلّى ذلك في الطبعات المتتالية لكتابات علاء الأسواني بعد أن رفضت المؤسسة الرسمية الثقافية هذه الكتابات وناصبته العداء، ولم تنشر له حرفًا، وكانت تتذرع بالأسباب الفنية والتقنيات وبأن كتابات علاء الأسواني تخلو منها وتعتمد المباشرة والتقريرية. وربما كان هذا داعمًا للأسواني كثيرًا، إذ إنه نشر أعماله القصصية الأولى على نفقته الخاصة، ثم جاءت روايته الأولى الصادرة عن دار ميريت ضربة قوية للمؤسسة حيث فُضحت الفئات والطبقات والشرائح العليا في المجتمع، وكُشفت أشكال

فسادها، وتداخلت عناصر كثيرة مثل الجنس والمال والصراع الطائفي والقمع البوليسي والاضطهاد الاجتماعي بأشكاله كافة، ومحاولة السيطرة على مقدّرات البلاد من خلال تنقية جهاز الأمن من أبناء الطبقات الدنيا. وكانت شخصية طه الشاذلي نموذجًا صارخًا لوصف رحلة إنسان كان يحلم بالمستقبل الناجح، جعلته سلسلة كوارث إنسانًا فاشلًا لا يجد أمامه إلا الانضمام إلى إحدى الجماعات الإرهابية، فوالده كان بوابًا ووقفت هذه المهنة حائط صد في وجه أي صعود لطه الشاذلي، وعندما تقدم إلى كلية الشرطة ليصبح ضابطًا منعته مهنة والده من أن يشغل هذه الوظيفة، فتحول إلى نقيض لها، وانضم إلى صفوف جماعة إرهابية تدعو إلى الفضيلة بالطرق الإرهابية. وهذا ما دفعه إلى اعتناق مجموعة من المبادئ التي تصل به إلى كراهية المجتمع، ويصف معظم هذه المبادئ المجتمع بدقة، لكن النتيجة سلبية، وطريقة الحل أيضًا سلبية. ومن خلال عملية طرد الشاذلي من ساحته الطبيعية حتى انضمامه إلى جماعة إرهابية، ثم استشهاده، تقدم الرواية وصفًا دقيقًا لهذا المجتمع المغلق الذي يتكوّن فيه هذا الشاب الذي يزهد بالحياة الدنيا تمامًا، وتذهب روحه إلى الحلم بالجنة. في هذا السياق تدخل بنا الرواية إلى فضح جماعات المنافع المذهلة في قدرتها على السلب والنهب وسرقة الثروات عبر عمليات معقدة من الإجراءات المروِّعة. ولا ينسى الكاتب أن يصنع شخصية حاتم رشيد، رئيس تحرير إحدى الجرائد القومية، هذه الشخصية المنحلة والفاقدة للقيم والأخلاق، متتبعًا الكاتب طريقة تكوّنه في أسرة برجوازية ممزقة اجتماعيًا، واصفًا حجم الفساد والانحلال الذي تعيشه هذه الأسر، ما يؤجج روح الكراهية عند قارئ هذا النمط من الحياة، ويدفعه إلى اتخاذ مواقف يعادي بها هذه المجتمعات السالبة والناهبة والفاسدة، والمفسدة أيضًا. وتعتمد الرواية أسلوبًا شائقًا يأخذ القارئ في رحلة لوصف أجواء هذه المجتمعات البرجوازية والمعيقة لأي تطور إيجابي للبلاد.

صدرت رواية الأسواني الثانية شيكاجو في كانون الثاني/يناير ٢٠٠٧ عن دار الشروق، وظلت الطبعات تتوالى حتى وصلت إلى الطبعة العاشرة، ومع أن العنوان والاستهلال الروائي لا يشيان أبدًا بأن الرواية ستخوض في وصف مجتمع مصر المفكك والمتهالك تحت أقدام مباحث أمن الدولة، والطرائق الوضيعة التي يرصد بها رجل أمن الدولة ضحيته للإيقاع بها، إلا أن الأسواني

بلغ بها ذروة درامية في وصف رجل أمن الدولة. ومع أن نجيب محفوظ فعل هذا في روايته الكرنك، وكذلك حسن محسب في روايته وراء الشمس، إلا أن الأسواني أبدع لنا شخصية صفوت شاكر الواضحة وضوحًا وقحًا، إذ يتأرجح بين حالتي الترغيب والترهيب في التعامل مع ضحاياه، بعد أن يقنعهم بقدرته الواضحة والفائقة في اقتحام حيواتهم ومعرفة أمور كثيرة عنها. وهنا نجد حوارًا ذكيًا جدًا بينه وبين ناجي أحد أبطال الرواية، فيحاول شاكر أن يستدرج ناجي إلى التعامل معه، بعد أن يقتحم شقة هذا الأخير بطريقة تجعله يصرخ في وجهه: «حتى لو كنت مسئولًا في السفارة المصرية فليس من حقك أن تقتحم بيتي»[٢]. لكن صفوت شاكر يرد بكل صفاقة: «لقد دعوت نفسي لفنجان قهوة معك.. اسمع يا ناجي: أنت متفوق وذكي وأمامك مستقبل كبير» ويدور الحوار المعهود بين الضحية والجلاد، ويحاول الجلاد أن يشرح لضحيته كيف وقعت في شر أعمالها، موحيًا بأنه سيكون المنقذ محاولًا تسخيف أفكار ناجي، واصفًا إيّاه بأوصاف مهينة، ويشكك بالطبع في طريقة نظره إلى الحياة، فيقول شاكر: «المشكلة في المثقفين أمثالك أنهم يعيشون أسرى الكتب والنظريات.. أنتم لا تعرفون شيئًا عن حقيقة ما يحدث في بلادكم.. أنا عملت ضابط بوليس عشرة أعوام في محافظات مختلفة، طفت بالقرى والنجوع والحارات، وعرفت قاع المجتمع المصري.. أؤكد لك أن المصريين لا تعنيهم الديمقراطية إطلاقًا، كما ليسوا مؤهلين لها. المصري لا يهتم إلا بثلاثة أشياء: دينه ورزقه وأولاده. والدين هو الأهم.. الموضوع الوحيد الذي يدفع المصريين إلى الثورة أن يعتدي أحد على دينهم»[٣]. ويحاول ضابط أمن الدولة أن يعرض بعض المعلومات القديمة والمستهلكة والفاقدة مفعولها عبر عملية ثقافية طويلة، فيتحدث عن احترام المصريين نابليون لأنه تظاهر باحترام الإسلام، فتعاونوا معه وأيّدوه ونسوا أنه استعمر بلادهم. ودار هذا الحوار بين الجلاد والضحية على خلفية أن «ناجي» كان يجمع توقيعات ضد الرئيس المصري الذي كان سيزور أميركا. وإذا كان هذا الحوار يصور لنا مع استطرادات عديدة أخرى رجل أمن الدولة البشع الذي كرهه المصريون كراهية مطلقة، فإننا نجد شخصيات أخرى في الرواية وصلت

---

(٢) علاء الأسواني، شيكاجو (القاهرة: دار الشروق، ٢٠٠٧)، ص ٣٥٦.

(٣) الأسواني، ص ٣٥٧.

إلى أقصى حالات الإحباط. يدور حوار آخر بين صلاح المهاجر إلى أميركا وزينب التي فقدها منذ ثلاثين عامًا؛ تقول له زينب: «مصر في أسوأ أحوالها يا صلاح.. كأن كل ما ناضلنا من أجله أنا وزملائي كان سرابًا.. لم تتحقق الديمقراطية، ولم نتحرر من التخلف والجهل والفساد.. كل شيء تغير إلى الأسوأ.. الأفكار الرجعية تنتشر في مصر كالوباء»[٤]. وعندما يسألها: «كيف تحولت مصر بهذه الطريقة؟»، ترد عليه بانفعال: «القمع، الفقر، الظلم، اليأس من المستقبل.. غياب أي هدف قومي. المصريون يئسوا من العدل في هذه الدنيا فصاروا ينتظرونه في الحياة الأخرى!.. ما ينتشر في مصر الآن ليس تدينًا حقيقيًا، وإنما اكتئاب نفسي جماعي مصحوب بأعراض دينية!.. وقد زاد الأمر سوءًا أن ملايين المصريين عملوا سنوات في السعودية وعادوا بالأفكار الوهابية.. وقد ساعد النظام على انتشار هذه الأفكار لأنها تدعمه»[٥]. إن رواية شيكاجو لعلاء الأسواني اكتشاف لعوالم لم تكن مجهولة بقدر ما كانت غامضة ومعقدة، والرواية وضعت الأمور في موضع التحليل والتفسير اللذين يقودان القارئ نحو الفهم والتساؤل ثم التمرد على الأوضاع.

إذا كانت روايتا عمارة يعقوبيان وشيكاجو عملتا على التفسير والتحليل والتحريض، فهناك كمّ من الأعمال السردية التي قرأها المصريون وأدت الدور ذاته، وإن بدرجات مختلفة وبنسب مختلفة. يأتي في مقدمة الكتب السردية كتاب تاكسي: حواديت المشاوير (دار الشروق، ٢٠٠٦) لخالد الخميسي الذي اختلف النقاد على تصنيفه وتجنيسه، فهناك من اعتبره عملًا روائيًا لأنه ينطوي على بطل واحد، هو الراوي الذي لا يتغير، وثمة من رأى فيه مشاهدات تتعرض للمجتمع المصري من جوانب عديدة، لكن يُجمع الجميع على أن الناس قرأوه بشكل واسع، وتعدّت طبعاته الخمس عشرة طبعة. والكتاب يتناول قضايا المصريين من خلال حوارات ذكية تدور بين الراكب الذكي وسائقي سيارات التاكسي المطحونين والمدهوسين تحت عجلات المجتمع. يقول الخميسي: «من أهم الموضوعات المحببة لدى سائقي التاكسي في القاهرة، شتم وزارة الداخلية واحترامها وتبجيلها وتوقيرها في نفس الوقت،

(٤) الأسواني، ص ٣٨١.

(٥) الأسواني، ص ٣٨١.

فهما - السائقون وإدارة المرور في الداخلية - الموجودان دائمًا في الشارع.. والقصص في هذا المجال كثيرة»[٦]. ويستطرد الخميسي: «أمين الشرطة الذي كان حلمًا جميلًا في أوائل السبعينات.. [كان] أمينًا على الشوارع في بدلته الجميلة، يسير بها متأنقًا، ويا أرض انهدي ما عليكي قدّي [...] كيف تحوّل هذا الحلم إلى كابوس على قلب الشارع المصري خلال الثلاثين عامًا الأخيرة؟»[٧]. ويسترسل الخميسي في سرد أوجاع المصريين من خلال حوارات ظريفة تتسم بخفة ظل عالية تذكّرنا بكتاب قديم عنوانه مذكرات عربجي صدر في عشرينيات القرن الماضي، لكن بطريقة معكوسة، أي إن العربجي هو الراوي الثابت والراكب هو المتغير. يعمل الكتابان على تحريض القارئ ودفعه إلى التمرد على أوضاع المجتمع، ويؤكد كتاب تاكسي: حواديت المشاوير تأجيج الروح ضد رجل الشرطة الذي فسد وأفسد في العقود الماضية، وأظن أن التمرد الأقصى الذي أبداه المصريون كان ضد عنف جهاز الشرطة وبخاصة ضد جهاز أمن الدولة الذي حُلَّ بعد ثورة ٢٥ يناير.

في هذا السياق تأتي رواية طلعة البدن للروائي مسعد أبو فجر (دار ميريت، ٢٠٠٧)، وأبو فجر هو أحد أبناء بدو سيناء، نال بسبب نشاطه السياسي وروايته هذه قدرًا كبيرًا من التنكيل، واعتقلته السلطات أكثر من عامين من دون توجيه اتهامات محددة إليه. وتدخّلت جمعيات حقوقية كثيرة للإفراج عنه، وأصدر مثقفون كبار بيانات في شأنه، ولم تُصغِ الجهات المعنية إليهم. والرواية تصف معاناة بدو سيناء أمام رجل شرطة يهين البدو إهانات بالغة. يقول أبو فجر: «إذا وضعنا مصطلح ضابط في محرك بحث على النت، سنحصل على آلاف الكلمات، مثلًا: نكبة، نكسة، صدر الحيطان، العوجة، الجولان، معسكر، رتب، أكتاف [...] حرب، ثغرة [...] معركة، هزيمة [...] إلخ»[٨]. ويتناول أبو فجر القبح الذي يتصف به رجل الشرطة في مواجهته البدو، فيقول: «في صباح اليوم الثاني فكوا قيده وغطوا عينيه وجروه إلى خيمة فخمة يجلس فيها رجل تلمع فوق أكتافه النجوم الصفراء، كان

_____

(٦) خالد الخميسي، تاكسي: حواديت المشاوير، ط ٣ (القاهرة: دار الشروق، ٢٠٠٧)، ص ١٩.

(٧) الخميسي، ص ١٩-٢٠.

(٨) مسعد أبو فجر، طلعة البدن (القاهرة: دار ميريت، ٢٠٠٧)، ص ٢٦.

خمسة من الجنود يقفون أمام الخيمة ينتظرون أوامره. حين صار قطيفي أمامه صرخ الضابط: بتعمل إيه في إسرائيل يا ابن الكلب؟ أنت بتبربر بتقول إيه. ما تتكلم عربي يا كس أمك، وتقول كنت بتعمل إيه في إسرائيل.»، ثم يأمر بتفتيش قطيفي، والبحث عن جهاز تسجيل في مؤخرته، وإذا لم يجدوه يأتون بأمه ليفتشوا عنه في جهازها التناسلي. ويصرخ الضابط: «أصل أنا عارفهم العرب دول ولاد شرموطة خونة، ومالهومش دين»[٩]. وفي هذا السياق ستجد روايات خالد إسماعيل تعمل على وصف الوجع المصري، وآخرها رواية زهرة البستان (ميريت، ٢٠١٠)، وفيها يعرض إسماعيل التناقض بين أحلام الشباب والمعوّقات الاجتماعية الصعبة التي تعكس نوعًا من التأزم والوصول إلى حالة من اليأس. ويقول إسماعيل: «كثيرون جاءوا وجلسوا في المقهى، وأنا أشعر باليأس والزهق، كنت أظن أني بمجرد وصولي إلى القاهرة سوف أجد العمل، وأجد السكن، وأدخل بوابة المجد، وأصبح نجمًا مشهورًا، وأجد حلولًا لكل الأزمات والمشكلات، وأنسى أيام الفقر الدكر التي عشتها في البلد»[١٠]. تتسم روايات إسماعيل بأنها تطرح قضية المثقف النازح من قرية نائية في صعيد مصر إلى القاهرة الوردية، ثم تتحطم أحلام هذا المثقف الشاب المتعلم كلها أمام معوّقات القاهرة وبكواتها، ولا تزيده إلا بؤسًا وغربةً وفقرًا؛ هذه المدينة المُكدّسة بالمتناقضات الاجتماعية والطبقية والثقافية. وأظن أن روايات خالد إسماعيل تضرب في تحليل المشكلات الاجتماعية بشكل عميق، وتحتاج إلى قراءات نقدية مستفيضة، إلا أن هذه الروايات لم تحظ بالانتشار مثل روايات الأسواني والخميسي.

غير أن روايتي تغريدة البجعة لمكاوي سعيد[١١] وفاصل للدهشة لمحمد الفخراني[١٢] تغوصان في عوالم مصر السلفية، وتصفان هذه العوالم بطريقة فاضحة. تقرأ تغريدة البجعة عالم أطفال الشوارع الذي انتشر بطريقة مفزعة، حيث أصبح هؤلاء رصيدًا هائلًا لأي تمرد من الممكن أن يحدث، بينما تغوص رواية فاصل للدهشة في عوالم المهمشين والمشردين والمجتمعات

(٩) أبو فجر، ص ٣٤.

(١٠) خالد إسماعيل، زهرة البستان (القاهرة: دار ميريت، ٢٠١٠)، ص ٩٢.

(١١) مكاوي سعيد، تغريدة البجعة (القاهرة: الدار للنشر والتوزيع، ٢٠٠٦).

(١٢) محمد الفخراني، فاصل للدهشة (القاهرة: الدار للنشر والتوزيع، ٢٠٠٧).

الاستثنائية، هـذه العوالـم التـي تقبـع وتعيـش وتتوسع فـي دنيا المقابر، وتنتـج أحـط أنـواع الرذيلـة، وتعتـاش علـى أدنـى الأعمـال الاجتماعيـة. وأظن أن هاتيـن الروايتيـن مـع روايـات أخـرى لياسـر عبـد الحافـظ وهانـي عبـد المريـد وسـيد الوكيـل وسـعيد نـوح وضعـت بانورامـا روائيـة اجتماعيـة رهيبـة، وشـكلت وجدانًـا مصريًـا متمـردًا، وثائـرًا علـى الأوضـاع بشـكل كبيـر.

أما في شكل الأبعاد الطائفية والصراع بين المسلمين والمسيحيين فظهرت روايات كثيرة مثل وصايا اللوح المكسور لغبريال زكي غبريال، ومزاج التماسيح لرؤوف مسعد وشبرا لنعيم صبري، ثم كل أحذيتي ضيقة لأسعد الميري، وهذه الروايات وغيرها تتناول الهمّ المصري من زوايا مختلفة، تدين السلطات المصرية التي عملت على خلق المشكلة، وعملت أيضًا على تصعيدها وحماية استمرارها دومًا حتى تفوز بدور الوصي لإشغال المصريين بمشكلات فرعية، ومحاولات تحويل أشكال الصراع الطبقي والاجتماعي الى صراع طائفي.

لا ننسَ أيضًا الكتابات السردية التي تناولت هموم المرأة مثل كتابات سلوى بكر ونعمات البحيري وغيرهما، فهناك كتاب قرأه المصريون بشكل واسع، وهو عايزة أتجوز الذي تطرح فيه الكاتبة غادة عبد العال مشكلة العنوسة، وهوس المصريين بفكرة الزواج المبكر إلى درجة تصل بهم حد «العقدة»، وهذا الكتاب تحوّل إلى مسلسل تلفزيوني قامت ببطولته النجمة هند صبري، وملأ وجدان الناس بنوع من التمرد على أوضاع المرأة التي انفجرت في ثورة ٢٥ يناير، وكانت المرأة مشاركة بشكل راقٍ في وقائعها.

الفصل الخامس

الفن وثورة ٢٥ يناير
مُقدّمات عديدة تخترق الزمان والمكان

ماجدة موريس

في أيار/مايو ١٩٩٢، عُرض، أول مرة، الفيلم الوثائقي الطويل «القاهرة منوّرة بأهلها» للمخرج السينمائي الكبير يوسف شاهين. كان غريبًا أن يترك شاهين أفلامه الروائية، وصراعه من أجل كتابتها وتأمين تمويلها، والدخول في حروب مع الرقابة، ثم يذهب إلى ذلك الهامش الصغير من العمل الذي يريد أن يقدم فيه رؤيته للحياة في مصر، من دون قصة أو سيناريو وحوار درامي، بل من خلال ما يحدث في الشارع والحياة الواقعية. مرات قليلة جدًا فعلها شاهين ليقدم أفكارًا أو رؤى، يسجلها مباشرة، وهو ما شعر به في ذلك الوقت، في بداية التسعينيات من القرن الماضي، حين وجد الحياة في القاهرة تتغير تحت وطأة أنواع الفساد والإهمال والقهر وتغلغل الفقر كلها نتيجة حكم وضع لنفسه أهدافًا أخرى غير خدمة شعبه. وعلى الرغم من إشارة الفيلم إلى صعود التيارات الأصولية وتأثيرها في صور الحياة في المدينة العريقة، فإن الناس وحدهم، بفئاتهم كلها وبآلامهم وضيقهم، كانوا الأمل الوحيد الذي طرحه المخرج للخلاص من حالة التدهور والانحدار. هاجم الفيلمَ بعضُ مَن أزعجتهم الصورة التي قدمها المخرج عن مجتمعه، والتي تشي بما ستؤول إليه تفاعلاتها، في المستقبل، بل ثمة من طالب شاهين (من بينهم نقاد سينما) بالرحيل عن مصر إذا كان يراها على هذه الدرجة من القتامة.

«القاهرة منوّرة بأهلها» لم يكن فيلمًا، بل نبوءة، لحقه فيلم آخر، روائي هذه المرة، عنوانه مباشر جدًا: «هيَ فوضى!»، وبينهما عقد ونصف العقد من الزمن، وفيه قدم شاهين خُلاصة شهادته على حكم حسني مبارك الذي استمر ثلاثين عامًا. ومات المخرج بعد أن جعل الأمور واضحة أمام من صعُبت عليه الرؤية في التسعينيات، وكان من غير الممكن إنكار ما يحدث. في العقد الأول من الألفية الجديدة، وتحديدًا في عام ٢٠٠٨، كان شاهين يقاوم المرض بعناد عرف عنه، وهو مُصمّم على إتمام فيلمه بمساعدة خالد يوسف الذي أخرج عدة أفلام بعد أن استقل عنه، إلا أنه بقي على وفائه،

وظل يساعد شاهين في أعماله الأخيرة، بعد مرضه، في لفتة نادرة من التلميذ تجاه أستاذه، لذلك كانت لفتة رائعة من الأستاذ أن يجعل إخراج هذا الفيلم مشتركًا بينهما، ليكون بمنزلة وثيقة وضعها شاهين عن مدى عنف النظام المصري ضد الشعب؛ عنف يبدأ من اختيار مهنة بطله (أمين شرطة) الذي يصبح في إطار التواطؤ والتعاون العام بين أجهزة النظام وأفرادها إمبراطورًا يأمر فيُستجاب له، ويعوِّض إخفاقاته الإنسانية في المجتمع الواسع بالتنكيل بهؤلاء الذين تقودهم أقدارهم وأعمالهم إلى قسم الشرطة الذي يعمل فيه، فيُذيقهم من العذاب ألوانًا، وهو في منأى عن المحاسبة، لأنه يعرف نقاط الضعف كلها لدى رؤسائه، ويعرف، أيضًا، كيف يفلت من الأقوياء بحجج مقبولة تصب في إطار حماية النظام. كان «حاتم» نموذجًا للسلوك الأمني لرجال الشرطة في عهد مبارك، هذا السلوك الذي يعني لدى الناس الانحياز التام إلى أمن النظام، وإلى الكبار ضد الشعب وضد العدالة. كان النموذج الأمثل لحارس الأمن الخائن للأمانة، الذي عبّر عن رؤية شعبية سائدة في صفوف الشرطة المصرية في هذه السنوات. لهذا لم يكن غريبًا أن تندفع جماهير الشعب المصري في بداية ثورة ٢٥ يناير إلى أقسام الشرطة ترد على مَن فيها ثأرًا وغضبًا طويلين، نتيجة سلوكيات وصلت إلى الحد الأقصى من الخصام بين الشعب وجهاز أمنه، وفي ظل ما حدث في عام ٢٠١٠، أي حادثة الشاب خالد سعيد، ابن الإسكندرية الذي قتله شرطيان بعد إجباره على ابتلاع لفافة حشيش، وادعوا أنه ابتلعها خوفًا من ضبطها معه، فحُشرت في حلقه ومات مختنقًا. ثم شاعت صور فساد رجال مباحث القسم الذين كانوا يستولون على المخدرات ثم يبيعونها؛ وهذه الصور كانت القشة التي قصمت ظهر البعير، حين أدرك قطاع عريض من أهل منطقة سيدي جابر في الإسكندرية أن عنف الشرطة وصل إلى درجة الفُجور الذي لا يحتمل، فتظاهروا لأيام طويلة، وبدأ التنديد بأساليب الشرطة المصرية في تعاملها مع المواطنين.

ظل هذا الحدث يؤرق الضمير الجمعي لمن يدركون مستوى الفساد والعنف اللذين تمارسهما أجهزة الدولة والجهاز الحكومي في مصر، كذلك لدى من يكتشفون من خلال حركتهم اليومية أن الحياة أصبحت تضيق عليهم وعلى أسرهم، وتضنّ عليهم بأبسط الحقوق، مثل حق الطعام،

وحـق السـكن وحـق التنقـل الـذي أصبـح مسـألة شـاقة يتجلّـى فيهـا عجـز الدولـة عـن تأميـن حركـة مواطنيهـا فـي داخـل مدنهـم وخارجهـا، وعجزهـا عـن تأميـن شـروط سـلامة المركبـات العامـة والطـرق، إلـى درجـة جعلـت مصـر فـي أول قائمـة دول العالـم التـي تعانـي حـوادث المـرور. وفـي وقـت تحولـت فيـه هـذه الحقـوق الثلاثـة إلـى مـآسٍ للأغلبيـة، بقـي المواطـن المصـري يتمتـع، إلـى حـدٍّ مـا، بحـق رابـع هـو حـق التعبيـر عـن الغضـب والرفـض، مـا دام لا يضـر النظـام العـام، بـل ربمـا يحسِّـن صورتـه لـدى العالـم الخارجـي. مـع ذلـك فـإن حـق التعبيـر لـم يكـن محترمًـا تمامًـا، بـل مـن خـلال مسـاحات هنـا وهنـاك، بعضهـا تحـت السـيطرة، والباقـي تقاومـه خطـط النظـام ورجالـه، بإلصـاق التهـم بممارسـيه، فـإذا لـم يرتدعـوا يتحـول الأمـر إلـى معالجـة أمنيـة يُسـتخدم فيهـا جيـش البلطجيـة الذيـن ربّاهـم النظـام علـى مـدى سـنوات طويلـة لخدمتـه عنـد اللـزوم، وهـي خدمـات تمتـد مـن الاحتكاك بالمعارضـة أو حتـى المواطنيـن المسـالمين الذيـن عرفـوا طريـق التظاهـرات والاعتصامـات منـذ أن بـدأ النظـام ببيـع الشـركات والمؤسسـات الصناعيـة ويشـرد العمـال، إلـى «مواسـم الخدمـة»، أي انتخابـات مجلسـي الشـعب والشـورى. لذلـك كان الشـعب يـدرك جيـدًا، مـن سـابق خبرتـه ومعرفتـه النظـام وأسـاليبه، أن الشـرطة، بـدلًا مـن أن تحميـه، تحمـي هـؤلاء الذيـن يروِّعونـه. وعلـى مـدى سـنوات طويلـة مـن حكـم مبـارك (١٩٨١ - ٢٠١١) أدرك النـاس فـي مصـر أنهـم أصبحـوا بـلا حمايـة النظـام والأمـن، وكان عليهـم أن يفهمـوا الإشـارات التـي يتلقونهـا ممـن يسـتطيعون التعبيـر عـن هـذا الأمـر بطرائـق غيـر مباشـرة، أي الفنانيـن الذيـن كان بعضهـم يتحصّـن بالفـن، والآخـر بالرمـز، وبعـضٌ ثالـث لا يسـتطيع إخفـاء وجهـة نظـره فيقـع فـي براثـن الرقابـة الرسـمية والرقابـات الأخـرى التـي تفرّعـت منهـا بعـد أن صعـدت التيـارات الدينيـة المتطرفـة إلـى السـطح ومارسـت الرقابـة علـى الفـن ليصبـح هـذا الأخيـر المنفـذ الوحيـد للـرأي العـام (بعـد قتـل التجربـة الحزبيـة، ودفنهـا فـي سـراديب النظـام)، وليقـع النـاس فـي سلسـلة مـن الدوائـر الرقابيـة، مـن رقابـة أجهـزة أمـن الدولـة والشـرطة والأمـن المركـزي، إلـى أجهـزة الإعـلام، وهـو مـا عطّـل كثيـرًا وصـول الجماهيـر فـي مصـر إلـى دائـرة الوعـي واليقيـن بضـرورة الخـلاص مـن النظـام. مـع ذلـك كانـت لهـذا التعطيـل فوائـده، أولهـا أنـه أسـس لـدى قطاعـات واسعـة مـن النـاس تيـارًا عامًـا قـام علـى إدراك قواعـد

الفساد وصوره. صنع هذا الإدراك أنواعًا من الحوار، أو وجهات نظر عامة في كيفية المقاومة وأنواعها، ولم يكن هذا غائبًا عن أذهان كثيرين من صُنّاع الكلمة واللحن والصورة والحركة، لكن هناك من وجد أن هذه اللغة، وحدها، لا تكفي، فألقى بنفسه في بحر الألم العام مع الجماهير. وإذا كنتُ قد بدأتُ الحديث عن فنان السينما يوسف شاهين، فإن هناك داود عبد السيد وعاطف الطيب ورأفت الميهي ومحمد خان وخيري بشارة وشريف عرفة وخالد يوسف ويسري نصر الله ومجدي أحمد علي وأسامة فوزي وعاطف حتاتة وهالة خليل وكاملة أبو ذكري، ومن المؤلفين لا يزال بشير الديك وفايز غالي ومصطفى محرّم ورؤوف توفيق، وفي التلفزيون طابور طويل من المبدعين الذين شحنوا وجدان ملايين الناس على مدى سنوات بأعمال قدمت كثيرًا من صور الفساد وحللت ظروف السقوط السياسي والاجتماعي والاقتصادي، وعلى رأسهم أسامة أنور عكاشة الذي لم تسعفه الحياة ليشاهد ثورة ٢٥ يناير. على سبيل المثال، ظل عكاشة طوال حياته، متهمًا بالدفاع عن عبد الناصر وسياساته في مواجهة زمن السادات ومبارك، وهو ما عرّضه للتضييق على أيدي عملاء النظام البائد، وربما لهذا السبب وجد القائمون على التلفزيون المصري في بعض أعماله النغمة الملائمة للقبول الجماهيري بعد ثورة ٢٥ يناير، فعرضوها تباعًا، مثل مسلسل «أبو العلا البشري» الذي توقع عكاشة فيه، مبكرًا، فشل أطروحة الحلول الفردية لقضايا المجتمع، ورفض قيادة رجال الأعمال للاقتصاد الوطني، وكشف خطر فساد رجال الأعمال في تحالفهم مع إدارة دولة تعرّضت للنهب العام باسم الانفتاح والاقتصاد الحر. وفي إطار المصالحة العامة مع شعب ثائر، عُرض مسلسل «أرابيسك» الذي طرح فكرة علاقة المصريين بالعالم العربي وامتداده الثقافي، أو بالعالم الأكبر، في بدايات زمن العولمة، معرّجًا على دور الدولة الصهيونية في تعطيل المشروع الحضاري العربي. لكن المدهش أن هذا الكاتب الذي تربّع على عرش الدراما بلا منازع، توارى حين شعر بعملية التضييق عليه في سياق المتغيرات التي ألمت بالتلفزيون المصري في نهاية منتصف العقد الأول من الألفية الثانية، مع مجيء أنس الفقي إلى وزارة الإعلام الذي رفع شعار التوسع في إنتاج الدراما التلفزيونية المصرية، أي نظرية الكم على حساب الكيف، لاسترداد السوق. وحيث اكتشف

عكاشة أن اللعبة الجهنمية أصبحت في يد الإعلان والنجوم والمسلسلات التجارية استنتج أن التواري، أو أن يقوم بأمرين: أولهما ممارسة أفكاره السياسية والاجتماعية عبر الكتابة في الصحافة في صدام مباشر مع النظام، أو التظاهر ضد هذا النظام؛ وكان يُعبّر عن هذا الموقف في مقالة يكتبها في جريدة الأهرام وعمود ثابت أسبوعيًا، ظل يكتبه حتى وفاته، في جريدة الوفد. وثانيهما مشروعه الدرامي الأخير الذي سمّاه «المصراوية»، عن مصر والمصريين من النشأة إلى التكوين وحتى اليوم، في خمسة أجزاء، على أن يعتزل بعدها الدراما، نهائيًا. لكنه أنجز منه جزأين فقط، عرض أولهما في عام ٢٠٠٨ على قناة «دبي» التلفزيونية، والثاني في عام ٢٠٠٩ على الشاشة المصرية، وهو ما أضاف إلى أحزان عكاشة أحزانًا أخرى، بعد ابتلاع الإعلانات مساحات المشاهدة، بمعنى أن المشاهد أصبح يرى إعلانات المياه الغازية وأنواع الطعام والصابون مطعّمة ببعض الدراما.

أولًا: بين اليأس والرجاء وحلم التغيير

لأننا عشنا عصر التلفزيون الذي بدأ في عام ١٩٦٠، فإننا حتى اليوم، بعد أكثر من خمسين عامًا، لا نملك الأجهزة القادرة على قياس ما يجري من تطورات، في المجالات كلها، وحتى لو وُجِدت مثل هذه البحوث فمصيرها الأدراج. على سبيل المثال، ما جرى من انكماش على الدراما التلفزيونية المصرية وازدهار الدراما التلفزيونية السورية والخليجية في مطلع العقد الأول من الألفية الثالثة، بقوة الدفع التي حققتها القنوات الفضائية العربية، مثل «إم بي سي»، و«روتانا»، وغيرهما، وبزوغ عهد «العرض الحصري» الذي حرم عرض الإنتاج المصري على قنواتنا المصرية، إلا بعد عرضه الأول على تلك القنوات العربية. وبعد هذا المتغيِّر الذي تنبهت له الحكومة، سيطرت تلك القنوات على أفضلية المشاهدة، ما جعلها توشك على ضرب الدراما التلفزيونية المصرية، فلا تقوم لها قائمة، كأن من باع السينما المصرية، ينوي الإجهاز على الدراما التلفزيونية من خلال الإعلانات.

في هذا السياق تحقق أمران: أولهما تحطيم سيطرة القنوات الفضائية العربية على عرض هذه المسلسلات، بصدور قرار شراء كل ما ينتجه التلفزيون

المصري وعرضه على القنوات المحلية، الأرضية والفضائية، علاوة على القنوات الخاصة المصرية (دريم، الحياة... إلخ) التي احتلت مساحات إرسال مهمة على القمر الاصطناعي المصري «نايل سات»، وثانيهما فتح الباب على مصراعيه للإنتاج المشترك بين الدولة (قطاع الإنتاج في التلفزيون الرسمي، مدينة الإنتاج الإعلامي، شركة القاهرة للصوتيات والمرئيات) والمنتج الخاص، وطُبِّقت هذه الفكرة في عامين متتاليين (٢٠٠٩ و٢٠١٠)، فأُنتج ما يقرب من خمسين مسلسلًا في السنة الأولى، وأكثر من ستين مسلسلًا في السنة التالية، فتحوّل الأمر إلى تخمة بعد فقر مدقع، حتى إن بعض المسلسلات لم يجد فرصة لعرضه، وأُضيف عدد أكبر، لم يجد فرصته في السنة التالية؛ بينما نالت أعمال دون المستوى فرصة العرض على حساب أعمال أفضل بكثير. وفشلت الإعلانات في تغطية ثمن الشراء.

انقسم النقّاد إلى فريقين، رأى أحدهما أن هذه المشكلات يمكن معالجتها، في السنوات التالية، لقاء المكاسب الهائلة التي تحقّقت بفك حصار العرض «الحصري»، وعودة المسلسل المصري ليحتل الصدارة في مصر والعالم العربي، كذلك عملية التشغيل التي جعلت حتى أسماء ممثلين من الدرجة الثالثة يحصلون على فرص كبيرة، كما سمحت لأجيال جديدة من الكتّاب والمخرجين والفنيين بأن تخرج أعمالهم الأولى إلى النور وتُعرض. بينما هاجم الفريق الثاني الفكرة كلها، لأنها نتجت من قرارات وحسابات غير مدروسة أدّت إلى ديون بالملايين، حصل عليها وزير الإعلام في آخر حكومات عهد مبارك، أنس الفقّي، من وزير المالية في الحكومة نفسها، يوسف بطرس غالي، بعد عجز الإعلانات عن تغطية ثمن شراء تلك المسلسلات. لكن الأهم هو حرمان كتّاب ومخرجين كبار من فرصة عرض أعمالهم، بل انصرف المنتجون عنهم بحثًا عن السهل الذي يعتمد نظام النجوم في جلب الإعلانات، أي بصرف النظر عن المستوى الفكري والفني للعمل، والذي كان هو أحد أهم أسباب انهيار السينما المصرية في مطلع التسعينيات. المدهش أن هذا الانقسام الذي جرى بين النقاد والمتخصصين، لم يصل إلى نتيجة، ففي نهاية عام ٢٠١٠ ومطلع ٢٠١١، قامت ثورة ٢٥ يناير، فتوقفت عجلة الإنتاج، كما سقط الوزير السابق، هو ورئيس اتحاد الإذاعة والتلفزيون، متهمين بالكسب غير المشروع، وتبديد المال العام، في إنتاج مسلسلات لم تغطِ تكلفتها.

ثانيًا: من «أهل كايرو»... إلى «الحارة»

عندما يختار الناقد، أو المحلل، أمثلة بعينها لتكون معبِّرة، لا بد من أن تكون مكتملة المواصفات، لإظهار الصورة. لذلك، عندما ضربتُ المَثَل باثنين من أعلام الفن المرئي، سينمائيًا وتلفزيونيًا، هما يوسف شاهين وأسامة أنور عكاشة، اخترتهما لأنهما مثّلا معاني التمرُّد كلها على ما هو سائد، كما أنهما لم يترددا في تحليل أسباب فساد الواقع السياسي والاجتماعي والاقتصادي تحت نظام حسني مبارك، وبخاصة في السنوات الأخيرة، كما عاش الاثنان بين اليأس والرجاء في تحقُّق حلم التغيير. والغريب أن الموت لم يُمهلهما، وأخذهما قبل فترة وجيزة من الثورة. لكن لا بد من التوضيح بكل جلاء، أن اختياري إياهما لا يُلغي الأسماء الكبيرة في السينما ممن ذكرتُ سابقًا؛ أما في الدراما التلفزيونية، فلا بد من ذكر أسماء لا تقل عن عكاشة، وبالذات في التأليف باعتباره العمود الفقري الذي ما لم يكن ذا مستوى رفيع، فإن هذه الدراما تسقط، ولا يستطيع جهد مخرجها إنقاذها.

إذا عدّدنا بعض الأسماء الكبيرة، فسنجد كُتّابًا كبارًا أمثال محفوظ عبد الرحمن ويسري الجندي ومحسن زايد وعصام الجمبلاطي وفتحية العسال وعاصم توفيق وعاطف بشاي ومحمد جلال عبد القوي ونادية رشاد ومحمد السيد عيد وعصام الشماع. وهناك أسماء جديدة أخرى ظلّت ترفض الفساد والظلم وظهرت بعد سقوط نظام العرض «الحصري»، مثل بلال فضل الذي كتب مسلسلين: الأول «هيمة»، في عام ٢٠٠٩، عن محاولة رجال الأعمال المتواطئين مع رجال الحزب الوطني الاستيلاء على أرض جزيرة الورّاق وطرد سكانها بالقوة لإقامة منتجع سياحي فيها! والثاني «أهل كايرو»، وشهادته على زواج الثروة بالسلطة للحصول على المنافع الممكنة في الدولة. وهناك عبد الرحيم كمال الذي كتب «الرحايا» عن جذور الاستغلال في المجتمع الصعيدي المتسم بالقبلية، و«شيخ العرب همّام» الذي طرح صورة من التاريخ المنسي لانتفاضة قام بها أحد رجال قبيلة الهوّارة، في الصعيد، انتزع فيها السلطة من الحكام المماليك. أما الكاتب أحمد عبد الله فقدّم في عمله الأول «الحارة» (٢٠١٠) المجتمع المصري في ذلك المكان التقليدي الذي يستقطب، الآن، نماذج بشرية مختلفة عن «حارة» نجيب محفوظ. في «حارة»

عبد الله والمخرج سامح عبد العزيز بدت «إنجازات حكم مبارك» منحوتة على الشاشة: شبان متعلمون وعاطلون عن العمل يأخذهم ضيق الحال إلى أفكار كثيرة، منها ما هو صالح مثل البحث عن أي عمل، ومنها السيئ مثل اللجوء إلى المخدرات، ومنها العدمي أي اللجوء إلى الهجرة بأي وسيلة؛ ورجال عاجزون عن الوفاء بحاجات بيوتهم، ونساء يتحايلن على الحياة، وفتيات لا أمل لديهن في الزواج، وبيوت متلاصقة تفشي أسرارها للجميع، ومع ذلك كله يتكاتف الناس، في وقت الشدة، ويسرعون إلى تقاسم المسرّة، حتى لو كانت مجرد غناء ودعاء، لهتاف لجارة ذاهبة إلى الحج.

ثالثًا: المسلسل التاريخي واستعادة الوعي

ثمة وعي حاد في هذه الأعمال بالتفرقة بين أحوال الناس وأحوال النظام، وفي الإشارة إلى الأسباب التي خلقت هذا الانحدار. وليست هذه الأعمال وحدها التي تستحق التوقف عندها، فهناك أعمال أثارت قضايا مهمة وملحّة، مثل مسلسل «سقوط الخلافة» للكاتب يُسري الجندي الذي حلّل فيه الصراع السياسي والتاريخي على المنطقة العربية، بين دولة الخلافة العثمانية والدول الأوروبية، ومحاولات الحركة الصهيونية، في بداياتها، الاستيلاء على مساحات من أرض فلسطين والشام. وفي مسلسل تاريخي آخر عنوانه «ملكة في المنفى»، تحلّل الكاتبة، راوية راشد، الأسباب التي دفعت العائلة الملكية المصرية، قبل ثورة تموز/يوليو ١٩٥٢، إلى إخفاقات متعددة، مركِّزة على الصراع العائلي، وقهر المرأة، بخاصة الملكة الأم (نازلي). أتاح هذا الأمر للمشاهد رؤية تفصيلات جديدة عن عمل أسبق عن العائلة نفسها، هو مسلسل «الملك فاروق»، للكاتبة لميس جابر، الذي أعاد الاعتبار إلى الحقبة الملكية، وإلى الملك فاروق تحديدًا. ليس هذا فحسب، بل فتح ملفات عن علاقة ثورة ٢٣ يوليو بالحقبة الملكية، وبعهدٍ أُسدلَ ستار كثيف عليه، إلى درجة جعلته حقبة من الفساد، ما جعل ملايين المصريين يراجعون أنفسهم، في ما ترسب لديهم عن تلك الحقبة، وما تقدمه الشاشة من خلال المسلسل، ولا سيما قصة حزب الوفد الذي تصدّر الحياة السياسية لسنوات طويلة، وكانت له شعبيته الطاغية وزعاماته القوية ورموزه السياسية، ودوره الملحوظ في مواجهة الملك

والإنكليز، وهو ما أثار جدلًا واسعًا في الشارع المصري في عام ٢٠٠٨، وأطلق سجالات بين النخبة قارنت ذلك الماضي السياسي بحاضر يسيطر فيه الحزب الوطني على الحياة السياسية، على الرغم من وجود أحزاب أخرى، مثل التجمع والناصري، مُنِعتْ من العمل والحركة، بالقمع البوليسي ومن جهاز أمن الدولة، حتى تحولت إلى هياكل بلا فاعلية.

رابعًا: الجدل السياسي بين الماضي والحاضر

سبقت مسلسل «الملك فاروق» أعمال أخرى مهمة، مهدت الطريق للمواطن لإدراك أن الحياة السياسية والدستورية ليست ما يُعايِشه، مثل مسلسل «أم كلثوم» لمحفوظ عبد الرحمن الذي قدم لمحات مهمة من علاقات السلطة برموز الفن والحياة الاجتماعية والسياسية في العهد الملكي حتى ثورة يوليو، ومسلسل «قاسم أمين» لمحمد السيد عيد الذي قدم لمحات أخرى من زمن النهضة الذي بدأه محمد علي، وفتح من خلاله الأبواب لنهضة تعليمية وبعثات إلى أوروبا، ومسلسل «مصر الجديدة» ليسري الجندي عن حياة هدى شعراوي رائدة الحركة النسائية المصرية التي خرجت من معطف ثورة عام ١٩١٩ لتقود النساء إلى الكفاح من أجل الوطن والتحرُّر. ومن المؤكد أن هناك أعمالًا أخرى، ساهمت في إضاءة صورة الوطن لدى ملايين الناس، فدفعتهم إلى المقارنة بين أحوالهم في الماضي والحاضر، ليجدوا واقعًا غير مضيء، وحياة إنسانية متدهورة، وإجراءات اقتصادية تزيدهم بؤسًا وفقرًا، ونوابًا برلمانيين لا تهمهم مشكلات المواطنين. إن سرعة إيقاع الأذى بالمواطنين من جانب النظام المباركي، وتكاتف الجهات والأفراد المنتمين إليه، للحصول على الثروات كلها من دون الأغلبية التي أخرجها هذا النظام من حساباته، سرّعا حسم معركة المواطن مع نفسه، بخاصة مع ما كان يشحنه، يوميًا، بغضب مباشر، بسبب الوقائع التي تعرضها وسائل الإعلام، مثل الفضائيات، وهو ما أدخل المواطن في حالة صراع بين الحقائق والأوهام، وبين ما يراه ويلمسه بيده ويكابده في معيشته، وما يقرأه ويراه في الإعلام الرسمي عن أفضال النظام والرئيس وحنان السيدة الأولى ثم أخيرًا عن الرئيس المقبل جمال مبارك. وربما لم يحدث في تاريخ بلد ما مثلما حدث في مصر، في

شأن تأثير الصراع الإعلامي في المواطن المصري، ومدى كون هذا الوضع اختبارًا قاسيًا للعاملين في اتحاد الإذاعة والتلفزيون والصحف القومية. لكن هذا لم يمنع كثيرين من نشر تسريبات وحقائق وتقارير تدين ممارسات رجال النظام ومؤسساتهم، في لجة المقالات التي تمجدهم.

خامسًا: كيف ظهر النظام على الشاشة؟

إن ظهور النظام على الشاشة يعني أمرين: الأول، ظهور الرئيس وعائلته ورجاله في البرامج الإخبارية والسياسية، وفي مساحات خاصة في المناسبات القومية مثل الاحتفال السنوي بحرب تشرين الأول/أكتوبر ١٩٧٣. أما في المناسبات العامة، فأصبح من المقدس استقبال الرئيس وأبنائه الفريق القومي لكرة القدم بعد فوزه بالبطولات الأفريقية، وغيرها من مناسبات فوز الأندية المصرية، كذلك حضوره نهائيات هذه البطولات التي تقام في مصر، والتي يراها عبر صندوق زجاجي صنع له خصيصًا في استاد القاهرة، بعد محاولة اغتياله في أديس بابا في إثيوبيا. وكان من بين أهم وسائل تلميع صورة ابنه جمال حضوره تدريبات هذه الفرق، ثم انضم إليه أخوه علاء في مرحلة متأخرة. ومن هذه الوسائل أيضًا التركيز الإعلامي على المشروعات الخيرية والاجتماعية والاهتمام بالطفل وشؤون المرأة، التي كانت ترعاها سوزان مبارك، وإبرازها في وسائل الإعلام كلها بشكل مبالغ فيه، في وقت لم نرها فيه ولا زوجها ولا الأبناء في كارثة من الكوارث التي ألمّت بالشعب المصري، من سيول أسوان، إلى زلزال عام ١٩٩٢، إلى كارثة العبّارة، إلى انهيار صخرة الدويقة، أو حتى في محاولة درء الفتنة الطائفية في آخر مصيبة، أي تفجير كنيسة القديسين.

أما الأمر الثاني فالظهور الدرامي من خلال السينما والدراما التلفزيونية، وكان الأمر صعبًا لصنّاع الأفلام التي قدمت صور الفساد السياسي والاجتماعي في عهد مبارك، ولهذا كان الاختيار يقع، دائمًا، على نقد جهاز الشرطة أو الأمن الذي بدا كأنه المعادل الموضوعي لحكم مبارك، لأنه كان من المستحيل تقديم شخصية الرئيس وفساده وفساد أسرته. حتى رئيس الوزراء والوزراء كان ممنوعًا الكلام على فسادهم، مثلما حدث مع برنامج فكاهي

ساخر بعنوان «حكومة شو»، وفيه يقلِّد الفنان محمد عزب أحمد نظيف، ووزراء آخر حكومات عهد مبارك. أُنتج البرنامج لحساب قناة النيل، ليُعرض في رمضان عام ٢٠١٠. لكن بعد أن شاهدته رقابة التلفزيون، حولته إلى مقص رئيس الوزراء الذي أمر بعدم عرضه. بينما لا نذكر من أفلام الرئيس المتخيلة إلا فيلم «طباخ الريّس» للكاتب يوسف معاطي والمخرج سعيد حامد الذي قدم رئيسًا أشبه بالملائكة، وألقى باللوم على بطانته، لأنهم السبب في عزله عن الشعب. وبالطبع لم يتعرض الفيلم لعائلة الرئيس، لأنه كان في الفيلم بلا زوجة أو أولاد. من جهة أخرى، فإن تأمل الأفلام التي قدمت سيرًا ذاتية للرؤساء، مثل «ناصر ٥٦» للكاتب محفوظ عبد الرحمن والمخرج محمد فاضل، أو «أيام السادات» للكاتب أحمد بهجت والمخرج محمد خان، يدخلنا في دائرة مختلفة، تمامًا، تبتعد من النقد، لتقديمها صورة للرئيس تعلو فيها قيم التمجيد على ما عداها، وهو ما نلمحه، أيضًا، في فيلم ثانٍ عن عبد الناصر (إخراج أنور القوادري)، ومسلسل «ناصر» ليسري الجندي وإخراج باسل الخطيب. وعلى الرغم من أهمية هذه الأعمال في ترسيخ صور متعددة لأحداث كبرى مرت بها البلاد، فإنها في الوقت نفسه ترسِّخ صورة الرئيس، باعتباره البطل الملهم والمبجل الذي يمتلك الصفات الإيجابية كلها، وهو ما يُحدِث تأثيرًا وقتيًا، وتتحول بعده هذه الأعمال إلى أعمال تذكارية، تُعرض في المناسبات.

أما بالنسبة إلى الشرطة، فالوضع أكثر أمانًا لدى الفن. لأن دور جهاز الأمن، في زمن الأنظمة الدكتاتورية، هو رفع العصا لمن عصى، ولمن لم يعصَ أيضًا. وفي تاريخ السينما المصرية أفلام مهمة عن دور حماة النظام والقانون في إفساد النظام والقانون. في فيلم «زائر الفجر» من إخراج ممدوح شكري (١٩٦٨) يهاجم ضباط أمن الدولة مسكن صحافية ويعتقلونها نتيجة كتابتها مقالة مسيئة إلى النظام. وفي فيلم «البريء» من إخراج عاطف الطيب (١٩٨٦)، يُجري قادة الشرطة غسيل مخ لدفعة جديدة من جنود الأمن المركزي القادمين من القرى والنجوع، ويخبرونهم أن هؤلاء المعتقلين الذين يمثلون التيارات السياسية المعارضة هم أعداء النظام وأعداء الوطن، فيقع بطل الفيلم في اختبار صعب، حين يكتشف وجود ابن قريته المتعلم الذي يحبه ويحترمه بين من سمّوهم «أعداء النظام»، فيرفض أمر ضابط المعتقل بإطلاق

النار عليه، ويدفع حياته ثمنًا لهذا العصيان. وفي فيلمين آخرين تقدم السينما صورة للتواطؤ بين حُماة القانون والخارجين عليه، وهو ما نراه في فيلم «شيء من الخوف» من إخراج حسين كمال (١٩٦٣)، حين يصبح الشقي عتريس هو صاحب الكلمة العليا في القرية، فيغلق محابس المياه عن الفلاحين، ويهددهم بالموت. أما في فيلم «الجزيرة» من إخراج شريف عرفة (٢٠٠٤)، فتعيد السينما قصة «عزت حنفي» إمبراطور قرية النخيلة في صعيد مصر الذي صنع رجال الأمن أسطورته، حين اتفقوا معه على السيطرة على المواطنين وإدارة حياتهم وفقًا لمصالحه، لقاء صفقة تريحهم من المسؤولية. وحين تمرّد، تكاتفت قوى الأمن كلها للقضاء عليه، في حملة كبرى. وتعرضت السينما لعلاقة رجال الشرطة بالناس العاديين، وتأثير نفوذهم الوظيفي في حياتهم، حتى العائلية، وهو ما عبّر عنه، ببراعة، الكاتب رؤوف توفيق والمخرج محمد خان والراحل أحمد زكي في فيلم «زوجة رجل مهم» الذي قدم نوعًا من دراسة الحالة لضابط أمن دولة من الذين يعملون في أجهزة سرية، ما يقتضي إخفاء عملهم الحقيقي. لكن تَضخُّم ذواتهم، وشعورهم بالأهمية يدفعانهم إلى التصرف بأساليب فاشية، بخاصة مع الناس الذين يعملون في مهن متواضعة، فيسعون إلى إرضاء رجال الأمن بالسبل كلها. لكن الأخطر علاقة ضابط الأمن بزوجته التي يمارس عليها بعد إقالته أمراضه النفسية المزمنة التي كان يمارسها مع المتهمين والناس العاديين. وكوّنت هذه الأفلام، وغيرها، نوعًا من ثقافة المقاومة لدى المشاهد المصري، بخاصة حين تناول صُنّاع السينما شخصيات أخرى في هذا الجهاز ممن مارسوا العنف ضد المواطنين مثل أمناء الشرطة والمخبرين الذين ازدادت أهميتهم، في العقدين الأخيرين، ليكوّنوا طبقة جديدة، تملأ مساحة مهمة في العلاقة بالناس، وتقع في منزلة وسطى بين الضباط والجنود، ولتصبح لهؤلاء سطوة تفوق سطوة الضباط، أحيانًا. وبدا هذا واضحًا في فيلمين مهمين هما «هي فوضى» ليوسف شاهين و«مواطن ومخبر وحرامي».

سادسًا: «مواطن ومخبر وحرامي»

في هذا الفيلم الذي أُنتج في عام ٢٠٠٣، يطرح مخرجه ومؤلفه داود عبد السيد، في قالب فانتازي شديد السخرية، فكرة انقلاب القيم واختلال

الموازين في المجتمع، نتيجة ضرب القواعد الحاكمة التي تميِّز ملامح أي شخصية، عبر ثلاث شخصيات هي: مواطن ومخبر ولص.

المفارقة الساخرة الأولى التي تأتي عبر الأحداث الكاريكاتورية هي تحوُّل المخبر من باحث عن أدلة سرقة المواطن الذي هو مؤلف قصص، ليصبح محققًا وقاضيًا وجلادًا في آن. بينما يتحول «الحرامي» الذي سرق الرواية إلى رقيب يجيز لنفسه وضع سلم قيمي للمؤلف الذي عليه اتباعه في قصصه الجديدة، بعد أن يحرق اللص القصة فيصاب المؤلف بالجنون، ويفقأ عين «الحرامي»، ثم تنشأ بين الثلاثة صداقة مدهشة، عندما يستسلم المؤلف للمخبر واللص، بعدما تأكد أن لا فكاك له من قبضتهما. تتطور الأمور أكثر بينهم على صعيد الأعمال، حينما يصبح «الحرامي» صاحب دار نشر تطبع أعمال المؤلف الذي يُصبح شهيرًا في وقت يستقيل فيه المخبر، مرشحًا نفسه لمجلس الشعب. يتمكن المخبر بحصانته من حماية صديقيه، وينتهي الأمر بمفارقة، هي أكثر المواقف سخرية وفانتازية، حيث يتصاهر الثلاثة، وينجبون أحفادًا، على إيقاع أغنية النهاية التي تعبّر أبدع تعبير عن فكرة زواج المال بالفساد والجريمة والسلطة، والتي يقول مطلعها: «مواطن ومخبر وحرامي... فيها إيه لو نبقى واحد ونبدل الأسامي؟!».

من جهة أخرى، تضيف أفلام عدد من صنّاع السينما الجدد المزيد من التفصيلات إلى تلك الصورة التي تضيع فيها الحدود بين القيم الفاضلة والفاسدة. كان فيلم خالد يوسف «حين ميسرة» (٢٠٠٥) قد وصل إلى ذروة التعبير عن هبوط المجتمع إلى أقصى درجات الفقر الروحي والاجتماعي في المناطق العشوائية، مركّزًا على تغير التركيبة البشرية، نتيجة البطالة والحاجة، وترك الجميع يصفُّون حساباتهم معًا، مكتفيًا بمراقبة الجماعات المتطرفة. ثم أكد المخرج نفسه مأزق المجتمع المصري في إطار نظام يبطش بأبنائه، في فيلم «دكان شحاته» (٢٠٠٧). من ناحيته، يطرح المخرج محمد أمين في فيلمه «بنتين من مصر» (٢٠٠٩) أزمة أجيال من الفتيات أصبحن ضمن أكثر الفئات تأزمًا، بسبب العنوسة، والعجز عن التحقُّق العاطفي والاجتماعي. ويطرح آخر هو أحمد غانم، في أول أفلامه «تلك الأيام» (٢٠١٠) صورة أحد رجال النظام الذي استفاد كثيرًا منتهزًا علاقته بالحزب الحاكم، ليصل إلى ما لا

يستحق من مناصب، لكنه يفقد كل شيء، في لحظة نسي فيها نفسه، وتفوّه بكلمات حقيقية.

من الجدير بالملاحظة هنا أن الأفلام الكوميدية التي سيطرت على معظم إنتاج السينما المصرية لفترة زادت على العقد، تراجعت منذ عام ٢٠٠٣، لتترك مساحات مهمة للأفلام الاجتماعية - السياسية التي تناولت قضايا الفساد وأشكاله، بخاصة مع دخول أجيال جديدة عالم السينما، وطموحها إلى تقديم أعمال مختلفة عن الأجيال السابقة، بدءًا من المعالجات، وأساليب الصوغ السينمائي، إلى أساليب الإنتاج نفسه التي تتجه إلى الاستقلال عن قيود الشركات التقليدية. ولعل أبرز نماذج هذا الجيل الجديد أعمال المخرج إبراهيم البطوط التي تركز على بطولات الناس العاديين، ومواجهتهم الحياة، وتتجنب إسناد الأدوار البارزة إلى نجوم السينما ونجماتها. من تلك الأعمال «عين شمس» (٢٠٠٨) و«حاوي» (٢٠١٠) و«هيليوبوليس» (٢٠٠٩) الذي يؤكد أهمية استرجاع الروح الحضارية لمصر ورفض الفساد بكل أشكاله، ويطرح المخرج أحمد عبد اللّه في فيلم «ميكرفون» (٢٠١٠) من خلال أبطاله الشبان قضية تضييق النظام السابق هامش الحريات، بما فيها حرية الاجتماع والكلام وحرية العزف والغناء. ويبحث أبطال الفيلم، طوال الوقت، عن مكان يسمح لهم بتقديم عروضهم الموسيقية الغنائية، إلا أن الرفض يكون بذريعة أن الأمن يرفض هذا الأمر. ومن المدهش أن هذا الفيلم الذي حصل على ذهبية مهرجان قرطاج السينمائي الدولي في تونس في عام ٢٠١٠، و«الحاوي» الذي حصل على ذهبية مهرجان الدوحة السينمائي في قطر في عام ٢٠١٠ يبشران بثورة الشبان، ليؤكدا أن الفن يسبق دائمًا حركة الواقع، ويلهمها، وهو ما يعني أن هذه الأعمال كانت مؤثرة في الوعي الجمعي للمصريين الذين اندفعوا إلى ميدان التحرير، لتحقيق حلم الثورة الذي طال انتظاره.

الفصل السادس

الثورة... المفاجأة

محمد قاياتي

ستستمرّ الكتابة عن الثورة المصرية وأحداثها وتداعياتها ربما لسنوات طويلة مقبلة، ولا يعود هذا إلى ثقل مصر السياسي والحضاري والتاريخي والثقافي فحسب، بل إلى فرادة الثورة المصرية تخطيطًا وتنفيذًا وإبداعًا. تلك الثورة هي الأولى في تاريخ الثورات التي عرفتها البشرية التي يعلن الداعون إليها عن موعد محدد لانطلاقها، موعد يعرفه النظام الحاكم كاملًا بأجهزته الأمنية والاستخبارية على تنوّعها واختلافها وإمكاناتها المشهود لها بالكفاءة، وترفع هذه الأجهزة كلها استعداداتها إلى الدرجة القصوى انتظارًا للحدث وعملًا على إجهاضه في مهده، غير أن الثورة لم تكتف بإعلان موعد انطلاقها فحسب، بل أعلنت أماكن التجمع والانطلاق أيضًا. قضى هذا الإعلان غير المسبوق من الناحية النظرية والمنطقية على عنصر المفاجأة الذي من المفترض أن يكون عاملًا حاسمًا في نجاح الثورة، فمباغتة الأجهزة الأمنية وأخذها على غرة من دون أن تكون مستعدة بالقدر الكافي، فضلًا عن الكتمان والسرية، كلها عوامل بديهية في التخطيط لعمل يستهدف تغييرًا جذريًا في بنية النظام الحاكم. وعلى الرغم من مخالفة القواعد المعروفة، فإن المفاجأة حدثت بالفعل، بل كانت أكبر من أي توقع، وأذهلت بوقعها وحجمها وقوتها الجميع من دون استثناء، يستوي في ذلك الثوار والأجهزة الأمنية والاستخبارية والمحللون السياسيون والمفكرون والمثقفون؛ إذ فاجأ الشعب المصري نفسه، وحوّل دفة التوقعات، وأثبت قدرته على الإبداع والمباغتة.

انتظر الجميع شيئًا مختلفًا عما حدث، واستنفرت أجهزة الأمن قواها المختلفة، وقُدّرتْ أعداد المتظاهرين في شتى أنحاء الجمهورية بـ ١٥٠٠٠ متظاهر. وتوقع المحللون السياسيون تظاهرات غضب كبيرة ربما تُرغم النظام على إقرار إصلاحات عاجلة، أما أصحاب الدعوة فتوقعوا تظاهرات كبيرة تتلوها محاولات أخرى تصل إلى هدف الثورة تدريجًا مع ارتفاع وتيرة الاحتجاجات غير أن ما سبق ٢٥ كانون الثاني/يناير من تحليلات لم يتوقع

١٤٣

اندلاع ثورة في مصر بالمعنى الواضح لإسقاط النظام، حيث كان الجميع متفقًا على أن النظام سد المنافذ كلها لإحداث تغيير سلمي يؤمّن انتقالًا سلسًا وديمقراطيًا للسلطة. راوحت التوقعات بين استمرار النظام مع مبارك الأب، وانتقال السلطة إلى الوريث جمال مبارك، بخاصة أن ترتيب الأوراق لإتمام عملية التوريث كان ماثلًا للعيان، مع الأخذ بالاعتبار أن القوى السياسية الرافضة لعملية التوريث أو استمرار مبارك في السلطة، لم تكن تملك من الأوراق والآليات ما يُمكّنها من إجهاض مشروع التوريث أو التمديد للأب الذي رآه بعضهم أفضل الخيارات المطروحة انتظارًا لتدخل يد القدر لإنهاء حكم مبارك ونظامه. أما بالنسبة إلى التحرك الشعبي فهناك من توقع سيناريو الدخول إلى المجهول، حيث أجمع معظم المحللين والسياسيين على أن التحرك الشعبي في مصر سيكون ثورة غضب تأكل الأخضر واليابس، وقدّروا أن هذا التحرك ستقوم به الفئات المُهمّشة التي سيكون تحركها تعبيرًا عن الغضب لا من أجل إحداث تغيير سياسي، بل سيكون مدًّا كاسحًا من العنف والتخريب والتدمير سخطًا على الأوضاع التي أدت بقطاعات كبيرة من الشعب المصري إلى السقوط في هاوية الفقر والجهل، بل كتب بعض رموز المعارضة المصرية غير مرة مناشدين الرئيس المخلوع مبارك التدخل لإحداث انتقال آمن للسلطة لتجنيب مصر ما سمّوه سيناريوهات الفزع.

لكن، جاء يوم ٢٥ كانون الثاني/يناير ليصفع الجميع، وليُعلن أن الشعوب لا تموت، وأن القدرة على التغيير تظل كامنة في العقول والقلوب، وتنتظر شرارة الانطلاق ليخرج المارد من القمقم. خرج الشعب المصري في تظاهرات سلمية، ولم يحمل المتظاهرون حجرًا، ولم يعتدوا على المرافق العامة أو الخاصة (استُهدفت مقارّ الحزب الوطني الحاكم وأقسام الشرطة لتجسيدها القهر والقمع). خرج الشعب المصري بفئاته وطوائفه كافة، مسيحيين ومسلمين شبانًا ورجالًا ونساء، فقراء وأغنياء، وهم ينادون بالحرية والتغيير والعدالة والمساواة. خرجوا ليرددوا مع محمد منير في رائعة يوسف شاهين «المصير» أن الأغاني ما زالت ممكنة، وليؤكدوا أن الشعب إذا أراد الحياة فلا بد أن يستجيب القدر، أو يستقيل «القذر» بحسب إحدى لافتات ميدان التحرير.

أولًا: ما قبل ٢٥ كانون الثاني/يناير
كل شيء هادئ... كل شيء يتحرك

"فأغشيناهم فهم لا يبصرون"[١]

مشهد ما قبل البداية: فلاش باك

نهار/ليل، داخلي/خارجي

وصف المشهد

مصر وقد بدت سماؤها غائمة تلفّها رائحة الغضب

وتفتح أبوابها لرياح التغيير المقبلة من الشمال حيث المشهد التونسي،

تترقب ساعة المخاض العسير وتنظر بانبهار إلى حلم التغيير وتقول بملء الفم: «وليه لأ؟».

قبل الخامس والعشرين من كانون الثاني/يناير ٢٠١١ كان كل شيء في مصر عاديًا ومألوفًا حتى الرتابة، واستثنائيًا ومغايرًا إلى حد الدهشة، فالنظام الحاكم الذي تابع بقلق زلزال التغيير في تونس قرر تجاهل الأمر واعتباره حالة غير قابلة للتكرار، وراحت صحافته وأبواقه الإعلامية وأركان حُكمه يرددون المقولة السحرية التي صارت نكبة على كل من رددها: «مصر ليست تونس»[٢]. حصّن النظام نفسه في قلعة التجاهل، وصمّ أذنيه وأغلق عينيه عن التداعيات التي تطرأ على المجتمع المصري نتيجة تصاعد معدلات الفقر والبطالة والتهميش السياسي والاجتماعي، بل إنه أخذ في التباهي بنتائج انتخابات برلمانية لم يعرف التاريخ السياسي المصري مثيلًا لها في التزوير والاستهانة بالإرادة الجماعية للمصرين، بل إن رأس النظام لم يجد حرجًا في التهكم على المعارضين الذين قرروا أن يكونوا «برلمانًا موازيًا» بعد أن سُدّت أمامهم أبواب البرلمان الحقيقي. فقال الرئيس المخلوع أمام مجلس الشعب في افتتاح الدورة البرلمانية الأولى عن المعارضين: «خليهم يتسلوا».

---

(١) القرآن الكريم، «سورة يس،» الآية ٩.

(٢) تصريحات متواترة لمسؤولين مصريين في الصحف ووسائل الإعلام كان أشهرها لوزير الخارجية يومذاك أحمد أبو الغيط.

لكن الأمر هنا يتعدى مفاهيم الاستهانة والغرور على الرغم من وجودها المؤكد في بنية النظام الفكرية والنفسية، إلى مستويات من الغباء السياسي وسوء التقدير ربما تحتاج في حد ذاتها إلى توقف وتأمل، حيث كانت الشواهد كلها قبل ٢٥ كانون الثاني/يناير تؤكد أن ثمة شيئًا ما سيحدث في مصر. صحيح أن لا أحد يعرف ما يمكن أن يحدث، لكن الواضح أن استمرار الأوضاع القائمة بات مستحيلًا. وكانت دوائر الغضب تتسع شيئًا فشيئًا، لتصل إلى مستويات غير مسبوقة في تاريخ الشارع المصري. والحقيقة أن ما حدث في ٢٥ كانون الثاني/يناير هو نتيجة تراكم نضال سياسي واجتماعي على مدار سنوات طويلة، بدأت وتيرتها في الارتفاع مع ظهور حركة «كفاية» في عام ٢٠٠٥، واستمرت بالتصاعد حينًا، والانحسار في أحيان أخرى منذ ذلك التاريخ وحتى حدوث المفاجأة في ذلك اليوم المشهود (٢٥ كانون الثاني/يناير ٢٠١١)، ويمكن تلخيص تلك العوامل التي قادت المجتمع المصري إلى اندلاع الثورة في التالي:

- ظهور الحركات المطالبة بالتغيير في الشارع المصري وخروجها مطالبة الجماهير بالانضمام إليها. وكان لحركة «كفاية» فضل السبق في الخروج إلى الشارع في عام ٢٠٠٥ والمناداة بشكل واضح بتغيير سياسي جذري يطاول رأس النظام وإنهاء مشروع التوريث. وكان ذلك واضحًا في الشعار الذي رفعته الحركة: «لا للتمديد لا للتوريث». وكان خروج «كفاية» إلى الشارع تغيرًا نوعيًا في مسيرة النضال ضد نظام الحكم، حيث أحدثت الحركة تحولًا مفصليًا، إذ خرجت من إطار فكرة «معارضة النظام» إلى المطالبة «بتغيير النظام»، والفارق بين الحالين كبير وعميق. المعارضة هي فعل طبيعي وممارسة موجودة في دول العالم كلها، والمعارضة في الأساس جزء من نظام ديمقراطي يتيح للجميع المنافسة الشريفة والمتساوية، فيشكل من يحصل على أغلبية أصوات الناخبين الحكومة، وينتقل الخاسر إلى صفوف المعارضة. لم يكن الوضع السياسي في مصر على هذا النحو بشكل واضح وقاطع، فهناك سلطة تحتكر أدوات الفعل السياسي، وتمسك بمفاصل الدولة، ورئيس يمتلك صلاحيات تتيح له البقاء والسيطرة على مناحي الحياة كافة في البلاد، بل هو، بحكم الدستور، فوق السلطات كلها، فهو القائد الأعلى للقوات المسلحة والقائد الأعلى لهيئة الشرطة، ورئيس مجلس القضاء الأعلى، ورئيس السلطة

التنفيذية، ورئيس الحزب الحاكم، وهو الذي يُعين الحكومة ويُقيلها، وهو الذي يرسم بمشاركة الحكومة السياسات الداخلية والخارجية للبلاد. كما أننا أمام حزب لا علاقة له بمفهوم الأحزاب السياسية كما يعرفها علم السياسة، حيث نشأ بقرار من رئيس الجمهورية الراحل أنور السادات وانضم إليه أعضاء حزب مصر الذي كان يرئسه السادات نفسه قبل أن ينشئ الحزب الوطني، وتداخلت وتشابكت خيوط الحزب بالحكومة بالدولة، فصارت كلها في ذهنية المواطن العادي تُعبّر عن شيء واحد. لذا فإن فكرة المعارضة سقطت وما عادت صالحة للتعامل مع الوضع القائم، فكان لا بد من طرح جديد يتعامل مع واقع متشابك ومعقد وملتبس.

كانت الفكرة هي بالضبط المطالبة بتغيير النظام لا معارضته، وإذا كان فضل البدء يُنسب إلى حركة «كفاية» فما لبثت حركات أخرى تنادي أيضًا بتغيير النظام أن لحقت بها، وكان يوم ٦ نيسان/أبريل ٢٠٠٨ تاريخًا مهمًا في ظهور الحركات الاحتجاجية المصرية. في هذا اليوم لبّى المصريون دعوة أطلقتها مجموعات شبابية على موقع التواصل الاجتماعي «فيسبوك» لجعل ذلك اليوم إضرابًا عامًا للمطالبة بالإصلاح والتغيير. وكانت الاستجابة محدودة في القاهرة ومعظم المحافظات، غير أن المشهد في المحلة الكبرى كان مختلفًا، حيث خرج ما يزيد على ٤٠ ألف عامل في شركة الغزل والنسيج مطالبين بوقف برنامج الخصخصة وبيع القطاع العام، وزيادة الأجور، وإحداث إصلاح سياسي حقيقي في البلاد.

لجأ النظام إلى ذراعه الأمنية في مواجهة تظاهرات المحلة، فوقعت صدامات دامية بين الأمن والمتظاهرين، وكان مشهد إحراق المتظاهرين صورة الرئيس حسني مبارك مشهدًا استثنائيًا في الواقع المصري يُعبّر عن مدى الاحتقان الذي وصل إليه الشارع المصري، وعلى الرغم من استطاعة قوات الأمن السيطرة على الموقف فإن هذا التاريخ مثّل مرحلة أخرى مفصلية في تاريخ الحركات الاحتجاجية المصرية، ونشأت تخليدًا لذكرى هذا اليوم مجموعة «شباب ٦ أبريل» التي كان لها دور بارز في التخطيط والإعداد للثورة المصرية في ٢٥ كانون الثاني/يناير ٢٠١١. تصاعدت بعد ذلك فاعليات الاحتجاج في الشارع المصري وتركّزت في أغلبها على تظاهرات الحركات

السياسية التي كانت تتأرجح بين التصاعد والانحسار، غير أن متغيرًا جديدًا طرأ على الساحة السياسية تمثل بدخول العمال على خط الاحتجاج على أوضاعهم المعيشية وظروف عملهم، فلم يكن يمر شهر حتى يندلع اعتصام وإضراب في موقع من مواقع العمل في مصر، وشهدت الحركة العمالية زخمًا غير مسبوق أججته عملية البيع المتسارعة للمصانع والشركات المملوكة للدولة، وكان أول ضحايا عمليات البيع هم العمال أنفسهم، حيث انعكست هذه العمليات على ظروفهم المعيشية والوظيفية، وبدأ ما يشبه عملية الطرد الجماعي للعمال، تحت دعوى إعادة هيكلة الشركات والمصانع، فسعى الملاك الجدد إلى التخلص من العمال عن طريق ما عرف بِ «المعاش المبكر»، ما أضاف إلى سوق البطالة المكتظ بالمتخرجين الجدد أعدادًا غفيرة من العمال المدربين أصحاب الخبرات لتتسع دوائر الفقر والبطالة والتهميش الاجتماعي. شهدت الفترة بين أيار/مايو ٢٠٠٨ وأيار/مايو ٢٠٠٩ نحو ٧٤٦ احتجاجًا، وشارك في الإضرابات والاعتصامات والوقفات الاحتجاجية، خلال هذه السنة، أكثر من ٢٧٥ ألف عامل[٣]، وكان إضراب موظفي مصلحة الضرائب العقارية في عام ٢٠٠٧ للمطالبة بتحسين أوضاعهم الوظيفية وضمّهم إلى وزارة المالية نموذجًا للإضراب السلمي الناجح، من حيث العدد (شارك في الإضراب ٥٥ ألف موظف) ومن حيث التنفيذ والتحرك للضغط على الحكومة، ومن هنا نرى أن تصاعد تلك الحركات الاحتجاجية، السياسية والعمالية، كان أحد العوامل التي مهدت الطريق إلى ثورة ٢٥ يناير، غير أن النظام كان لا يزال بعيدًا من إدراك حالة الفوران التي تعتمل في أحشاء المجتمع المصري.

- كان الدور الذي قامت به وسائل الإعلام، وبخاصة المحطات الفضائية المصرية والعربية، في إيصال المعلومات إلى قطاع عريض من الشعب المصري، إحدى الركائز الأساسية التي ساهمت في تثبيت دعائم النظام الحاكم في مصر. احتكر هذا النظام وسائل الإعلام المرئية والمقروءة والمسموعة احتكارًا مطلقًا، فحتى منتصف تسعينيات القرن الماضي كانت الدولة تمتلك هذه الوسائل كلها. لم تكن تستطيع إيصال وحجب ما تريده من معلومات إلى جموع المصريين فحسب، بل وتوجيه هذه الجموع في الاتجاه

---

(٣) تقرير مركز الدراسات الاشتراكية، ١٥ أيار/مايو ٢٠٠٩.

الذي تريده. وعلى الرغم من خروج بعض وسائل الإعلام المملوكة للدولة على النص أحيانًا، الذي كان مثاله الواضح مجلة روز اليوسف في الفترة التي تولى قيادتها الصحافي عادل حمودة، فإن هذه المحاولات ظلت تصطدم بعاملين أساسيين: الأول الخطوط الحُمر للنظام التي لا تستطيع أي مطبوعة تخطّيها مهما بلغت من الجرأة، والثاني محدودية تأثير الإعلام المطبوع نتيجة انتشار معدّلات الأمية في المجتمع المصري.

مثلما كان لحركة «كفاية» فضل تغيير المعادلة السياسية على الأرض، كان الفضل هذه المرة لصحيفة شابة هي الدستور التي ظهرت في عام ١٩٩٣ ورَأَس تحريرها الكاتب إبراهيم عيسى. كانت الدستور متغيّرًا حقيقيًا في تاريخ الصحافة المصرية وإشعارًا بمولد صحافة جديدة هي الصحافة المستقلة التي تتجاوز تعقيدات الصحافة الحكومية وسيطرتها، وتتجاوز أيضًا سيطرة الأحزاب على الصحف الحزبية المعارضة. لكن الدستور لم تكتف بكسر المحرّمات السياسية والدخول إلى المناطق الشائكة، بل كسرت كذلك الشكل التقليدي للصحف المصرية إخراجًا وتبويبًا وأسلوبًا، فحققت هدفًا مهمًا هو جذب قطاعات كبيرة من القرّاء لم تكن تهتم بشراء الصحف أصلًا. وكان أكبر هذه القطاعات الشبان الذين كانوا يبحثون عن الاختلاف والتغيير. استطاعت الجريدة أن ترفع سقف التوزيع إلى أعداد غير مسبوقة، وتنافس صحفًا تجاوز عمرها المئة عام، ولها من الإمكانات ما يفوق الدستور بمئات المرات.

غير أن النظام لم يستطع تحمل الدستور أكثر من سنوات ثلاث فأغلقها في عام ١٩٩٦، مستغلًا أن ترخيص الصحيفة كان ترخيصًا أجنبيًا، فصدر قرار بمنع توزيعها في مصر. لكن الطريق كانت قد انفتحت، وجاءت بعد الدستور صحف أخرى حاولت السير على الدرب نفسه، حتى عادت الجريدة نفسها إلى الصدور مرة أخرى بعد سبع سنوات من التوقف، وهذه المرة بترخيص يومي مصري. كان لهذه الجريدة أبلغ الأثر في معارضة النظام معارضة جذرية لا مهادنة فيها ولا مواءمة، وما بين صدور الدستور الأول والصدور الثاني صدرت عشرات الصحف والمطبوعات، وظهرت القنوات الفضائية الخاصة والعربية التي ساهمت إلى حد بعيد في رفع مستوى الوعي لدى الشعب المصري، وإيصال المعلومات والبيانات التي كانت غير متاحة،

وظهور شخصيات معارضة على الشاشات لم يكن يُسمح بظهورها على شاشة التلفزيون الحكومي. يرجع الفضل مثلًا إلى قناة «دريم» الفضائية في خروج الحديث عن مخطط التوريث للعلن؛ إذ نقلت القناة في عام ٢٠٠١ محاضرة للكاتب المصري محمد حسنين هيكل في الجامعة الأميركية تحدث فيها علنًا عن وجود مخطط لتوريث الحكم في مصر.

حاول النظام تطويق ظاهرة المحطات الفضائية والصحف الخاصة، من خلال ممارسة الضغط الأمني والمالي عليها من جانب، ومن جانب آخر استخدامها داخليًا متنفسًا سياسيًا يمنع انفجارًا شعبيًا يتهدد النظام، واستخدامها خارجيًا للادعاء بوجود مناخ للحرية في مصر يسمح بانتقاد الحكومة والنظام والرئيس نفسه. غير أن ما فات النظام إدراكه أن طبقات الوعي التي تراكمت من خلال ما ينشر ويذاع في هذه القنوات والصحف تخلق وعيًا جديدًا وإدراكًا للحقائق الغائبة عن جموع المصريين. ومن ثم قامت هذه القنوات والصحف بعملية الحرث الثقافي للمجتمع وتجهيز تربته الاجتماعية لنشر بذور الثورة، والتعبير عن أشواق الحرية والتغيير، ومرة أخرى كان النظام غائبًا.

- نتائج الانتخابات البرلمانية في عام ٢٠١٠؛ إذ كانت هذه الانتخابات بحق هي القشة التي قصمت ظهر البعير. وعلى الرغم من أنها جاءت في ظاهرها مخيبة لآمال القوى السياسية المصرية، فإن هذه النتائج نفسها كانت في الواقع أكبر مكاسب الحركة الوطنية المصرية عبر تاريخها؛ إذ لم تشهد مصر عبر تاريخها انتخابات نزيهة تُعبّر حقيقة عن إرادة الشعب إلا مرات قليلة تُعد على أصابع اليد الواحدة، فضلًا عن أن الانتخابات في مصر تُدار بطريقة لا تحقق المعايير السليمة لإجراء انتخابات حقيقية. وبغض النظر عن التاريخ وشواهده، فإن مصر عانت سيطرة مطلقة للحزب الحاكم على مدار أكثر من ثلاثين عامًا تُزوّر فيها الانتخابات بشكل منتظم، غير أن النظام المصري كان دائمًا يميل إلى عدم أكل الكعكة كلها، لا من قبيل الحرص على الحياة السياسية وتطوّرها، بل لأنه كان مدركًا أن إقصاء المعارضين بشكل كامل ستكون نتائجه مضرة بشكل كبير، فكان يكتفي بالحصول على أغلبية مطلقة تُمكّنه من إمرار القوانين والسيطرة على الحياة السياسية، مع ترك مساحة للمعارضة «المستأنسة» للبقاء في حضن السلطة، وإعطاء إيهام بأن التغيير

عبر صناديق الانتخاب ممكن، وإرسال رسالة إلى الخارج بأن مصر بلد فيه معارضة، وإن كانت ضعيفة. لكن ما حدث في انتخابات تشرين الثاني/نوفمبر ٢٠١٠ كان خارج التوقعات، حيث كان هناك احتمال بأن تعمل الحكومة على إقصاء جماعة الإخوان المسلمين من البرلمان بعد حصولهم في الانتخابات السابقة على ٨٨ مقعدًا. ومع أن هذا الأمر مثّل إزعاجًا للنظام، فإنه أفاده في تأكيد ثنائية «أنا أو الإخوان» التي ظل يُصدرها فزاعة إلى الداخل والخارج، وكانت التكهنات تشير إلى أن نسبة مقاعد الإخوان، أو ما يزيد قليلًا، ستوزَّع على الأحزاب «الشرعية» وبعض المستقلين، لتمهيد الطريق نحو عبور آمن لمشروع التوريث.

لكن الذي حدث كان أكبر كثيرًا من أي توقع، وإذا جاز التعبير، استخدم النظام «التزوير المُفرط» تمامًا كما تستخدم إسرائيل القوة المفرطة. كان التزوير فجًّا إلى درجة غير محتملة؛ إذ حصل الحزب الوطني الحاكم، «الذراع السياسية للنظام»، على ٩٧ في المئة من إجمالي مقاعد مجلس الشعب، مُقصيًا بذلك الأحزاب والتيارات كلها خارج الملعب السياسي، ومستأثرًا بغباء سياسي نادر، لا بالكعكة وحدها، بل بالمائدة كلها، الأمر الذي أدى إلى انسحاب الأحزاب - عدا حزب التجمع - والمستقلين والإخوان المسلمين من جولة الإعادة. غير أن الغباء السياسي الذي يصل حد الجهل لم يكن في «التزوير المفرط» وحده، بل بدرجة أكثر استفزازًا، في التباهي بنتائج تلك الانتخابات المزوّرة، فخرج علينا رموز الحزب في الصحف وعبر الفضائيات يُكيلون المديح للسياسة التي أدت إلى الاكتساح المزعوم[٤]، بل خرج رأس الدولة نفسه يمتدح نتائج هذه الانتخابات، ويسخر من المعارضين الذين قرروا تأليف برلمان موازٍ لمراقبة أعمال الحكومة بعدما سدت في وجوههم أبواب البرلمان الحقيقي، فخرج الرئيس في افتتاح الدورة البرلمانية ليقول هازئًا من فكرة البرلمان الموازي: «خليهم يتسلوا».

لم تكن التأثيرات العميقة التي أحدثتها نتائج هذه الانتخابات «تسلية»، كما قال الرئيس المخلوع، حيث أدت إلى عدة نتائج كانت جزءًا من التمهيد لثورة ٢٥ يناير. كانت أولى هذه النتائج توحيد صفوف الحركة السياسية

(٤) انظر مقالات أحمد عز، أمين التنظيم السابق في الحزب الوطني، في جريدة الأهرام في عام ٢٠١٠.

المصرية في مواجهة نظام غير قابل للإصلاح، كما أدّت إلى توحد المعارضة حول هدف واحد، وأصبح الجميع في سلة واحدة مطرودًا من جنّة النظام، ومكتويًا بناره، وأدّت أيضًا نتائج تلك الانتخابات إلى التجمع حول فكرة الخلاص من النظام، حيث أدّت سنوات التهادن والشد والجذب إلى نهاية مؤلمة أكبر من طاقة التيارات السياسية المصرية على الاحتمال، وكان الأمر مُهينًا بقدر ما كان قاسيًا. أشاعت نتائج الانتخابات في الشارع المصري إحساسًا عميقًا بالمهانة، إذ رأى الناس أن النظام يتعامل معهم باعتبارهم بلا رأي، وبلا أهمية، ويستطيع أن يزوّر كيفما شاء، متأكدًا من أن أحدًا لا يستطيع أن يقف في وجهه، ولا أن يحاسبه، إذ لا قيمة للشعب من وجهة نظره، فالشعب يبحث عن لقمة العيش ولا وقت لديه لترف السياسة. وبقدر ما كان الإحساس بالمهانة قويًا كان الغضب المكتوم يتراكم منتظرًا لحظة الانفجار، ولم يُدرك النظام أن إقصاء المعارضة خارج البرلمان يقتضي بالضرورة وبطبيعة الأشياء أن تتجمع هذه المعارضة في الشارع، إذ تجمّعت القوى التي كانت متناقضة ومتناثرة ومشتتة ومتناحرة، فصارت لا ملجأ لها ولا نصير إلا الشارع. ومرة أخرى راحت الأحداث تتفاعل، والغيوم تتجمع مُنذِرة بالمطر، كان النظام غائبًا وسكران هذه المرة بنشوة انتصار زائف.

- الأوضاع الاقتصادية والاجتماعية في مصر. لعل هذا الملف كان أخطر الملفات التي دفعت المصريين إلى الثورة على نظام مبارك، حيث لم تشهد مصر عبر تاريخها عمليات إفقار وتخريب متعمد للاقتصاد الوطني مثلما حدث في عهد مبارك. والغريب أن الرئيس الذي بدأ عهده بمؤتمر اقتصادي للبحث عن حلول اقتصادية جادة وجذرية، هو الرئيس نفسه الذي تراجع الاقتصاد في عهده إلى حد الانهيار، واندفعت طبقات اجتماعية إلى هاوية الفقر والبطالة والسقوط درجات كثيرة في السلم الاجتماعي.

في هذا السياق، كشف تقرير أعدّه مركز دراسات وبحوث الدول النامية في جامعة القاهرة، صدر في عام ٢٠٠٣، أن معدلات الفقر والبطالة والإقبال على الانتحار وارتكاب الجريمة آخذة بالتصاعد. وارتفعت معدلات البطالة من ٨٫١ في المئة في عام ١٩٩٩ إلى ٩ في المئة في عام ٢٠٠٠، ثم الى ٩٫٩ في المئة في عام ٢٠٠٣، لتمثل عُشر القوّة العاملة في مصر. وذكر التقرير

أن أرقـام البطالـة الرسمية أقـل مـن معدّلاتهـا الحقيقيـة نظـرًا إلى اعتمادهـا على المسجلين فـي مكاتب العمـل. وأكـد التقريـر الصـادر فـي عـام ٢٠١١ أن كثيريـن مـن العاطلين لا يسجلون فـي أسـواق العمـل، وأن القطـاع الأكبر منهـم مـن حملـة الشـهادات المتوسطة (٦٩,٢ فـي المئة)، يليهـم حملة الشـهادات العاليـة (٢١,٠٥ فـي المئـة)، ثـم حملة الشـهادات فـوق المتوسطة وأقـل مـن شـهادات الجامعة (٦ فـي المئـة)، ليشـكل حملـة الشـهادات المتوسطة وفـوق المتوسطة والعاليـة الأغلبيـة الساحقة مـن العاطليـن (٩٦,٧ فـي المئة).

كما أكـد التقريـر أن قضيـة بطالة الشـبان اتخذت أبعادًا اجتماعية وسياسية قاسية وغير مألوفة، منها تعدد حالات الانتحار بينهم واتجاه معدلات الفقر الى التصاعد. وذكر التقرير أن الدراسات تشير إلى أن الفقراء كانوا يمثلون ١٦ في المئة من إجمالي السكان في عام ١٩٩٩، ثـم ٢٠,٤ في المئة في عام ٢٠٠٢ (١٣,٧ مليون شخص)، أما عدد الذين يشعرون بأنهم فقراء فبلغ في عام ٢٠٠٢ نحو ٣١,٨ في المئة (٢١ مليون مواطن). وأضاف التقرير أن ٢٦,٤ في المئة من سكان الريف في مصر لا تصلهم المياه النقية إلى منازلهم مباشرة. كما أن نسبة من لا يتوافر لهم مرحاض في داخل المنزل على الإطلاق تراوح بين ٣,٦ في المئة من سكان الريف في الوجه البحري، و١,٥ في المئة في الوجه القبلي. وأن ٢٥,٨ في المئة من سكان الحضر عمومًا، و٢٢,٤ في المئة من سكان الريف يشكون من مشاكل في الصرف الصحي[٥]. أما الإحصاءات الرسمية الصادرة عن جهاز التعبئة العامة والإحصاء في تشرين الثاني/نوفمبر ٢٠١٠ فتُظهر أن معدل البطالة خلال الربع الأخير من عام ٢٠٠٩ بلغ ٩,٤ في المئة. ورصد التقرير ارتفاعًا في عدد العاطلين عن العمل، حيث بلغ مليونين وثلاثمئة وخمسة وسبعين ألفًا، بزيادة ١٧ ألفًا عن الربع السابق من العام نفسه، بينما زادت نسبتهم في الريف إلى ٦,٧ في المئة، مقابل ٦,١ في المئة في الربع السابق. أما تقرير التنمية البشرية العربية الصادر في تموز/يوليو ٢٠٠٩ فأشار إلى أن معدل الفقر في مصر بلغ ٤٠ في المئة من إجمالي عدد السكان.

(٥) تقرير التنمية الشاملة في مصر (القاهرة: مركز دراسات وبحوث الدول النامية بجامعة القاهرة، ٢٠٠٣).

تجدر الإشارة هنا إلى أن الأرقام الحكومية تفتقر إلى الدقة، حيث دأبت الحكومات المصرية المتعاقبة على إخفاء الأرقام الحقيقية من معدلات الفقر والبطالة في مصر.

أدت هذه العوامل كلها، مضافًا إليها انعدام المساواة وعدم تكافؤ الفرص، إلى سيطرة الرشاوى على سوق العمل في مصر، حتى أصبحت هناك «تسعيرة» لكل وظيفة يُراد الحصول عليها. وطاولت هذه الأوضاع أماكن حساسة داخل الدولة المصرية، مثل سلك النيابة العامة والالتحاق بكليات الشرطة، وأدى الإفقار والتهميش الممنهجان اللذان مارستهما السلطة في مصر بطبقات كبيرة في المجتمع إلى التمحور حول كيفية الحصول على لقمة العيش، كما أدى بالكفاءات والعمالة المُدرّبة إلى الهروب من جحيم الفقر إلى دول أخرى يستطيعون فيها الحصول على ما يكفل لهم الحياة الكريمة، حتى وصل الأمر إلى رحلات الغرق الجماعي في محاولة للوصول إلى شواطئ أوروبا. وكان الضغط الاجتماعي والاقتصادي يزداد يومًا بعد يوم، ويُرهق كاهل المصريين ويمتهن كرامتهم الإنسانية، حتى ما عاد لكلمات مثل «العطل» و«ساعات العمل المحددة» معنى أو مكان في قاموس المصريين. ومع غياب عائل الأسرة في رحلة البحث عن لقمة العيش تهاوت المنظومة الأخلاقية للمصريين، وصارت فكرة الأسرة المترابطة تتباعد يومًا بعد يوم، وتقل الروابط الاجتماعية والأسرية حتى تكاد تنعدم. غير أن الجريمة الكبرى التي ارتكبها نظام مبارك بحق المصريين، كانت إسقاط المنظومة الأخلاقية للشعب المصري، وتحويل ما كان بالأمس «عارًا» وجريمة نكراء إلى أمر اعتيادي وطبيعي، بل إلى أمر يُسعى إليه من دون مواربة. كانت كلمات مثل «الرشوة» و«الاختلاس» تمثل في قاموس المصريين عارًا لمن تلتصق به، لكن نظام مبارك حوّل هذه المفاهيم والسلوكيات المرفوضة اجتماعيًا إلى أمر طبيعي لا غضاضة فيه، بل أصبح يُنظر إلى الشخص الذي يرفض أن يرتشي أو يختلس أو يخون الأمانة على أنه شخص ساذج لا يعرف قوانين العصر، ولا يتماشى مع ضرورات المرحلة. جعل النظام القيمة الحقيقية لأي شخص تُقدّر بقيمة ما يملكه من أموال بغض النظر عن مصدر هذه الأموال. فما عاد أحد يهتم أو يسأل. وتفاعل الضغط الاقتصادي والاجتماعي ليُصبح جبلًا من الأعباء والمشكلات راحت قمته تتعالى يومًا بعد يوم، وكان لا بد للجبل من

أن ينهار، لكنه انهار هذه المرة على رأس النظام الذي كان غافيًا تحت سفحه.

- نجاح الثورة التونسية في إزاحة الرئيس زين العابدين بن علي؛ إذ كان له أثر كبير في اندلاع الثورة المصرية، وأثبتت الثورة التونسية أن الجماهير قادرة على التغيير، وهي قادرة على هذا التغيير بشكل سلمي. وكان هذا الدرس الذي جسّدته الثورة التونسية يتراءى أمام أعين المصريين الذين عانوا ظروفًا مشابهة لتلك التي مر بها الشعب التونسي، مع زيادة في جرعة القمع واتساع مساحات الفقر والتهميش السياسي والاجتماعي. ولم تنجح نغمة «مصر ليست تونس» التي راح يُردّدها أقطاب النظام وأبواقه الإعلامية في إزاحة المشهد التونسي من الذاكرة الجمعية المصرية. وعلى غرار ما حدث في تونس راح عدد من المواطنين المصريين يحرقون أنفسهم أمام مجلس الشعب احتجاجًا على أوضاعهم المعيشية، لكن النظام مارس لعبة التجاهل، وراح يُردد أن هؤلاء ما هم إلا مرضى نفسيون، وأوعز إلى المؤسسة الدينية لإصدار فتوى تحرم قتل النفس، وعلى الرغم من هذه المحاولات اليائسة مضت الأحداث في طريقها.

ثانيًا: ٢٥ كانون الثاني/يناير... مفاجأة الخروج الكبير

«نحن الذين وقفنا وقد طمس الله أسماءنا»(٦)

مشهد الخروج الكبير

نهار /خارجي

وصف المشهد

في ذلك النهار كانت مصر كلها تقف على أطراف أصابعها.

الأمن حشد قواه لإجهاض التحرك الشعبي المنتظر، والداعون إلى التظاهر يحشدون أكبر عدد ممكن لمواجهة القمع الأمني.

مصر تبدو حبلى بما لم يتوقعه أحد.

---

(٦) من قصيدة: أمل دنقل «مقابلة خاصة مع ابن نوح».

صباح ٢٥ كانون الثاني/يناير بدأ كل شيء مألوفًا وعاديًا. قوات الأمن تنتشر بكثافة لقطع الطريق على الاحتجاجات. وقعت في اليوم السابق بعض الأحداث الاحتجاجية في عدد من المحافظات ما دعا صحيفة المصري اليوم إلى وصف هذه الاحتجاجات بأنها بروفة لـ«يوم الغضب»[(٧)]. في القاهرة والجيزة خرج عدد من العمال وسائقي التاكسي والموظفين يطالبون بالتعيين والتثبيت والمكافآت ورفع الأجور، ومطالب أخرى. وفي بورسعيد، شهد ميدان الشهداء المواجه لديوان المحافظة أربع وقفات احتجاجية، وكانت أعداد المتظاهرين في صباح ٢٥ كانون الثاني/يناير في إطارها الطبيعي، وإن زادت بعض الشيء نتيجة الدعوات المكثفة على مواقع الإنترنت. تجمعات في أماكن في القاهرة تحاصرها مثل العادة أعداد كبيرة من قوات الأمن المركزي لضمان تطويقها وعدم نزولها إلى الشارع، وتحوّلت الوقفات إلى مسيرات ثم تجمعات كبيرة. هتافات تُطالب بالحرية والإصلاح، وبعضها يهتف بسقوط الرئيس، مستخدمين الهتاف الذي أطلقته حركة «كفاية» منذ عام ٢٠٠٥: «يسقط يسقط حسني مبارك».

ظلت الأوضاع هادئة واعتيادية حتى منتصف النهار، عندما اندفعت أعداد كبيرة من المتظاهرين للانضمام إلى الاحتجاجات، وخرجت أول مرة تظاهرات من الأحياء الشعبية (بولاق، إمبابة، أرض اللواء، المطرية)، كما خرجت تظاهرات كبيرة في الإسكندرية الغربية والشرقية ودمياط والإسماعيلية والدقهلية والبحر الأحمر وأسيوط وبني سويف وأسوان والقليوبية والفيوم وشمال سيناء والسويس وكفر الشيخ والبحيرة، ونجح المتظاهرون في القاهرة في كسر الطوق الأمني والاندفاع نحو الشوارع، مستغلين ارتباك الأمن ومفاجأته من الحشود الكبيرة التي خرجت ولم يكن يتوقعها؛ حيث قُدّرت أعداد المتظاهرين وفقًا لصحيفة الشروق المصرية بـ ١٥٠ ألف متظاهر في القاهرة وحدها. وعشرات الآلاف في المحافظات المختلفة[(٨)].

لكن هذا الخروج الكبير الذي أحدث النقلة النوعية في مسار الأحداث يحتاج إلى قراءة متأنية؛ فكما أسلفنا قدّرت أجهزة الأمن عدد المتظاهرين

---

(٧) المصري اليوم، ٢٠١١/١/٢٥.

(٨) الشروق، ٢٠١١/١/٢٦.

المتوقع خروجهم بـ ١٥ ألف متظاهر في أنحاء الجمهورية كلها، وقدّر أصحاب الدعوة الأعداد بما يفوق ذلك بضعفين. واللافت أن دعوة سابقة أطلقها ٧٠٠٠ ناشط على الإنترنت للتظاهر لم يحضرها إلا ٧٠٠ منهم، أي إن الداعين إلى التظاهرة لم يحضر إلا عُشرهم فقط. ومن هنا فإن مفاجأة الخروج الكبير تحتاج إلى قراءة وتفسير، ولا يفسر هذا الخروج إلا تأكد الشعب من أن المنافذ كلها نحو تغير سلمي للسلطة صارت مسدودة. إذ تجاهل هذا النظام عبر السنوات العشر الأخيرة بالذات الدعوات العاقلة كلها إلى اتخاذ خطوات إصلاحية تسير بالبلاد نحو انتقال سلمي للسلطة، كما كان اقتراب مخطط التوريث من التنفيذ مع غموض موقف المؤسسة العسكرية من هذا المخطط دافعًا آخر إلى خروج الناس بهذه الكثافة لمواجهة هذه الفكرة التي كانوا يرون أنها مهينة للشعب المصري. تحققت مفاجأة الخروج الكبير بسبب انتصار النموذج التونسي ونجاحه في التغيير عبر الناس. وأدرك الناس أنهم قوة لا يمكن الوقوف أمامها، وما أدى إلى تصاعد حركة الاحتجاج في ٢٥ كانون الثاني/يناير كان النجاح في مواجهة قوى الأمن وكسر حاجز الخوف من هذه المواجهة، وانقلاب ميزان القوى لمصلحة المتظاهرين بعد أن تدفقوا بأعداد يصعب السيطرة عليها أو تطويقها. وعلى الرغم من نجاح قوات الأمن في فض الاعتصام الذي بدأ في ميدان التحرير مساء ٢٥ كانون الثاني/يناير باستخدام ٢٠٠ سيارة مصفحة، وما يقرب من ٥٠ أتوبيس نقل عام، وأكثر من ٣ آلاف من قوات مكافحة الشغب، و١٠ آلاف جندي من جنود الأمن المركزي مزوّدين بالقنابل المسيلة للدموع والرصاص المطاطي، فإن عمليات فض الاعتصام استمرت حتى الساعات الأولى من صباح اليوم التالي[٩]، وكانت المفاجأة قد وقعت بالفعل، وأيقنت جموع الجماهير الثائرة قدرتها على التصدي لجحافل الأمن ومواجهتهم، وكسر حاجز الخوف، وما عاد ممكنًا الوقوف في وجه جموع ثائرة، ضاقت بالأوضاع القائمة وصارت لا تحتمل الحلول الوسط أو المواقف المائعة.

_____

(٩) المصري اليوم، ٢٠١١/١/٢٧.

ثالثًا: ٢٦ و٢٧ كانون الثاني/يناير... معارك الكر والفر

«لكن السويس كان لها رأي آخر»[١٠]

كان يمكن أن تنتهي مفاجأة الخروج الكبير يوم ٢٥ كانون الثاني/يناير بعد أن نجح الأمن في فض اعتصام ميدان التحرير بالقوة، لكن المفاجأة لم تكن قد انتهت بعد، ففي الليلة نفسها حملت السويس - قلعة المقاومة الشعبية ضد العدو الإسرائيلي - مفاجأة أخرى لا تقل أهمية عما حدث في القاهرة. في تلك الليلة العصيبة حدثت مواجهات دامية مع قوات الأمن بما يشبه حرب الشوارع، وسقط في المدينة الباسلة أربعة شهداء بعد أن رفض المتظاهرون قبول الأمر الواقع والرجوع إلى بيوتهم، وكان سقوط الشهداء الأربعة تغيرًا مفصليًا في تصاعد الأحداث، حيث أبت السويس التي قدّمت مئات الشهداء في حروب مصر ضد العدو الإسرائيلي، وقبلها ضد الاستعمار البريطاني والعدوان الثلاثي، أن تنهزم أمام جحافل المستبد المحلي. كان سقوط قتيل أو حتى عدد كبير من الإصابات في السابق يؤدي إلى انحسار التظاهر والسعي إلى عدم الدخول في مواجهة غير متكافئة، غير أن السويس التي اعتاد أهلها تقديم الشهداء، وارتوت أرضها بدمائهم الذكية لم تستسلم أمام تلك الوحشية البوليسية، بل أججت دماء الشهداء الأربعة الاحتجاجات في المدينة التي أصبح لها ثأر لدى السلطة الحاكمة، وهي تريد الآن أن تأخذ بثأرها.

لم تقتصر تداعيات رائحة الدم ومفاجأة الصمود في السويس على المدينة وحدها، فمع تواتر الأنباء عن سقوط الشهداء الأربعة والصمود البطولي لأهل السويس، أصبح الثأر ثأر المصريين جميعهم. في اليومين التاليين خرج مئات الآلاف في أنحاء الجمهورية ينادون هذه المرة بسقوط النظام، فلن يقبل المصريون أن يحكم مبارك فوق جثث أبنائهم. وتواصلت المفاجأة الصاعقة، لم يرهب المصريين استخدام النظام آلة القمع، على الرغم من حصار الأمن شوارع العاصمة وميادينها، ووقوع اشتباكات بين مئات المتظاهرين وقوات الأمن أمام دار القضاء العالي، وحصار الأمن العشرات داخل نقابة الصحافيين، والمئات

(١٠) عمر طاهر، «ثورة «ولكن الله رمى» (١)،» المصري اليوم، ٢٠١١/٢/١١.

في نقابة المحامين. وفي وقت لاحق اندلعت مواجهات عنيفة بين الشرطة ومئات المتظاهرين في عدة مناطق من القاهرة، أبرزها شارع الجلاء وميادين روكسي والعتبة وعبد المنعم رياض، واستخدم الأمن قنابل الغاز المسيل للدموع والرصاص المطاطي لتفريق المتظاهرين. أصيب عدة متظاهرين، نُقِلوا إلى المستشفيات لتلقي العلاج. وفي شمال سيناء، تجمّع عشرات المتظاهرين في قرية المهدية جنوب رفح، وقطعوا طريق العريش الدولية، وشهدت مدينة الشيخ زويد وقفة طالَبَ في خلالها المحتجون بالإفراج عن المعتقلين، كما شهدت محافظات الإسكندرية والدقهلية والقليوبية وبني سويف ودمياط تظاهرات محدودة، وإن تصاعدت في دمياط التي شهدت اشتباكات انتهت بتفريق المتظاهرين(١١).

استمرت حالة الكر والفر بين المتظاهرين وقوات الأمن. وشهد يوم الخميس في ٢٧ كانون الثاني/يناير انخفاضًا نسبيًا في أعداد المتظاهرين، إلا أن الشواهد كانت تقول إن يوم الجمعة سيكون يومًا حاسمًا؛ حيث انطلقت الدعوة إلى «جمعة الغضب».

رابعًا: ٢٨ كانون الثاني/يناير... السقوط الكبير

«عساك تشوف بعنيك مصير الرجال المنفوخين في السترة والبنطلون»(١٢)

في ذلك اليوم المشهود تأكد الجميع أن الأحداث ستكون فاصلة، إما أن تكتمل المفاجأة ويخرج ملايين المصريين في «جمعة للغضب»، أو يتحول إلى يوم احتجاجي عادي. لكن المؤشرات كانت تؤكد أن الخروج سيفوق أي توقع؛ حيث زادت أعداد الشهداء والمصابين، كما مارس النظام غباءه المعهود وقطع الاتصالات والإنترنت في محاولة يائسة لتقليل أعداد المتظاهرين، والمدهش أنه فعل ذلك مساء الخميس في ٢٧ كانون الثاني/ يناير بعد أن كانت الدعوة قد وصلت بالفعل إلى عموم الناس، بل إنها نُشرت في الصحف.

(١١) المصري اليوم، ٢٠١١/١/٢٧.

(١٢) صلاح جاهين، رباعيات، تقديم يحيى حقي، مكتبة الأسرة (القاهرة: الهيئة المصرية العامة للكتاب، ٢٠٠١).

وكان هذا القرار دافعًا إلى تدفق مزيد من المتظاهرين إلى الشوارع، فما عاد مجديًا الآن الجلوس في مقاعد المتفرجين بعد أن قُطع البث.

خرجت الجماهير بالفعل بأعداد هائلة تعدّت المليون متظاهر في القاهرة وحدها، ومئات آلاف أخرى في المحافظات المختلفة. ووقعت اشتباكات عنيفة بين الأمن والمتظاهرين في عشرات المدن، استخدم في خلالها الأمن القنابل المسيلة للدموع والرصاص المطاطي والرصاص الحي، ما أسفر عن إصابة الآلاف، ومقتل مئات المتظاهرين، وتحوّلت الميادين الكبرى إلى ما يشبه حرب شوارع. وكان صوت الطلقات يسيطر على العاصمة، وارتفعت أعمدة دخان القنابل المسيلة للدموع في كل مكان، فأصابت السكان في مساكنهم بالاختناق. ردّ المتظاهرون بحرق سيارات الشرطة في عدد من المناطق، ومنها شبرا، وحاول ما يقرب من ١٠ آلاف متظاهر انطلقوا من أمام مسجد رابعة العدوية في مدينة نصر التوجه إلى القصر الجمهوري في مصر الجديدة، لكن قوات الأمن اعترضتهم، كما منعت معظم المتظاهرين من الوصول إلى ميدان التحرير.

أشعل المتظاهرون النار في أقسام شرطة السيدة زينب، والأزبكية في شارع رمسيس، والخليفة في منطقة القلعة. وفي الجيزة تظاهر الآلاف واحتجزوا وحدة من قوات الأمن المركزي تضم ٣٠ عسكريًا وضابطًا في أحد العقارات المجاورة لمبنى المحافظة، وحطموا سيارة للأمن المركزي ما تسبب في إصابة عدد من العساكر.

صمد المتظاهرون صمودًا بطوليًا، وانهكت قوات الأمن بعد استنفاد قواها ونفاد ذخيرتها في ثلاثة أيام متواصلة من التظاهرات والمواجهات، فكان الانسحاب من الشوارع بعد يوم لم تشهد له مصر مثيلًا طوال تاريخها. ومع المساء كانت قوات الجيش تنزل إلى الشوارع، وكان المتظاهرون يحتلون ميدان التحرير، وكانت مصر تخلع عنها رداء القهر والاستبداد وتنظر إلى مستقبل يليق بتاريخها وحضارتها.

الفصل السابع

بلاغة الثورة المصرية
تجليات وسمات

عماد عبد اللطيف

أولًا: من البلاغة البائدة إلى البلاغة الثائرة

الثورات سيول التغيير. وحين ينهمر السيل فإنه لا يجرف أمامه شخوص العهد البائد وسياساته فحسب، بل بلاغاته أيضًا. وبينما تشق الثورة لنفسها مجرى جديدًا، تتشكل بلاغة جديدة؛ فالثورات تلد بلاغاتها. ما سمات البلاغة البائدة وما سمات البلاغة الوليدة؟

لا يثور الإنسان بسبب امتهان كرامته أو العبث بقوت يومه فحسب، بل قد يثور، في الحين نفسه، بسبب امتهان اللغة، والعبث بمعانيها؛ إذ غالبًا ما تكون الثورة مؤشرًا على أن النظام البائد وصل إلى أقصى حدود العبث بالكلمات. هذا العبث يتجلى، أولًا، في وجود فجوات كبيرة بين ما تقوله اللغة وما يوجد على أرض الواقع، حين تستغل السلطة القائمة الكلمات المعسولة في التغني بمنجزات وأعمال ومواقف وصفات لا تتحقق إلا على صفحات الورق أو في رنين الألفاظ، في حين يعكس الواقع نقيضها، على طول الخط. ولعل المصريين الذين شُنّفت آذانهم، على مدار العقود الأخير، بتغني الأنظمة الحاكمة بالديمقراطية الزاهرة، والرخاء العميم، والعدالة الاجتماعية الناجزة، والانحياز إلى الضعفاء والفقراء، اختزنوا طاقة هائلة من الغضب على هذا العبث بالكلمات، وهم ينظرون حولهم، فلا يرون إلا حكمًا متسلّطًا، وفقرًا عميمًا، وهرسًا للمطحونين، وفجوة خرافية بين من يملك كل شيء ومن لا يملك أي شيء. هكذا يتنامى شعور الغضب من تلك اللغة المزيِّفة المزيَّفة، وتتنامى الرغبة في تمزيق الأقنعة البلاغية، لتتبدى بجلاء بشاعة ما تُخفيه.

يتجلّى العبث باللغة، ثانيًا، في استخدامها أداة لِما يُمكن تسميته البطش اللغوي؛ وأقصد به أن تتحول اللغة إلى لغة استبدادية، لا تعرف غير الأوامر والنواهي: تنثر الوعيد وتنجز العدوان ولا تتيح فضاءً للحوار أو أفقًا للتنوع والتعدد. كما يتجلّى البطش اللغوي في فرض أعراف صارمة على التواصل بين

الحاكـم والمحكـوم، مـن خـلال تأسـيس علاقـة سـلطوية هيراركيـة، تُلـزِم المخاطَـب (المواطنين/الشـعب) بالإنصـات التـام، والسـمع والطاعـة، وإنتـاج كل أشـكال التأييـد والاستحسـان. وتُعاقـب أشـد العقـاب مـنْ يُظهـر عـدم الاكتـراث، أو يغامـر بإظهـار اسـتجابات اسـتهجانية، أو رافضـة، أو يجـرؤ علـى المقاطعـة أو الانتقـاد. ولعـل التجلـي الأبـرز لهـذا النـوع مـن العبـث باللغـة نجـده فـي البـث الحـي للخُطـب الرئاسـية المصريـة التـي تحوّلـت فـي العقـود الأخيـرة إلـى مهرجانـات للتصفيـق والهتـاف مـن جمهـور يُختـار، سـلفًا، بعنايـة شـديدة ليقـوم بالـدور المُعـد لـه. فـي حيـن يُفـرَض علـى كل مخالـف أو معـارِض إمـا التأييـد قهـرًا، أو الصمـت خوفًـا.

يتجلى العبث باللغة، ثالثًا، في جعلها ساحة لادعاء السلطة - عبر أدوات التوكيد كلها - بامتلاك اليقين التام، والحقيقة المُطلقة. فما تقوله هو «الحق والحقيقة» و«الصدق المنزَه عن الغرض» و«الواقع الذي يتبدّى للعين المدققة»، أما ما يقوله «الآخرون» فهو «الباطل الزائف» و«الكذب الفج» و«ما لا أساس له على أرض الواقع من الصحة». إن السلطة التي تضفي على لغتها سمة المقدس، لا تُبقي للمخالفين سوى أن يكونوا أصوات الشياطين. وهكذا تنفتح الطريق أمام التجلّي الرابع للعبث باللغة.

يتجلّى العبث باللغة، رابعًا، في تسخيرها أداة للإقصاء والتمييز، بإنشاء لغة تهميشية لا تعترف بالآخر إلا إن كان ذليلًا، ولا تشاركه في أفعالها إلا إن كان تابعًا. أما هؤلاء الذين لا يرضون ذلًا ولا تبعية فتُجهِّلهم وتُخفيهم من خلال استغلال تراكيب المبني للمجهول، أو تشوههم بواسطة أساليب التعريض والسُخرية. أليس من المدهش والمفجع أن الرئيس المصري السابق حسني مبارك، على مدار ثلاثين عامًا، اعتاد في خطبه عدم ذكر أي رأي لمعارضيه إلا على سبيل الانتقاد المستتر (Hidden Polemic)، من دون أن يحدد مصدره، أو يسمي قائله؟ هذا التهميش على مستوى الخطاب كان يوازيه دومًا تهميش على مستوى الممارسة السياسية. ولعل حالة التعالي والإقصاء التي كان نظام مبارك يُمارسها على المعارضة الحقيقية، أبرز دليل على ذلك. وكان تعبير «خليهم يتسلوا» الشهير - الذي قاله مبارك بنبرة هازئة في إحدى خطبه، قبيل الثورة، تعليقًا على عزم المعارضة المصرية تأسيس برلمان موازٍ للبرلمان الرسمي المزَور - يتردد صداه في أرجاء مصر، قبيل الثورة وفي أثنائها، بوصفه علامة دالة على نظام بلغ الحد الأقصى في تهميش المخالفين.

كانت الثورة على العبث بالكلمات ثورة على بلاغة تضليلية مستبدة مُراوغة، لمصلحة تأسيس بلاغة صادقة تحررية مباشرة. لكن الصراع لم يكن من السهل حسمه، حيث كان فضاء المجتمع المصري مسرحًا للصراع بين خطابات عديدة، كل منها يسعى إلى ترسيخ بلاغته والدفاع عنها. كانت الثورة المصرية عامرة بالخطابات التي تنوّعت بتنوّع الفاعلين السياسيين المشاركين في أحداث الثورة، تأييدًا أو مقاومة أو تعليقًا، وتعقّدت بتعقّد الوظائف بالغة التنوّع والتضارب، التي سعى كل منتجِ خطابٍ إلى تحقيقها بواسطة خطابه. ونظرة سريعة إلى ساحة الثورة المصرية تُظهر أن هذه الساحة كانت مسكونة بخطاب الثوار أنفسهم، متجلّيًا عبر آلاف الهتافات والشعارات واللافتات والأيقونات والأغاني والخطب والكلمات التي أنتجها الثوار في ميادين مصر الفسيحة، وفي رحابة الفيسبوك وفضاءات التواصل الاجتماعي الإلكتروني. هذا الخطاب كان يواجه خطاب النظام السابق المناهض للثورة، متجلّيًا في خطابات المسؤولين السياسيين المصريين وتصريحاتهم وبياناتهم وحواراتهم، مثل الرئيس السابق حسني مبارك ونائبه ورئيس الوزراء... إلخ. في المنتصف بينهما، نستطيع أن نلمح خطابًا ثالثًا، هو خطاب الجيش المصري، متجلّيًا بخاصة في بياناته التاريخية، وفي بعض الأيقونات البصرية، والحوارات النادرة مع بعض وسائل الإعلام. وعلى أطراف ساحة الثورة المصرية ومنافذها، أُنتج خطاب خارجي، راوح هو الآخر بين تأييد الثورة ومقاومتها، متجلّيًا بوضوح في بيانات وتصريحات وحوارات الإدارة الأميركية والاتحاد الأوروبي، ودول مثل: تركيا وإيران والشخصيات البارزة المستقلة وبعض الدول العربية.

رُوّجت هذه الخطابات ووُزّعت عبر كم هائل من وسائط الاتصال لم يتسنَّ لأي ثورة أخرى. فربما أول مرة في تاريخ البشرية يكون للقنوات التلفزيونية الرسمية والخاصة، والإذاعات المحلية والدولية، والمواقع الإلكترونية الشخصية والعامة، والصحف الورقية المطبوعة والإلكترونية، هذا الدور الكبير في تحديد مسار ثورة ما. كانت الثورة المصرية ثورة وسائط اتصال إلى حد كبير. وأوجد هذا سببًا إضافيًا لتعقّد أشكال الصراع بين البلاغة البائدة والبلاغة الوليدة، كما أتاح لخطاباتها السياسية فرص التداخل مع خطابات أخرى دينية واقتصادية واجتماعية وعلمية. وأتاح لها تجليات فنية بالغة الثراء، تمثلت، على نحو جلي، بأغاني الثورة وأشعارها ولوحاتها ومسرحياتها وقصصها ومذكراتها... إلخ.

استهدفت البلاغة الوليدة تثوير الخطاب بموازاة عملية تثوير المجتمع. وحققت ذلك عبر عمليات تفنيد ونقد مُكثَّفة لخطاب السلطة القائمة. تضمّنت هذه العمليات كشف تناقضات خطاب السلطة وانحيازه، والسُخرية من مغالطاته، وتعرِية عمليات التلاعب والتضليل التي يقوم بها، وإبراز المصالح الحقيقية التي يسعى إلى تحقيقها، وإزالة أقنعة التمويه التي تخفي هذه المصالح وتُجمِّلها. وفي المقابل قامت البلاغة الوليدة ببلورة خطاب ثورة، يتضمن مجموعة القيم والمبادئ التي يؤمن بها، والأفكار والآراء التي يتبنّاها ويُدافع عنها، والمصالح والأغراض التي يستهدف تحقيقها، وشبكة التحالفات الاجتماعية والسياسية والاقتصادية التي يحاول أن يؤسسها، وصورة الماضي الذي يثور عليه، وملامح المستقبل الذي يُبشّر به.

لأن البلاغة تمارس تأثيرها في الآن واللحظة، فإنها سياقية بامتياز. والبلاغة الوليدة يسهُل عليها عادة التكيّف مع السياقات الجديدة، وتطويع أدواتها واستراتيجياتها بما يخدم تحقيق الغايات التي تحلم بإنجازها. البلاغات الوليدة - بخاصة الثورية منها - تتسم في بدايات تكوينها بالمرونة الشديدة التي تقترب إلى حد السيولة. وهو ما يرجع، أولًا، إلى أنها لا تكون مشدودة إلى ذخيرة خطابية بعينها تمارس تأثيرًا فيها. ثانيًا، عادة ما يتعدد ويتنوّع المشاركون في تأسيس مثل هذه البلاغة، وتتفاوت تفضيلاتهم الخطابية، بما يعني أن أفق التنوّع والتباين يكون مفتوحًا على مصراعيه. وأخيرًا، فإن حالة الثورة تعني في جوهرها سلسلة متواصلة من التحولات العنيفة يتجاوز مداها مفردات الواقع إلى مفردات البلاغة.

ربما يفسر هذا التحولات الجذرية التي طرأت على خطاب الثورة المصرية وبلاغتها، حيث بدأ خطابًا أقرب إلى الإصلاح الاجتماعي، ينادي بالعدالة الاجتماعية والحرية السياسية والكفاية الاقتصادية، ويستخدم بلاغة شبه تقريرية تقدم الحاجات من دون تطرّق إلى الوسائل، كما يتجلّى على نحو رائع في الهتاف الأبرز للأيام الأولى من الثورة «كرامة، حرية، عدالة اجتماعية»، الذي ساد الفترة بين الخامس والعشرين والسابع والعشرين من كانون الثاني/يناير. لكن البلاغة التقريرية تحولت إلى بلاغة إنشائية تتضمن أوامر ونواهي قاطعة، حين تحوّل الخطاب من خطاب يرضى بالإصلاح إلى خطاب ثوري لا يرضى بغير التغيير الجذري في إثر معارك الجمعة الدامية في ٢٨ كانون الثاني/يناير، وربما كان فعل

«ارحل» هو أيقونة تلك المرحلة، وهو فعل ينطوي على خطاب مباشر للحاكم، ويجعل غايته الجديدة (الرحيل) وسيلته لتحقيق غاياته الأولى المتضمنة في هتاف «كرامة، حرية، عدالة اجتماعية». ثم كانت معركة الجمل، وما تلاها من تحوّل شرائح ضخمة من المصريين من معسكر المحايدين إلى معسكر المتعاطفين والمشاركين في الثورة، وبدا أن الثورة سوف تؤتي أُكلها قريبًا، فأصبح الخطاب أكثر تنوّعًا وأقل صرامة، فهيمنت بلاغة السُخرية والمفارقة والتنكيت، وأثّرت البلاغة في التنويعات الجمالية للمطالب الأساسية. وفي الأيام الأخيرة كان الخطاب قد تحول إلى ساحة للاحتفال بالنصر الوشيك، ما استدعى هيمنة بلاغة احتفالية على ساحة الميدان.

ثانيًا: تجليات بلاغة الثورة
إبداعات اللغة والصورة

ربما لا يكون من المبالغ فيه القول إن الثورات السلمية هي مسألة أيقونات ورموز وهتافات إلى حد كبير؛ فالثورة تنجز عملها غالبًا من خلال هذه التجليات البلاغية التي ستكون موضوع بحث تفصيلي في ما يأتي.

١- أيقونات الثورة

كانت الثورة المصرية عامرة بأيقوناتها. ويمكن تصنيف هذه الأيقونات بحسب نوع العلامات التي تشكلها إلى ما يأتي:

- أيقونات لغوية: مثل هتافات «ارحل» و«الشعب يريد إسقاط النظام» و«الجيش والشعب إيد واحدة» وشعار «كرامة، حرية، عدالة اجتماعية».

- أيقونات مرئية: يأتي على رأسها علم مصر بألوانه الأحمر والأبيض والأسود والنسر المحلق في قلبه. وصور ميدان التحرير وهو يفيض بالمتظاهرين، وصورة السواعد المتعاضدة فوق علم مصر، وصورة الشاب الذي يقف أمام سيارة مدرعة مزوّدة بخرطوم مياه (وهي صورة مشابهة للصورة التاريخية للشاب الصيني الذي وقف في مواجهة رتل دبابات في ميدان السلام السماوي بالصين). ومن أبرز أيقونات الثورة، أيضًا، التحية العسكرية التي

أدّاها أحد أفراد المجلس الأعلى للقوات المسلحة تحية لأرواح شهداء الثورة، وعبارة التنحي التي ألقاها نائب الرئيس السابق، عُمر سليمان، مساء الحادي عشر من شباط/فبراير ٢٠١١.

أيقونة التحدي

أيقونة السواعد المتعاضدة

أحد أعضاء المجلس العسكري يؤدي التحية العسكرية للشهداء

وفي ما يأتي سأتوقف أمام أيقونتين بصريتين: ميدان التحرير والعَلَم المصري.

أ - ميدان التحرير بوصفه فضاءً بلاغيًا

يُمكن تعريف الفضاء البلاغي بأنه حيِّز يقوم بوظائف مهمة في إنجاز عمليتي الإقناع والتأثير. من المألوف التعامل مع المكان بوصفه فضاءً بلاغيًا في بعض الأنواع الفنية مثل المسرح وصالات عرض الفنون التشكيلية. غالبًا ما تكون هذه الأماكن «اصطناعية»، أي مجهّزة خصيصًا للنشاط الفني الذي

يحدث فيها. لكن بعض الأماكن الطبيعية قد تتحول إلى فضاء بلاغي في بعض الحالات حين تُصبح وعاءً لأنشطة تواصلية ذات طابع نفعي أو جمالي. وهو ما حدث تمامًا في ميدان التحرير.

من بين أيقونات عديدة تختزن داخلها ملامح الثورة المصرية فإن صور ميدان التحرير الملتقطة من الأعلى، مُظهِرَة الميدان يفيض بالثوار، هي إحدى أكثر الصور المتداولة دلالة على الثورة. في مثل هذه الصور يتحول الميدان إلى فضاء جمالي بأعلامه المرفرفة، ومساحته الشاسعة التي تُحيط بها واجهات المباني القديمة. وإضافة إلى الدلالة الأيقونية حملت هذه الصور دلالات رمزية، ففي أثناء أحداث الثورة كان امتلاء فضاء الميدان بالبشر يعني اشتداد عود الثورة واتّساع نطاقها. وفي الآن نفسه فإن هذه الصور كانت تُنجِز وظائف مادية ملموسة مثل التهديد، ففيضان التحرير ببشره يمكن أن يكون مؤشرًا على أن الفضاء الذي أصبح لا يتّسع لهم سوف يطردهم باتجاه فضاءات أخرى،

وهو ما حدث عندما تحرّكت أرتال من الثوار نحو الشوارع المحيطة بالتحرير في الأيام الأخيرة وصولًا إلى قصر القبة عشية إعلان بيان التنحي. وبالطبع فإن هذه الدلالة التي تولّدها صور الميدان كانت مهمة في حسم الصراع، ولعل الصور التي كانت تلتقطها الطائرات المُحلّقة في السماء في معظم أيام الثورة دالة على الوظائف المادية التي يمكن أن تُنجزها صور الميدان.

ب - علم مصر: إعادة صوغ رموز الهوية

تُعيد الثورة صوغ الترابطات الشعورية مع الرموز الوطنية. ولعل الارتباطات الشعورية والنفسية للمصريين مع «العَلَم المصري» في أثناء الثورة خير مثال على ذلك. واقترنت الاستخدامات التداولية للعلم المصري بسياقين رئيسين: سياق رسمي، كما في تحية العلم في ختام طوابير الصباح المدرسية، أو وضعه أعلى بعض المباني الحكومية، وعلى يمين الواقفين في المؤتمرات الصحافية الرسمية. لكن في الأعوام الأخيرة ظهر سياق آخر أقل رسمية لاستخدام الأعلام، يرتبط بالأحداث الرياضية، بخاصة مباريات كرة القدم على المستوى الوطني. في مثل هذه السياقات كان العَلَم يعزز مشاعر

١٧٠

موقتة بالانتماء الوطني. تقوم هذه المشاعر بإذكاء هوية وطنية مشوَّهة؛ لأنها لا تُؤسَّس على وعي بالخصائص العامة المشكِّلة للهوية بقدر ارتباطها بتعصب كروي، كما أن هذه المشاعر تخلق حالة صراع مع هويات أخرى على أساس قطري ضيّق. فيتحول مجال ممارسة الهوية من براح التعايش إلى ضيق التناحر.

على الخلاف من ذلك كانت للعَلَم المصري في أثناء الثورة استخدامات مُغايرة، اكتسب بواسطتها دلالات رمزية وارتباطات شعورية جديدة. أُعيد إنتاج العَلَم بأشكال بالغة التنوع في أثناء الثورة. وإضافة إلى الأعلام القماشية التقليدية تحول العَلَم إلى ألوان على الوجوه، وأربطة في معاصم الثوار، وأردية يلبسونها، ودبابيس يعلّقونها في ملابسهم. هذا الإنتاج المتعدد للعلم المصري اقترن بتحول العلاقة بين المصريين وعَلَمهم من علاقة رسمية أو شخصية موقتة إلى علاقة حميمية ممتدة. كما اكتسب، إضافة إلى دلالته الرسمية المحايدة، دلالات رمزية وأيقونية عديدة: أصبح المصري المُمسِك بالعَلَم أيقونة للمصري الثائر، وأصبحت الصور التي تختزن دلالات الثورة المصرية تضم عادة تنويعة كبيرة من البشر ممن يحملون الأعلام أو يُشكِلونها بأجسادهم.

إضافة إلى دلالاته الأيقونية والرمزية كانت للعلم المصري وظائف جمالية: لونية وحركية؛ فألوان العَلَم المصري (الأحمر والأبيض والأسود)تتسم بدرجة من التناسق اللوني، كما أنها تتضمن اللون الأبيض الذي يضفي هدوءًا وسَكينة بمعية اللون الأحمر المُثير. وبالمثل فإن التلويح بالأعلام سواء أكان بشكل جماعي أم فردي، غدا عملًا مُحببًا للغاية للمتظاهرين، بخاصة من الأطفال. وهو في الآن نفسه فعل جمالي راقص، يتضمن إيقاعًا هادئًا وحركة رتيبة من اليمين إلى اليسار، أشبه ما تكون بحركة الذاكرين المنشدين في طقوس بعض جماعات المتصوّفة. وهو إيقاع غالبًا ما يتعزز بمصاحبة أكثر تجلّيات الثورة موسيقيةً، أعني هتافاتها.

٢- هتافات الثورة

الهتافات من أبرز تجليات خطاب الثورة وأهمها؛ إذ تقوم بوظائف بالغة

الأهمية مثل صوغ مطالب الثورة في شكل بلاغي موجز، وترددادها بشكل جماعي يصبح علامة على حصولها على قبول عام. كما تخلق الهتافات هوية جماعية بين أفراد الثوار المتباينين في هوياتهم الفردية، وذلك من خلال توحّدهم حول هتافات مطلبية أو مبدئية واحدة. كما تقوم الهتافات بوظيفة نفسية هي التفريغ الإيجابي لشحنات الغضب ورفض النظام القائم من خلال الانخراط في الهتاف المتواصل ضده؛ إذ عادة ما يقوم الهتاف بتقليل مخاطر مشاعر القلق والتوتر التي قد تصاحب أفعال الاحتجاج.

كان الهتاف الأبرز لثورة ٢٥ يناير هو فعل الأمر «ارحل»، الموجّه إلى النظام السياسي ممثلًا بشخص الرئيس مبارك. وهو مطلب اشتركت هتافات أخرى عديدة في التعبير عنه، ربما كان أكثرها تكرارًا هتاف «مش هنمشي... هو يمشي» الذي يحمل نبرة تحدٍ صارمة. كما سعى بعض الهتافات إلى وصف حالة تماسك الثوار ووحدتهم في مقابل محاولات التفريق التي بُذلت بضراوة لتفتيتهم، وكان المحتجون يهتفون بين الحين والآخر عبارات مثل «الشعب والجيش إيد واحدة» و«مسلم، مسيحي، إيد واحدة»... إلخ.

لكل ثورة صليلها، وصليل الثورات السلمية هتافاتها. وبقدر ما تعلو أصوات الثوار لتصل إلى عنان السماء، تهتز أركان الأنظمة التي يثورون عليها. هكذا فإن لطريقة أداء الهتافات دلالات لا تقل عن معناها؛ فكلما كان الهتاف حاشدًا وحماسيًا أصبح أكثر قدرة على نقل رسالته، وأداء وظائفه. وإذا كانت هتافات الثورة هي صوتها المزلزل فإن لافتاتها هي لوحاتها المُتحدّية.

٣- لافتات الثورة

يتمثل التجلّي الثالث لخطاب الثورة بلافتات الثورة التي تنوّعت في أحجامها ووظائفها. بعض اللافتات كان في صغر شريط اللاصق الطبي الذي يلصقه المتظاهرون على جِباههم، بينما كان بعضها الآخر في حجم عمارة كاملة كتبَ عليها الثوار مطالبهم السبعة التي توافقوا عليها.

رُسم العلم على الوجوه، وكُتِبَت لافتة ثورية على الأجساد مستهدِفةً تحقيق عدة وظائف، منها الاستجابة الآنية للخطابات الخارجية المضادة للثورة وتفنيدها والسُخرية منها، مثل اللافتات التي تَسخَر من الشائعات التي روّجها التلفزيون المصري عن وجبات الكنتاكي والعملاء الأجانب، مثل: «أنا زهقت

مـن الكنتاكي... ارحمنـي وارحـل». كذلـك سـاهمت اللافتـات فـي تفنيـد هـذه الشـائعات والتمييـز بيـن شباب الثوار وعُصبة البلطجة. كمـا فنّد بعض اللافتـات كثيرًا مـن الأسـاطير التـي تخـص نظـام الحكـم والقـوى السياسية الفاعلـة فيـه مثـل اللافتـة التـي تقـول: «مصر هـي أمـي بـس مبـارك مـش أبويـا»، أو «أنـا ذقنـي طويلـة... أنـا مـش إخـوان». واللافتـات التـي تحـث علـى الثبـات والصبـر مثـل: «إنمـا النصـر صبـر سـاعة»، «شـدوا حيلكـم يـا شـباب»، «صامـدون حتـى الرحيـل»، «أمـوت أعيـش مـا يهمنيـش»، «احـذروا... إن أنصـاف الثـورات تصنـع أكفـان الشـعوب». كمـا كان حمـل بعـض اللافتـات تعبيـرًا دقيقًـا عـن آمـال الثـورة وطموحاتهـا، كمـا فـي اللافتـة التـي ربمـا كانـت أكبـر اللافتـات حجمًـا فـي أثنـاء الثورة:

لافتة مطالب
ثوار مصر

كانـت اللافتـات مـن أكثـر تجليـات خطـاب الثـورة شيوعًـا فـي فضـاء التواصـل العـام؛ فالمتابعـات الإخباريـة والتقاريـر المصـورة تضعهـا فـي صـدر الشـاشة. أمـا فـي فضـاء التواصـل الإلكترونـي فاسـتدعت هـذه اللافتـات كثيـرًا مـن الاهتمـام العـام تجلّـى فـي اتسـاع نطـاق تداولهـا، وانتشـارها فـي معظـم المواقـع المعنيـة بالثـورة. وربمـا يرجـع ذلـك إلـى سـهولة تداولهـا نسـبيًا، لكونهـا لا تشـغل مسـاحة كبيـرة مـن ذاكـرة الأجهـزة، وإلـى سـهولة تلقيهـا، لكونهـا لا تحتـاج إلـى زمـن طويـل للإحاطـة بمضمونهـا ودلالاتهـا.

تتمتع اللافتات بثراء علاماتي راجع إلى كونها تتضمن عددًا من العلامات اللفظية وغير اللفظية، فهي عادة ما توظف اللغة واللون والأشكال والصور الفوتوغرافية والرسوم الكاريكاتورية. كذلك تكون لبعض اللافتات تشكيلات جمالية لفضائها، بما يحقق تأثيرات جمالية ووظائف نفعية في الآن نفسه. على سبيل المثال، اتخذ بعض اللافتات شكل الصندوق أو المثلث الذي يتيح رؤيتها من جوانب مختلفة في حال تزايد الازدحام في المكان، ما يحول دون الالتفاف لرؤيتها.

٤- أغاني الثورة

بقدر ما كانت لافتات الثورة إبداعًا لغويًا تشكيليًا، كانت أغاني الثورة إبداعًا لغويًا موسيقيًا. كانت الأغاني تنساب إلى الميدان عبر مُكبّرات الصوت التي تقوم في أركان ميدان التحرير. وفي حلقات السمر الليلي، أو مجموعات النقاش المستمرة على مدار الساعة كانت أناشيد الثورة وأغانيها تتخلل لحظات الجد الصارمة لتُضفي بهجةً وحماسةً. وبمثل ما شكّلت الثورة أيقونات ولوحات وصورًا، وصاغت هتافات وشعارات، ترنّمت بأشعار وأغنيات جديدة، نُسجت مقاطعُها على وقع حالة الثورة في الميدان.

ردد المحتجون أغاني وطنية قديمة مثل أغنية «أحلف بسماها وبترابها»، «مصر هي أمي»، «يا بيوت السويس»، «باسم الله»، ونشيد «بلادي بلادي»، وأغاني الشيخ إمام مثل «اتجمعوا العشاق في سجن القلعة». كما ظهرت أغانٍ جديدة أنشدها ولحنها مطربو الثورة المعتصمون في ميدان التحرير. من بين هذه الأغاني أغنية قصيرة تكررت آلاف المرات في الميدان، وتضمنت معالجة موسيقية لبعض أشهر هتافات الثورة، وتتكون من سطرين فحسب، هما: «كلنا إيد واحدة، طلبنا حاجة واحدة، ارحل، ارحل، ارحل، يسقط حسني مبارك، الشعب يريد إسقاط النظام».

إضافة إلى أن الأغاني تقوم بخلق إيقاع حماسي تهتز له نفوس الثائرين، وتؤجج الأغاني الوطنية القديمة، على وجه التحديد، عواطف مشتركة بين المتظاهرين، لأنها تستدعي الذخيرة الخطابية الكامنة في ذاكرتهم، وتربطها بالحدث الجديد. وربما يفسر ذلك الحماسة الشديدة التي كانت تنتاب المتظاهرين وهم يرددون بعض مقاطع الأغاني الوطنية الشائعة.

٥- تسميات الثورة

يتجلّى الصراع بين البلاغة البائدة والبلاغة الجديدة أوضح ما يكون في عملية التسمية. فما بين الفتنة والثورة، والمؤامرة والإصلاح، والفوضى والاحتجاج، والعمالة والوطنية تكمن المسافة بين تسميات البلاغة البائدة وتسميات البلاغة الثورية. وأبدعت الثورة تسمية أحداثها وأيامها. وفي القلب من هذه التسميات أسماء الجُمَع المتوالية. يكتسب يوم الجمعة مكانة رمزية خاصة في الثورات العربية الأخيرة. فالجمعة الذي يُعد عُطلة رسمية في معظم الدول العربية هو يوم حشد المتظاهرين، وابتكر المصريون تسمية كل جمعة باسم يعكس طبيعة التظاهرات أو غايتها. الجمعة الأولى حملت اسمًا بالغ الدلالة هو «جمعة الغضب»، وكانت كذلك. أما الجمعة الثانية فحملت اسم «جمعة الرحيل»، وحين لم تُنجز الجمعة وعدها بالرحيل، وواصل النظام التشبث بالسلطة كانت «جمعة الصمود والتحدي» طرفًا في معادلة صراع الإرادات. وحين وصل زخم الثورة إلى حده الأقصى، وفاض الميدان بناسه كانت «جمعة الزحف». ولم تكد تغيب شمسها حتى كانت بالفعل «جمعة الرحيل».

شكّلت أيام الجمعة المتعاقبة ذروة الاحتجاجات الشعبية التي يُنتظر لها أن تُحدث تحوّلًا في مسار الثورة. أما أيام الأحد والثلاثاء فكانت أيضًا أيام تجمعات ضخمة للمحتجين واختير لها اسم «المليونيات». وهي تسمية كانت في البداية تُنجز فعلًا كلاميًا هو الدعوة إلى التجمع والحشد، ثم أصبحت لاحقًا تصف واقعًا فعليًا بعد تزايد الحشود، ثم صارت تُنجِز فعلًا كلاميًا آخر هو تهديد النظام القائم، كما أنها كانت من ناحية أخرى تقوم بوظيفة استراتيجية حجاجية، لكونها تسد الفجوة بين الأعداد الفعلية للمحتجين والمليونيات المعلن عنها. فتجسر الفجوة - إن وجدت - بين المعلَن عنه والمتحقِّق.

إضافة إلى «المليونيات» و«الجُمَع»، أطلق الثوار تسميات على بعض الأيام مثل «الأربعاء الدامي» الذي شهد ما يعرف بـ «معركة الجمل» و«أحد الشهداء» الذي أحيا فيه الثوار ذكرى شهداء الثورة، بخاصة من سقطوا في الأربعاء الدامي. وكذلك أطلقوا اسم «أسبوع الصمود والتحدّي» على الأسبوع الذي تلا جمعة الرحيل، في إشارة إلى مواصلة الثورة واستمرارها.

أصبحت الأحداث الاجتماعية التي وقعت في مصر في الفترة بين ٢٥ كانون الثاني/يناير و١٧ شباط/فبراير تُعرف بـ «ثورة ٢٥ يناير»، غير أن هذه التسمية لم تكن وحدها التسمية الشائعة في أثناء الثورة وحتى في ما بعدها. تتكون التسمية من جزأين: الأول كلمة «ثورة» التي استخدمت تسميات أخرى غيرها بخاصة في الأيام الأولى للأحداث، مثل «احتجاجات»، أو «تظاهرات»، أو «انتفاضة»، وذلك في مقابل تسمية «الفتنة» التي شاع استخدامها في الخطاب الرسمي. الجزء الثاني يُشير إلى تاريخ ٢٥ كانون الثاني/يناير، بداية التظاهرات الشعبية الهائلة التي كانت شرارة الثورة.

استخدمت تسميات أخرى للأحداث وإن كانت أقل شيوعًا مثل «ثورة الشباب»، «ثورة اللوتس» (نسبة إلى زهرة اللوتس المشهورة في الحضارة الفرعونية، محاكاة لثورة الياسمين التونسية)، «ثورة الغضب»، «انتفاضة الشباب». وكانت هذه التسميات بالغة الفاعلية لأنها من ناحية شحنت النفوس لبدء الثورة أو مواصلتها، كما وصفت من ناحية أخرى الثورة بصفات إيجابية برّاقة.

وظّف خطاب الثورة المصرية حزمة كبيرة من العلامات مثل اللغة والموسيقى والرسم والنحت. وتعددت الأنواع الأدبية والفنية التي عبّرت الثورة من خلالها عن رسالتها، وذلك في شكل أغانٍ وحكايات وخطب وشعارات وحِكَم وأمثال وقصائد ورسوم على الوجه أو الجسد، وحلقات تثقيف فكري، ومسرح الشارع. وأفاد مبدعو الثورة من تقنيات معالجة الصور في رسم صور مختلفة للشخصيات السياسية التي يرغبون في التخلّص منها، حيث رُسمت صور للرئيس مبارك تجعله قريب الشبه بهتلر أو بحاخامات اليهود، أو الصورة المتخيلة لإبليس، وعادة ما يقوم الكلام المكتوب أسفل الصورة بتحديد وجه الشبه بين الصورة والأصل، أو يترك من دون تحديد ليؤوله المتكلم بحرية. ووظف شبان الثورة تقنيات معالجة الصور مثل فوتوشوب، من أجل خلق صور إبداعية تتضمن ترابطات فكرية ونفسية بالغة الإثراء الدلالي. كانت الصورة دومًا إحدى أبرز أدوات التأثير، بخاصة لكونها تفتح الباب أمام عقل من يشاهدها لإنتاج ترابطات المعاني الخاصة من دون تقييد.

ثالثًا: سِمات بلاغة الثورة

١ - الإبداع الفردي: الثورة تفتح آفاق الإبداع

لم يفرض الثوار على أنفسهم الالتزام بشعار واحد، أو الهتاف بعبارات محددة، أو حمل لافتات متماثلة، بل تُركت لكل فرد مشارك حرية الاختيار. واستفزت هذه الحرية الطاقات الإبداعية للمشاركين في الاحتجاجات، فخرجت آلاف الهتافات واللافتات التي تحمل البصمة الفردية لكل ثائر، وإن كانت تتحرك كلها في إطار الهدف العام للثورة، أي التغيير الفوري للنظام الاستبدادي القائم، وتأسيس شرعية جديدة تقوم على الديمقراطية والمواطنة. وساعد في ترسيخ الطابع الفردي لإبداعات الثورة كون كثير من المشاركين فيها لا ينتمون إلى أحزاب أو جماعات سياسية معينة، بل إلى حلم واحد بمستقبل أفضل. كما أن الجماعات والأحزاب السياسية المشاركة اختارت بوعي وذكاء ألّا تُعبر عن شعاراتها أو أفكارها الخاصة التي قد تُميزها من الآخرين، بل تبنّت الشعارات والأفكار العامة التي يتوافق حولها الجميع.

خلق الطابع الفردي لإبداعات الثورة زخمًا إبداعيًا هائلًا. وربما لا أبالغ في القول إن ميدان التحرير - أبرز ميادين الثورة - تحوّل إلى ورشة إبداع أدبي وفني طوال أيام الثورة، واستفاد الثوار في عرض إبداعات الثورة من الإمكانات البسيطة المُتاحة لهم.

كانت للطابع الفردي للثورة تجليات أقل إيجابية، منها أن بعض اللافتات أو الشعارات كان أقل كثيرًا من أهمية الحدث، وبعضها حاول الترويج لمواقف فئوية أو شخصية. لكن حالة النقاش الدائم التي كانت تعم الميدان سرعان ما كانت تؤدي إلى تنحية مثل هذه الشعارات أو اللافتات، وحضرتُ شخصيًا كثيرًا من جلسات النقاش التي دفعت بعض المتظاهرين إلى التخلص من لافتات كتبوها بعد أن اقتنعوا بأن الأفضل حمل لافتات جامعة توحّد ولا تفرق.

٢ - ثورة مُفعمَة بالفكاهة: «اضحك الثورة تطلع حلوة!»

أُلِّف كثير من الكتب عن عشق المصريين للفكاهة والضحك، ودرس باحثون في علم النفس والاجتماع والسياسة الدور المحوري للفكاهة في حياة المصريين. المصري يحوِّل المواقف التي يمر بها إلى صنبور مفتوح من الضحك، يغسل فيه روحه ويُهدّئ به آلامه. والثورة - مثل الحرب - حدث بالغ الجدية والصرامة، لأنها تنطوي على تعرض الثائر للمخاطر والأذى على نحو ما حدث للمتظاهرين على يد بلطجية الحزب الوطني وعصابة مؤيدي الرئيس. مع ذلك فإن خطاب شباب الثوار عكسَ الروح المصرية الميّالة للفكاهة والمتشوّقة للضحك. في ميدان التحرير كان شباب الثوار يتبادلون النكات التي سرعان ما ألّفوها عن الأحداث التي يصنعونها، بخاصة النكت المتعلقة بهروب بعض رجال الأعمال المليارديرات خارج مصر، أو إجهاض ثورة الشباب أحلام أسرة الرئيس في وراثة الحكم. كذلك استطاعت عشرات اللافتات الفكاهية التي يتجول بها الشباب في جنبات الميدان أن تقتنص ابتسامات الحاضرين، وربما ضحكاتهم أيضًا. كثير من هذه اللافتات كان يدور حول أفكار بعينها، من بينها فكرة أن الشباب لن يغادروا الميدان إلا بعد انصياع الرئيس لطلب الشعب برحيله، وهو ما يرونه قريب المنال وإن بدا صعبًا عبّر الشبّان عن هذه الفكرة بلافتات منها «ارحل بقى... إيدي وجعتني»، «ارحل بقى... عايز أستحمّى»، «رئيس الجمهورية عفوًا لقد نفد رصيدكم»، «Game over»، «قولوا له لأ - فاضله زقة»، «فاضل له زلطة ويطلع برة»، «يا ريته ضربنا الضربة الجوية... وحكم إسرائيل ٣٠ سنة»، «لو كان عفريت كان انصرف».

رافقت الفكاهة الثورة قبل بدئها وطوال فترة استمرارها، فحين شبت الثورة التونسية فجأة من دون سابق تمهيد تداولَ المصريون عبارة تكشف عن مفارقة مأساوية، «يعني إيه كوك زيرو؟ إنك تطالب بالتغيير في مصر فيحصل في تونس».

في أثناء الثورة كانت الشعارات الفكاهية تقوم بوظائف بالغة الأهمية لنفسية الثائر؛ فهي أولًا تُقلل من درجة التوتر والقلق التي يعانيها الثوار غالبًا في أوقات الثورة. كما أنها تكسر من حدّة الحدث وتتيح درجة بسيطة من الانفصال الجزئي عنه حتى تتمكن من السخرية منه. إضافة إلى ذلك تقوم الفكاهة بخلق حالة تفاعل اجتماعي بين من يؤلفها أو يروّجها ومن يتلقاها، بخاصة أن الضحك بطبيعته فعل اجتماعي لا يكتمل معناه إلا في حضرة الآخرين. كما كانت تقوم بعد الثورة بوظائف الاحتفاء بالنصر واسترداد طاقة الفرح، مثل: «ارجع يا ريس احنا كنا بنهزر معاك».

لكن المبالغة في الفكاهة قد تقلل من الجدية التي تُصاحب عادة الفعل الثوري في عمومه. ولعل الدور الكبير الذي قامت به الفكاهة في صوغ سِمة الثورة المصرية هو الذي أهلها للقيام بدور كبير أيضًا في خدمة الثورة المضادة.

ظهر هذا الدور بجلاء في إثر تنحي مبارك عن الحكم، فظهر كثير من النكات والصور الكاريكاتورية التي تحاول دفع المحتجين إلى مناطق عابثة بعيدًا من مجرى الثورة بمطالبها الجوهرية التي لم يكن قد استُجيب إلا للقليل جدًا منها. هكذا ظهرت عشرات آلاف التعليقات على صور ونكات مثل «الرجل اللي واقف ورا عمر سليمان»، في إشارة إلى أحد قادة القوات المسلحة الذي ظهر إلى جوار عمر سليمان في أثناء إلقائه قرار التنحي عبر شاشة التلفزيون. لا تقلّ عن ذلك خطورة إعادة تشويه بعض أهم شعارات الثورة إما لتحويلها إلى فكاهات ونكت أو لاستغلالها في دعاوى تمييزية أو عنصرية، كما في تشويه هتاف «الشعب يريد إسقاط النظام» الذي أصبح هتافًا عروبيًا بعد أن جاب آفاق البلدان العربية من تونس إلى مصر وليبيا والبحرين واليمن، ليتحول على يد بعض الإسلاميين المتشددين ممن تظاهروا في ميدان التحرير ظهيرة أحد الأيام إلى «الشعب يريد إسقاط الستات».

٣ - الطابع التفاعلي لخطاب الثورة: «إيد واحدة» في إنتاج بلاغة الثورة

لأن الثورة لم تخرج من رحم فرد أو جماعة معينة، اتسمت بطابع التفاعلية والحوار لا الإملاء والتكرار. يفسر هذا ظاهرة تراجع مساحة الخطب مقارنة بهيمنة الهتافات، أكان ذلك في الوقت الذي تستغرقه، أو في عدد مرات تكرارها. فالخطابات تعني أن هناك متكلمًا واحدًا بينما يأخذ بقية المشاركين دور المستمعين. على خلاف ذلك، فإن الهتافات عمل جماعي يشترك فيه الجميع، وعلى الرغم من أنه عادة ما يوجد قائد للهتاف يُردّد الجمهور الهتاف وراءه فإن الهتافات غالبًا ما تحظى برضا الجماعة قبل أن تشترك في تردادها، كما أن قيادة الهتافات يجري تبادلها بين من يرغبون في ذلك. هذا الطابع التفاعلي لإبداعات الثورة يظهر جليًا في أنواع الهتافات التي يردّ فيها الجمهور على قائد الهتاف على نحو ما كان المتظاهرون يفعلون حين يردد قائد الهتاف أحد أسماء السياسيين المنتمين إلى نظام مبارك، ويردد الجمهور وراءه كلمة «باطل»، إشارة إلى سقوط شرعيته بواسطة الجماهير.

٤ـ ثورة اللغة وثورة الشباب: إزالة القناع عن اللغة

تتيح الثورة في المجتمعات التي تعرضت لحكم استبدادي بوليسي

مثل نظام مبارك الفرصة للمواطن ليتخلص من الحيل اللغوية التي كان يلجأ إليها في حديثه عن السلطة نتيجة الخوف المزمن من القهر والبطش الذي قد يتعرض له في حالة التعبير المباشر عن رأيه أو أفكاره. من هذه الحيل اللغوية الكناية والرمز والتلطيفات اللفظية والأسلوب غير المباشر والتمثيل والتورية. لكن الثورة التي تمزق ستار الخوف المادي تمزق أيضًا ستار الخوف اللغوي، فيصبح الأشخاص أميل إلى استخدام لغة غير مجازية مباشرة وواضحة وقاطعة بمثل الوضوح والصرامة في تعبير «ارحل» الذي امتلأت به ملايين الحناجر في ساحات ميادين مصر وحواريها. وأتاحت المباشرة اللغوية التعرض لبعض المسائل التي كانت من المسكوت عنه في ما مضى، مثل ثروة عائلة الرئيس وتحالفه الوثيق مع أميركا وإسرائيل.

مثلما شهدنا مولد ثورة لا تهادن ولا تنافق، نشهد مولد بلاغة جديدة لا تنافق ولا تراوغ، تُسمّي الأشياء بأسمائها، وتصف كل شخص بما يستحق، وتُحطّم إرث آلاف السنين من الصمت والمراوغة. قد تبدو هذه البلاغة قاسية خشنة، لكن الثورة مثل الإعصار تقتلع كل ما هو مزيّف وكاذب. سيطرت في العقود الأخيرة خطابات التلاعب والتضليل والكذب التي تتجسد في لغة الإعلام الرسمي، ففقدت المفردات دلالاتها، وغابت الصدقية عن اللغة. وربما تكون ثورة كانون الثاني/يناير العظيمة بوابة العبور لا إلى حياة جديدة فحسب بل إلى بلاغة جديدة أيضًا، تستعيد اللغة فيها صدقها وصدقيتها.

١٨١

الفصل الثامن

المعارضة باعتبارها مصطلحًا سياسيًا

سيد ضيف اللّه

تبدو فكرة الاصطلاح في مجال العلوم السياسية مثيرة للتأمل وإعادة النظر أكثر مما هي عليه الحال في مجالات أخرى تنتمي إلى حقل الدراسات الإنسانية بشكل عام. ولمزيد من الدقة، أقول إن مجالًا معرفيًا مثل النقد الأدبي - غير المؤثر في حياة الناس اليومية - من المتوقع أن نجد فيه شكوى بعض الدارسين من غياب الاصطلاح، أو بالأحرى تعدد الاصطلاح على نحو قد يُخل بشروط المنهجية العلمية، ومن ثم التراكم المعرفي في هذا التخصص. وتكون ثمة مشروعية لتوحيد مصطلحات الدرس النقدي، ولا سيما عند انتقاله من اللغة المنتجة للمصطلح إلى اللغات المستقلة للمصطلحات، بحيث يصبح مصطلح مثل Grammatology يعني بالضبط ما تعنيه ترجمته في اللغة العربية «علم الكتابة» في داخل دائرة المتخصصين من نقّاد الأدب، ولا يوجد تعدد ترجمات للمفهوم نفسه.

لكن في مجال دراسة السياسة تبدو المشكلة مختلفة إلى حد بعيد، فليست المشكلة الأساس وجود خلل في الجهاز الاصطلاحي للتخصص، أو وجود تعدد في ترجمات عناصر هذا الجهاز الاصطلاحي، بل تكمن المشكلة بالتحديد في أن الاصطلاح متحققٌ على نحو لا تحتمله الثقافات المستقبِلة للمصطلحات كما هي الحال في ثقافتنا العربية. ذلك أن عملية الاصطلاح تعتمد على إزالة الفوارق بين الدلالة اللغوية والدلالات الثقافية المحتمَلة للدال الذي اصطُلح على استخدامه ليعني هذا المعنى تحديدًا لا سواه أو شبيهًا له فضلًا عن أن يكون نقيضه.

سوف أضع عددًا من الكلمات كثيرة التداول على ألسنة المتخصصين وغير المتخصصين في ثقافات الدنيا كلها لأوضح كيف أن عملية الاصطلاح ينبغي ألا تتوقف عند مرحلة اختيار دال لغوي يشير إلى مدلول محدد في ثقافة منتجة للمدلول وللدال على هذا النحو، وفي تلك اللحظة التاريخية المعيّنة، بل

يجب أن تمتد لتوحد الدلالات الثقافية المحتملة كلها في أي ثقافة مستقبِلة لهذا المصطلح حتى يمكن أن نثق بأننا نعني الأمر نفسه حين نستخدم المصطلح نفسه، وأنا أقول «مصطلحًا» لا «كلمة». ولأن من المُحال أنْ يحدث أو أن يُطالب به عاقل فإن على دارسي السياسة أن يُعيدوا النظر في قدرة الجهاز الاصطلاحي على إيصال رسائلهم بوضوح خارج الحدود الجغرافية لمجتمعاتهم المحلية، فضلاً عن توقع إثارة نوبات ضحك نتيجة المزج بين مصطلح ديمقراطية (Democracy) وثقافة معينة، «عربية» (Arabic)، بحجة «الخصوصية الثقافية» ليكون ناتج التفاعل «الديمقراطية العربية» (Arabic Democracy).

الجدول (٨ - ١)

نماذج لمصطلحات سياسية تُستخدم لغير الأغراض الموضوعة لها

دولة مدنية	Civil state
حزب سياسي	Political Party
مُعارضة سياسية	Political Opposition
انتخابات	Elections
مواطنة	Citizenship
رئيس	President

هل هذه مصطلحات علمية؟ نعم، هذه مصطلحات علمية وليست مجرد ألفاظ، ومن ثم لا يحق للمتكلم أن يعني بها غير ما وُضعت له من معانٍ. لكن من الواضح أن المشكلة هنا لا تكمن في تعدد الترجمات العربية للّفظ الأجنبي، بل في أن هناك تباينًا عامًا بين ما تعنيه الكلمة في الثقافة الأميركية مثلاً وما تعنيه في الثقافة العربية. ثم إن هناك عدة تباينات في داخل ثقافات المجتمعات العربية، ثم تباينات متعددة في داخل ثقافة القطر الواحد، ثم تباينات عديدة في داخل الحزب الواحد... إلخ. ومن ثم تُصبح واجبةً دراسةُ تأثير الخصوصية الثقافية في المصطلحات، لا بهدف إضفاء مشروعية لهذا التأثير، بل بهدف وضع كل الدلالات الثقافية للمصطلح الواحد بعضها

إلى جوار بعض لتبيّن أي الدلالات كانت مُصطنعةً اصطناعًا زائفًا بهدف نقض المُصطلح ذاته، وأيها كان مُعبّرًا عن مُحاولة تجسير الفجوة بين ضفتي الاصطلاح (المُرسل/المستقبل). وهو الأمر الذي أحاول أن أختبره بمحاولة تتبع الدلالات الثقافية لإحدى هذه الكلمات المتداولة في الثقافة المصرية، وأعني بها كلمة «مُعارضة سياسية». ماذا تعني الكلمة في الثقافة المصرية في الفترة بين ٢٥ كانون الثاني/يناير و١١ شباط/فبراير ٢٠١١؟ وإذا كان من المُحال أن يُطالب عاقل بوجود قانون إنساني عالمي يُجرّم استخدام المصطلحات السياسية لغير الأغراض الموضوعة لها، فليس أقل من تتبع المصطلحات السياسية في الأغراض الموضوعة لها في ثقافتنا العربية!

أولًا: «باسم الشعب» وفعل الإرادة المبني للمعلوم

«السياسة فن الممكن» و«السياسة لا تعرف الأخلاق» و«لعن الله ساس ويسوس». هذه أقوال مأثورة يتعلمها طالب العلوم السياسية منذ نعومة أظفاره، كما نجدها مُستخدمة عند الساسة في لحظات تبرير مواقف سياسية ثمة من يراها تتعارض مع منظومة القيم السائدة في المجتمع، أو على أقل تقدير عند تبني مواقف سياسية خارجية دون مستوى رغبات الداخل. والسؤال الآن هل الاعتقاد في صحة هذه الأقوال المأثورة بين الساسة ودارسي السياسة يعني أن ثمة اتفاقًا ضمنيًا على إضفاء مشروعية على قيم ثقافية منبوذة أخلاقيًا في المجتمع مثل الكذب والخيانة والانتهازية والتواطؤ مع الأقوى بغض النظر عن فساده واستبداده؟

إن الصراع بين الساسة صراعٌ على ادعاء تمثيل كل منهم الشعب؛ إذ يقدم كل سياسي نفسه متحدّثًا باسم الشعب ومعبّرًا عن إرادة الشعب وأحلام الشعب وآلام الشعب وقيم الشعب... إلخ. ومن الملاحظ أن ادعاء تمثيل الشعب في المجتمعات التي لديها انتخابات نزيهة وثقافة ديمقراطية يقل مقارنةً بمجتمعاتنا العربية؛ إذ يصبح مفهوم الشعب بحد ذاته لا وجود له عند الحديث عن التمثيل السياسي حيث يبرز المواطن بوصفه صاحب الصوت الانتخابي الذي له فاعلية في تحديد ممثله السياسي. أما في المجتمعات التي لا تعرف الانتخابات النزيهة فلا نجد مواطنين بل كيانًا هلاميًا يُطلق عليه الساسة اسم «الشعب» ليتصارعوا على

تمثيله والتحدث باسمه من دون أن ينتقل من خانة المفعول به سياسيًا «الشعب» إلى خانة الفاعل السياسي «المواطن». كان الشعب يُراد له بينما النظام الحاكم هو الفاعل الذي يريد للشعب ما يريده هو من اشتراكية، انفتاح اقتصادي، تطبيع مع إسرائيل، تصدير غاز إلى إسرائيل، خصخصة... إلخ. وكانت المعارضة تريد للشعب ما يريده النظام للشعب أو ما تريده هي للشعب من تنمية وديمقراطية ومن تطبيق للشرعية الإسلامية، وحدة عربية، أو دولة مدنية حديثة... إلخ. تعددت الإرادات وتباينت وتناقضت في ما بينها لكن مع الحفاظ على أمرين كانا بمنزلة المشترك الثقافي بينها كلها: الأول اعتبار الفاعل هو النظام/المعارضة والمفعول به هو الشعب، والأمر الثاني ممارسة السياسة من عقيدة راسخة هي أنّ السياسة فن الممكن وأنها بلا أخلاق.

خرج «الشعب» رافعًا شعار «الشعب يريد إسقاط النظام»، فبرز الشعب بصفته فاعلًا للفعل يريد، بما يعني حدوث تغير جذري في الأمر الأول؛ إذ يصبح الشعب الفاعل ويصبح النظام - بما تنطوي عليه الكلمة من اشتمال على شكل المعارضة التي أنتجها ولازمته من دون أن تسعى جديًا إلى إسقاطه - هو المفعول به الذي يُراد له أن يسقط بفعل إرادة الشعب. والمعارضة شاركت النظام الساقط في اقتراف إثمين: الأول أنها أرادت للشعب ما تريده هي للشعب أو ما يريده النظام للشعب، والثاني أن عقيدتها مثل عقيدة النظام في ما يتعلق بالسياسة (فهي فن الممكن وبلا أخلاق)، وبالتالي كان الرهان دائمًا، عند النظام أو ضد المُعارضة التي لم تسع جديًا إلى إسقاطه، رهانًا على القوة لا على الحق. وهو ما يمكن استكشافه في مواقف المعارضة السياسية المصرية من ثورة ٢٥ يناير.

تستهدف هذه الدراسة تحليل مواقف المعارضة السياسية المصرية من منظور نقدي يربط بين الموقف السياسي في ثباته وتغيره ورهانات المُعارض السياسي في لحظة اختبار لحقيقة المسافة بين القول السياسي والفعل السياسي المُعارِض، ألا وهي لحظة انهيار العالم السياسي الذي بُنيت في ظله القيم الثقافية المُؤطِّرة للخيال السياسي لفعل المُعارضة بحد ذاته. ولا تتبنى الدراسة التقسيم القانوني لفرق المُعارضة السياسية على اعتبار أن هذا التمييز كان جزءًا من ثقافة سياسية نجح نظام مبارك السياسي إلى حد كبير في

فرضها على المنظور السياسي عند التعامل مع موضوع المعارضة السياسية، فأصبح من المعتاد في حقل الدراسات السياسية في مصر إعادة إنتاج خطاب الحزب الحاكم أكان ذلك بوعي أو بعدم قدرة على دخول مواجهة مع الجهاز الاصطلاحي للنظام السابق إلا بوضع المصطلح بين مزدوجين، مثلما كان استخدام مع «الجماعة المحظورة» لدى الإشارة إلى الإخوان المسلمين، أو «تحت التأسيس» لدى الإشارة إلى الأحزاب المحجوبة عنها الشرعية مثل «الكرامة» و«الوسط» و«الغد». ووصلت سطوة الجهاز الاصطلاحي إلى درجة استخدام الأحزاب المحجوبة نفسها مصطلح «تحت التأسيس» للتعريف بهوياتهم السياسية.

تبحث الدراسة كذلك في مواقف جماعة الإخوان المسلمين وحزب الكرامة وحزب الوسط والأحزاب كلها التي كان للنظام السياسي الحاكم في عهدي السادات ومبارك فضل منحها هويتها المُعارِضة. وهذه لا شك مفارقة ثقافية وسياسية تستوجب التحليل لما سيكون لها من أثر كبير في رؤية المُعارضة للعالم السياسي من المنظور الثقافي نفسه الذي كان النظام السياسي الحاكم يتبنّاه، مع اختلافات طفيفة نتيجة فعل الصدمة الثقافية لا السياسية فحسب، حيث انهيار القيم الثقافية المتوارثة للمعارضة في الثقافة المصرية على مدى أعوام طويلة. كما تقف الدراسة عند الثقافة السياسية التي بلورتها حركات الاحتجاج السياسي والاجتماعي في مواجهة الموروث الثقافي للأحزاب السياسية المُعارضة؛ فالحركة نقيض الجمود، وإذا كانت الأحزاب قد ساهمت في تجميد الخيال السياسي بالتقلص داخل الإطار الذي صنعه النظام لها، فإن الحركات كانت المؤهّلة لتفكيك هذا الخيال السياسي المتجمِّد ثم تحقيق التغيير السياسي استنادًا إلى تصوُّر للسياسة لا ينافي الأخلاق ولا يكتفي بالممكن حيث يكون الرهان على الحق لا القوة.

ترصد هذه الدراسة تطور مواقف المُعارضة المصرية من ثورة ٢٥ يناير، ثم تحاول أن تستخلص ملاحظات تتعلق بالرهانات التي تقف وراء المواقف السياسية من خلال تحليل تصريحات المُعارضين السياسيين وبياناتهم، المُقدّمة لشرح أو تبرير الموقف السياسي في كل مرحلة من مراحل الثورة. ومن هذه الرهانات يمكن الوقوف على تصوّر كل فريق من فرق المعارضة للعمل السياسي وكيفية ممارسته من موقع المُعارضة، والذي على أساسه

تتحدد الدلالات الثقافية للفظ المُعارضة السياسية. تكتفي الدراسة برصد مواقف المُعارضة من الثورة بدءًا بالموقف من دعوة التظاهر في يوم ٢٥ كانون الثاني/يناير، وتنتهي عند إعلان عمر سليمان تخلي حسني مبارك عن السلطة في ١١ شباط/فبراير ٢٠١١ وتفويض المجلس العسكري إدارة شؤون البلاد لكن مع القفز إلى ما بعد هذه اللحظة بحثًا عن تعبير المُعارض عن رغبته في الترشح لانتخابات الرئاسة ومدى اتساق ذلك مع دوره بصفته مُعارضًا. وتجدر الإشارة إلى أن الرصد يعنى بعدد من الأحداث الرئيسة التي يمكن أن يعكس الموقف منها تصور المعارض لمفهوم المعارضة وهذه الأحداث هي:

- الدعوة إلى تظاهرة ٢٥ كانون الثاني/يناير.
- دعوة الرئيس إلى الحوار الوطني بقيادة عمر سليمان.
- موقعة الجمل.
- تنحّي الرئيس مبارك وتفويض المجلس العسكري إدارة البلاد.
- موقف المُعارضة من ترشيحات الرئاسة.

تتبنى الدراسة تصنيفًا ثنائيًا يعتمد على استخدام الصفات التي يُطلقها الخصوم السياسيون لا للاتفاق معهم على الدلالة التي يريدون الإشارة إليها بل لكشف مدى مطابقتها تصوّر المُعارض السياسي لمهمته بصفته معارضًا حين يحدد هوية الآخر السياسي بتسمية دالة. وأعنى تحديدًا هنا استخدام صفتين شديدتي الانتشار باعتبارهما اتهامين يوجهّان إلى المعارضة على اختلاف مواقع مُطلقي التسمية سياسيًا وهما: «مجموعة المُغرضين» و«مجموعة الأحزاب الكارتونية». والمُلاحظ أن الصفة المميزة لمجموعة المُغرضين هي أنهم يسعون إلى السلطة بالفعل وبالقول، وأن تعريفهم من منظور الخطاب السلطوي أنهم قلة مندسة دائمًا، أما من منظور رؤيتهم لأنفسهم فهم القوى الوطنية المعبرة عن الشعب. أما مجموعة الأحزاب الكارتونية فهي من منظور الخطاب السلطوي المُعارضة الشرعية والمدعوة دائمًا إلى الحوار، ومن منظور المغرضين فهي أحزاب كارتونية أُقيمت لتجميل منظر النظام الحاكم أمام الخارج، وأهدافها لا تتعدى الحصول على الدعم المالي الممنوح لأي حزب أو مناصب سياسية بالتعيين أو مصالح اقتصادية شخصية رشوة لرؤوس هذه الأحزاب. ولنبدأ برصد مواقف الأحزاب الكارتونية.

ثانيًا: مواقف المعارضة من ثورة ٢٥ يناير

الجدول (٨ - ٢)

مجموعة المعارضة الكارتونية

المعارضة السياسية	ما قبل ٢٥ كانون الثاني/يناير (الدعوة إلى التظاهر)	من ٢٥ كانون الثاني/يناير حتى ٢٨ كانون الثاني/يناير (انسحاب الشرطة)	من ٢٨ كانون الثاني/يناير حتى ١ شباط/فبراير (انسحاب الشرطة + الخطاب الأول للرئيس)	من ١ شباط/فبراير حتى ١١ شباط/فبراير (الخطابان الأول والثاني للرئيس + موقعة الجمل)	١١ شباط/فبراير (بعد إعلان التنحي)
حزب التجمع (الرئيس: رفعت السعيد) عام التأسيس: ١٩٧٦	رفض صريح للمشاركة الرسمية للحزب، واتهام التظاهر في هذا اليوم بأنه عمل تشويهي ليوم عيد الشرطة الوطني.	فُتح مقر الحزب في وسط البلد للمتظاهرين والمصابين تحت ضغط بعض شبان الحزب المتظاهرين وبعض القيادات.	إعلان قرار المشاركة في جمعة الشهداء في ٢٨ كانون الثاني/يناير.	- إعلان الموافقة على الحوار مع عمر سليمان من دون تمسك بمطلب تنحي الرئيس. - هجوم على الشبان المتظاهرين الرافضين الاستماع إلى الحوار العقلاني. - عدم الانسحاب من الحوار بعد موقعة الجمل، وإعلان الانسحاب قبل يوم واحد من تخلي الرئيس عن السلطة ثم المشاركة المشروطة. - تبرؤ تجمع الجيزة من مواقف رفعت السعيد.	- أغانٍ وطنية في شرفة حزب التجمع في وسط البلد والمتظاهرون يحتفلون أمامه بالتنحي في غياب رئيس الحزب وقاداته - تصريح السعيد بأن الجيش عارض «طبخة» التوريث، وأن سيناريو تفويض عمر سليمان كان مخيفًا. - تصريح السعيد بأن المثقف العربي ليست لديه حرية الاختيار إلا إذا قرر أن يكون خارج الرؤية.

يتبع

تابع

الحزب الناصري (تنازع على الرئاسة بين سامح عاشور وأحمد حسن) عام التأسيس: ١٩٩٢	- إعلان عدم المشاركة بل إغلاق الحزب بحجة أنه يوم عطلة رسمية. - تصريح سامح عاشور بأن مبارك يتمتع بشرعية لم يكن يتمتع بها الرئيس التونسي بن علي.	إعلان المشاركة في التظاهرات مع إعادة تأكيد سامح عاشور أن لا شيء شرعيًا في النظام المصري إلا الرئيس مبارك.	إصدار بيان المطالب المشروعة والدعوة إلى تأليف حكومة إنقاذ وطني، والتشديد على رفض تدخل أميركا.	قبول الحوار مع عمر سُليمان ثم تجميد المشاركة في الحوار بعد موقعة الجمل ثم مهاجمة النظام وفكرة الحوار نفسها ، بينما انتشرت شائعة تشكك في صدقية الموقف وتقول إن سامح عاشور قابل عمر سليمان بالفعل، وأخبار عن اعتداء مواطنين على عاشور في ميدان التحرير.	الاحتفاء بالتنحي ثم إعلان الترشح للرئاسة.
حزب الوفد (السيد البدوي شحاتة) عام التأسيس: ١٩٧٨	عدم التصريح بموقف الحزب الرسمي فأصبح الحزب بلا موقف رسمي من المشاركة، مع الإشارة إلى أن بعض قادة الحزب وشبانه شاركوا بصفاتهم الشخصية.	- إصدار بيان لتحية انتفاضة الشباب يوم٢٧ كانون الثاني/يناير وللتنديد بطريقة تعامل الأمن مع المتظاهرين، والمطالبة بأن يتخلى الرئيس عن رئاسة الحزب الوطني لا عن رئاسة الجمهورية. - إعلان المشاركة في تظاهرة يوم الجمعة في ٢٨ كانون الثاني/يناير.	فتح مقاره الحزبية ودعوة أعضائه إلى التوجه إليها للمشاركة في اللجان الشعبية لحماية الممتلكات الخاصة والعامة.	قبول الحوار مع عمر سليمان بعد دعوة مبارك إليه في الخطاب الثاني ثم إعلان عدم المشاركة بسبب موقعة الجمل، ثم العودة إلى إلى المشاركة في الحوار من دون إعلان التمسك بمطلب إسقاط الرئيس.	الاحتفاء بالتنحي وإعلان الثقة بالمجلس العسكري ثم توصية المجلس بالنموذج التركي وحملة على الفيسبوك لترشيحه للرئاسة.

يتبع

تابع

حزب الغد (جبهة موسى مصطفى موسى) عام الانشقاق: ٢٠٠٧	تحذير مصطفى موسى من الانجراف وراء شعارات هدّامة يُسعى إلى زرعها وسط الشباب بهدف الفوضى.	التزام الصمت	التزام الصمت	قبول الحوار مع عمر سليمان بعد دعوة الرئيس إليه في الخطاب الثاني. عدم إعلان التراجع بعد موقعة الجمل عن المشاركة في الحوار.	إعلان موسى نيته الترشح للرئاسة
حزب الجيل الديمقراطي (ناجي الشهابي) عام التأسيس: ٢٠٠٢	اتهام المتظاهرين بأنهم ينفذون أجندة أميركية تسعى إلى الإيقاع بين أبناء الشعب المصري والخروج على النظام.	التزام الصمت	التزام الصمت	قبول الحوار	إعلان الحزب تأييد محاكمة مبارك وعائلته
حزب العدالة الاجتماعية (وكيل المؤسسين محمد عبد العال والرئيس الموقت كمال حسين) عام التأسيس: ١٩٩٣	اتهم عبد العال الشباب بعدم إدراك العواقب والفوضى التي يمكن أن تحدث في هذا اليوم، وأشاد بوزير الداخلية وحسن معاملة الشرطة للمواطنين في أقسام الشرطة.	التزام الصمت	التزام الصمت	قبول الحوار	تكريم رموز ثورة ٢٥ يناير وشهدائها

يتبع

حزب مصر الفتاة «المجمّد» (وكيل المؤسسين أحمد حسنين والرئيس الموقت الوصيف عبد الوصيف - تنازع على رئاسة الحزب) عام التأسيس: ١٩٩٠	وصف هشام جابر (أحد المتنازعين على الرئاسة) الدعوة إلى التظاهر بأنها ستحدث الفوضى معلنًا تأييده نظام مبارك مع إجراء بعض التغييرات. - إعلان المشاركة مع الشرطة في احتفالاتها.	التزام الصمت	التزام الصمت	قبول الحوار	حسين راشد نائب رئيس الحزب يعلن ترشحه لانتخابات الرئاسة
حزب مصر العربي الاشتراكي (وحيد الأقصري) عام التأسيس: ١٩٧٦	تصريح الأقصري بأن حزبه ينتهج طرقًا أهم كثيرًا من التظاهرات. وتصريحه بأن هناك كيانات غير شرعية تحاول استثمار حالة الاحتقان الموجودة لدى المواطن العادي.	التزام الصمت	التزام الصمت	قبول الحوار مع سليمان	- تصريح الأقصري بأن حكم المجلس العسكري باطل لأن الرئيس تنحى ثم كلف المجلس العسكري بحكم البلاد، وليس بعد التنحي تكليف. - تصريح الأقصري بأن على الأحزاب التي تحاول ركوب موجة الشباب أن تبحث لنفسها عن مقبرة.

يتبع

حزب المحافظين «المجمد» (مصطفى عبد العزيز) عام التأسيس: ٢٠٠٦	- رفض مصطفى عبد العزيز التظاهر وحذر منه مؤكّدًا أن النتائج السلبية للتظاهر أكبر من نتائجه الإيجابية، وأن مصر ليست تونس لأن فيها حرية لا توجد في بلاد كثيرة. - اعتبار التظاهر قناة غير شرعية للتعبير، والطلب من الداعين إلى التظاهر اللجوء إلى القنوات الشرعية مثل الأحزاب والإعلام المرئي.	التزام الصمت	التزام الصمت	المشاركة في الحوار	تهنئة الشعب المصري بثورته

يتبع

حزب شباب مصر رئيس الحزب أحمد عبد الهادي عام التأسيس: ٢٠٠٥	رفض الأمانة المركزية الدعوة إلى التظاهر	التزام الصمت	الخروج إلى الميدان بعد تمكّن المتظاهرين من السيطرة عليه	-الارتداد وإعلان الانسحاب من الميدان بمجرد سماع الخطاب الثاني لمبارك والهجوم على بقية المتظاهرين بالقول إن أجندات أجنبية تحركهم. - التبرؤ من المشاركة في التظاهرات وإنكارها لأنها كانت مشاركة أشخاص بصفاتهم الشخصية لا الحزبية ولا تعبر عن موقف الحزب الرسمي.	تهنئة الشعب المصري بثورته، وترشح رئيس الحزب لانتخابات رئاسة الجمهورية وتبرير ذلك بمشاركة أكثر من مئة ألف شاب من شباب الحزب في ثورة ٢٥ يناير معلنًا أنه سيخوض انتخابات الرئاسة باسم شباب ٢٥ يناير
حزب السلام الديمقراطي (رئيس الحزب أحمد بيومي الفضالي) عام التأسيس: ٢٠٠٥	التزام الصمت	التزام الصمت	التزام الصمت	المشاركة في الحوار الوطني برعاية عمر سليمان	رفع دعوى قضائية ضد وزير الداخلية بسبب إطلاق النار على المتظاهرين في ٢٥ كانون الثاني/ يناير والمطالبة بحل الحزب الوطني، وإعلان الفضالي ترشحه عن الحزب لانتخابات الرئاسة

يتبع

الحزب الدستوري الاجتماعي الحر (ممدوح القناوي) عام التأسيس: ٢٠٠٤	التزام الصمت	التصريح في ٢٧ كانون الثاني/يناير بتحميل أحمد عز المسؤولية ومطالبة مبارك بإقالة حكومة نظيف.	التزام الصمت	التصريح بأن عجرفة أحمد عز وتزويره هما اللذان فجرا ثورة ٢٥ يناير ودعا الشباب إلى عدم فض الاعتصام حتى إسقاط النظام الفاسد	- المطالبة بتكريم خالد سعيد -توجيه قناوي دعوة إلى شباب ثورة ٢٥ يناير ليرئسوا حزبه لأنه سيتنازل عن رئاسته لهم. - تصريح قناوي بأن حل الحزب الوطني أسعد ٨٤ مليون مصري وأنه لا يقل أهمية عن محاكمة مبارك. - إعلان ترشحه لانتخابات الرئاسة.
الشعب الديمقراطي المصري (رئيس الحزب أحمد جبيلي) عام التأسيس: ١٩٩٢	التزام الصمت	التزام الصمت	التزام الصمت	قبول الحوار	التصريح بأن الجيش هو اليد الأمينة.
الخضر المصري الرئيس الحالي عبد المنعم الأعصر عام التأسيس: (١٩٩٠)	التزام الصمت	التزام الصمت	التزام الصمت	قبول الحوار	التزام الصمت
التكافل الاجتماعي (الرئيس الحالي أسامة شلتوت) عام التأسيس: (١٩٩٥)	التزام الصمت	التزام الصمت	التزام الصمت	قبول الحوار	إعلان أسامة شلتوت الترشح لانتخابات الرئاسة

يتبع

تابع

الوفاق الوطني (الرئيس الحالي رفعت العجرودي) عام التأسيس: ٢٠٠٠	التزام الصمت	وفاة العجرودي بعد صراع مع المرض	التزام الصمت	عدم رفض الحوار	التزام الصمت
الحزب الاتحادي الديمقراطي الرئيس الحالي حسن ترك عام التأسيس: ١٩٩٠	التزام الصمت	التزام الصمت	التزام الصمت	عدم رفض الحوار	التزام الصمت
حزب الأمة الرئيس الحالي يعيش أبو رجيعة عام التأسيس: ١٩٨٢	التزام الصمت	التضامن مع الشعب المصري في مناشدة الرئيس مبارك إجراء إصلاحات وعلى رأسها إقالة الحكومة وحل مجلسي الشعب والشورى	التزام الصمت	عدم رفض الحوار	التزام الصمت

المصدر: تجب الإشارة إلى وجود عشرات الصفحات الإلكترونية التي تعتبر مصادر الباحث لكل معلومة في هذا الجدول، إذ استخدم الباحث محرك البحث غوغل وموقع يوتيوب لتتبع تصريحات كل رئيس حزب وحواراته والبيانات التي أصدرها حزبه. ويتبنى الباحث ذلك التقسيم الزمني لمراحل الثورة لأهمية هذه الحوادث المفصلية متفقًا في ذلك مع: هاني الأعصر، «موقف الأحزاب السياسية،» ورقة قدمت إلى: ثورة ٢٥ يناير: قراءة أولية ورؤية مستقبلية، تحرير عمرو هاشم ربيع (القاهرة: مركز الدراسات السياسية والاستراتيجية بالأهرام، ٢٠١١).

* من الضروري الإشارة إلى أن تسمية «كارتونية» لا تقلل من التاريخ السياسي الجدير بالتقدير لبعض الأحزاب المندرجة تحت هذه التسمية، مثل التجمع والوفد الناصري، ولا القامات الفكرية والسياسية الأعضاء فيها، بل تشير إلى جرّ رؤساء هذه الأحزاب أحزابهم في أواخر عصر مبارك إلى الحظيرة السياسية للحزب الوطني فتساوت من حيث القدرة على فعل المعارضة السياسية مع أحزاب بلا تاريخ سياسي صُنعت على مائدة الحزب الوطني . مما يفتح الباب للتشكك في مدى مشروعية هؤلاء الرؤساء في تمثيل أحزابهم في ظل حالة الانفصال شبه التام عن قواعدهم.

يمكن أن نستخلص من مجموعة أحزاب المُعارضة الكارتونية الملاحظات التالية:

- راوحت المواقف من المشاركة الرسمية للحزب في الدعوة إلى التظاهر يوم ٢٥ كانون الثاني/يناير بين المواقف التالية:

- رفض المشاركة الصريح.
- الرفض المتحايل تهرُّبًا من المشاركة.
- التبرير المتحايل للمشاركة المتأخرة.
- الصمت الرهيب.

لكن من المهم ملاحظة حيل المُعارضين للرفض الصريح لقيام آخرين - أصالة عن أنفسهم ونيابة عن الأحزاب الكارتونية - بفعل المُعارضة المتمثل بتظاهرة سلمية، فثمة تبنٍ واضح لحيل الخطاب السلطوي الثقافية الساعية إلى تأبيد أركانه وإطالة أمده، وهي مشترك ثقافي مُعبَّر عنه بالألفاظ والتراكيب اللغوية نفسها: التحذير من الفوضى، التحذير من الفتنة، اتهام جاهز بتشويه التاريخ الوطني والإساءة إلى الوطن، تزوير الحقائق بنفي وجود أي أسباب تدعو إلى التظاهر أصلًا، التجاهل بالصمت الرهيب. وعلى خطورة هذه الألفاظ الهجومية المبرِّرة لعدم المشاركة فإن التبرير المُقدَّم منهم لمشاركتهم المتأخرة لا يعكس قوة الإيمان بالمشاركة، كأنها مشاركة على مضض مواكبةً للأحداث، واقترابًا من القوة الصاعدة الجديدة بحثًا عن مكان لإعادة القيام بالدور نفسه. يبرر رفعت السعيد التأخر مثلًا، بعد إعلان المشاركة الرسمية للحزب بأنه فقط بسبب الميعاد أو عدم التنسيق معنا، مع سحب ما تعلق بالتبرير مسبقًا من أفعال هجومية على فعل التظاهر (كالتشويه والفوضى).

يمكن مُلاحظة وجود مشترك ثقافي آخر بين حيل المعارضة الكارتونية والخطاب السلطوي، لكن هذه المرة يتعلق بحيل الرفض المتحايل، فعندما حاول المُعارِض أن يتحايل كشف بذلك عن أن الحيل التي استطاع الوصول إليها تعكس مستواه في التذاكي/التحايل، واللافت أنه بمستوى تحايل/تذاكي الخطاب السلطوي نفسه؛ بمعنى أنه يُعيد إنتاج غباء الخطاب السلطوي حين كان يتعامل مع المواطنين المستهدفين بخطابه باعتبارهم أطفالًا لم يصلوا بعد إلى مرحلة الرشد، ومن المعروف أن المُخاطِب الغبي هو من يفترض في

متلقيه الغباء. والمثال هنا ما لجأ إليه كثيرون من المُعارضين أصحاب موقف الرفض المتحايل من محاولة اختراع تمييز بين مشاركة فردية ومشاركة رسمية للحزب في التظاهرة.

لنتأمل غباء هذه الحيلة وما تكشف عنه، فهي تكشف عن انفصال بين قاعدة الحزب وقادته أو بالأحرى قائده المُسيطر في أغلب الأحوال. كما تكشف لدى الارتداد عن هذا التمييز بين المشاركة الشخصية لشباب الحزب والمشاركة الرسمية، عن رؤية الحزب لمهمته بصفته مُعارضًا في لحظة الخروج لرفض الفساد والاستبداد المستمر منذ سنوات طوال، وهي أن يقوم بعملية متابعة للحدث ليراقب أي الكفتين سترجح، ومن ثم فهو حزب يعارض من منطلق الرهان على القوة لا على الحق أو المبادئ التي من المفترض أنه ينطلق منها. فإذا رجحت كفة النظام بالبطش أو بالتزييف الإعلامي فسيكون التفسير المُقدَّم أن الحزب رفض المشاركة الرسمية، لكن قلة مندسّة زعمت أنها تنتمي إلى الحزب زورًا وبهتانًا وربما يفصل بعضهم، مُعيدًا سمات الخطاب السلطوي نفسها عند استهداف التقزيم والتشويه لأي حدث سياسي.

يمكن المقارنة هنا بين وجهي هذا الموقف المحتملين بالنظر إلى موقف السيد البدوي، رئيس حزب الوفد، وموقف أحمد عبد الهادي، رئيس حزب شباب مصر. البدوي وعبد الهادي مشتركان ثقافيًا في تقديم تبرير عدم المشاركة على اختلاف موقفهما، حيث أكد البدوي مشاركة الحزب بشبابه وقياداته منذ اليوم الأول (على الرغم من عدم التصريح بالموقف الرسمي للحزب)، وعبد الهادي الذي أعلن رفض الأمانة المركزية للحزب المشاركة في دعوة التظاهر، شارك بعد تمكن المتظاهرين من الميدان وبدء ظهور بشائر رجحان كفة المتظاهرين على كفة نظام مبارك، فسارع، من دون حاجة إلى تبرير، إلى تغيير موقفه للمشاركة في التظاهر والتقاط الصور لوضعها على موقع الحزب الإلكتروني مثلما فعلت أغلبية المعارضين لإثبات الولاء للقوة الصاعدة، أو التحدث باسمها. لكن اللافت أن ردة فعل عبد الهادي عندما تحدث مبارك في خطابه الثاني عن الرغبة في الموت في الوطن، محرزًا نقطة رجحت كفته على كفة المتظاهرين المطالبين بإسقاطه، كانت سلوكًا تطهّريًا

من دنس اقترفته مجموعة من شبان نسبوا أنفسهم إلى الحزب، أو لم يلتزموا بموقف الحزب الرسمي. إذًا نحن أمام وجهين لعملة واحدة تتعلق باعتقاد المُعارض السياسي أن دوره مراقبة كفة الميزان لإعلان الولاء له، وأن سلوكه السياسي في التحايل على إعلان أو عدم إعلان موقف يُمكنه الدفاع عنه لمدى زمني طويل نسبيًا استنادًا إلى قناعة بمبدأ ما، يكشف عن حقيقة واضحة أن المبدأ الجامع للأحزاب الكارتونية، التاريخية منها والحديثة، المتكلمة منها والصامتة، هو: مهمتنا بصفتنا مُعارضة مصرية هي خدمة منْ غلب لنكون من رعاياه.

• من المهم ملاحظة أن الأحزاب الكارتونية لا تتوقف عن القيام بدور الخادم للأقوى حتى في لحظات الثورة، حين لا يستقر رجحان إحدى كفتي الميزان على الأخرى، فبدت مواقفها في مجملها «كارتونية» قد تصلح لإلهاء الأطفال على شاشات التلفاز، على الرغم من أن أبطالها من المُعارضين كائنات غير مضحكة[١]. بعد تخلي مبارك وتفويض المجلس العسكري الإدارة تبدأ مدائح المُعارض الكارتوني لدور الجيش في منع سيناريو التوريث وسيناريو التفويض لعمر سليمان (رفعت السعيد نموذجًا)، بينما في لحظة سابقة نجد مُعارضًا آخر هو السيد البدوي يتلقّى بعد تكليف مبارك عمر سليمان بإدارة الحوار الوطني مع المعارضة، درسًا في الوطنية من عمر سليمان، حين يراهن البدوي على أن سليمان هو القوة الصاعدة - في أثناء الحوار الوطني - فيعرض عليه الرشوة الإعلامية، حيث يقول البدوي لسليمان: إن «قنوات الحياة» التي أملكها تحت أمرك، ليرد عليه سليمان: يجب أن تكون تحت أمر مصر[٢]!

• يمكن ملاحظة تمييز المعارضة بين النظام الحاكم وشخص الرئيس الحاكم (رأس النظام). والمثال هنا تبرير سامح عاشور رفض المشاركة في

_____

(١) ترتدي هذه الكائنات الأزياء الرسمية الكاملة عادة، ما يفقدها القدرة على منافسة الكائنات الكارتونية المضحكة ذات الألوان المزركشة والتي يحبها الأطفال بسبب غبائها مثل «سبونج بوب» (Sponge Pop) و«بسيط» و«مستر سلطع برجر».

(٢) انظر: هاني الأعصر، «موقف الأحزاب السياسية»، ورقة قدمت إلى: ثورة ٢٥ يناير: قراءة أولية ورؤية مستقبلية، تحرير عمرو هاشم ربيع (القاهرة: مركز الدراسات السياسية والاستراتيجية بالأهرام، ٢٠١١)، ص ٧٧.

التظاهـرة أن مبـارك هـو الكيـان الشـرعي الوحيـد فـي النظـام الحاكـم وهـو مختلـف عـن رئيـس تونـس الهـارب، وهـذا التبريـر يوضـح أن مهمـة المُعـارض الكارتونـي إذا مـا علـت كارتونيتـه عـلا سـقف هجومـه السياسـي علـى جسـد النظـام أو علـى المُغرضيـن مـن المُعارضـة، ومـع سـامح عاشـور نجـد الكارتونيـة فـي قمتهـا حيـث يقـف عنـد حـدود الحكومـة أو الحـزب الوطنـي مـع التبجيـل لـرأس النظـام الـذي إليـه تكـون الشـكوى لا إلـى سـواه. ولا يمكـن أن تنتقـد المعارضـة الكارتونيـة تصرفـات الرئيـس السياسـية بـل تتبنـى عـادة خطـاب الرجـاء والتمنـي والشـكوى مـن بعـض التنفيذييـن الذيـن لا يعلـم عنهـم الرئيـس فـي الأغلـب شـيئًا، وهـي تفتـرض أن التصرفـات السياسـية الاسـتبدادية والفسـاد الإداري الـذي يقـوم بهـا التنفيذيـون مـن دون علمـه لا يرضيانـه.

يُبنـى هـذا الوعـي للعلاقـات بيـن رأس النظـام الحاكـم وجسـده فـي ذهـن المُعـارض الكارتونـي علـى تصـوّر للمعارضـة باعتبارهـا مُعارضـة لأطـراف الجسـد وأعضائـه غيـر الجوهريـة فـي النظـام إثباتًـا للـولاء لـرأس النظـام فهـو يقـدم نفسـه دائمًـا باعتبـاره قيـد العضويـة بجسـد النظـام، أو العضـو الأكثـر ولاءً لـرأس النظـام. كمـا أن تصـوُّر المُعـارض الكارتونـي طبيعـة العلاقـات بيـن رأس النظـام وجسـده واعتقـاده بإمـكان بقـاء الـرأس شـرعيًا والجسـد فاقـدًا للشـرعية يعكـس أمـرًا خطيـرًا، وهـو مـا يتعلـق بـأن النظـام هـو رأس النظـام فقـط، وأن فقـدان جسـد النظـام الشـرعية ليـس مبـررًا لفعـل المعارضـة المتمثـل بالتظاهـر، مـا يسـتوجب غلـق مقـار الحـزب المُعـارض. ومـن ثـم فـإن المُعارضـة فـي تصورهـم تكـون فقـط فـي سـياقين: الأول عندمـا يفسـد رأس النظـام، وهـذا مُسـتبعد؛ والثانـي عندمـا يدعوهـم رأس النظـام إلـى الحـوار الوطنـي للتخلـص مـن عضـو فـي جسـد النظـام ممثلًا هنـا بإسـقاط حكومـة نظيـف ليبقـى رأس النظـام رأسًـا شـرعيًا للنظـام ذاتـه ولمُعارضـي النظـام الكارتونييـن باعتبارهـم أعضـاءً مُخلصيـن فـي جسـد النظـام. إن المعارضـة هنـا تشـخصن النظـام وتفصـل بيـن جسـده ورأسـه مـا يعكـس صـورة النظـام المتخيـل فـي ذهنهـا النظـامي إذا مـا أُتيـح لهـا الترشـح للرئاسـة.

الجدول (٨-٣)

مجموعة المعارضة المُغرضة

تصنيف المعارضة على أساس الفعل السياسي	ما قبل ٢٥ كانون الثاني/يناير (الدعوة إلى التظاهر)	من ٢٥ حتى ٢٨ كانون الثاني/يناير (انسحاب الشرطة)	من ٢٨ كانون الثاني/يناير حتى ١ شباط/فبراير (انسحاب الشرطة + الخطاب الأول للرئيس)	من ١ حتى ١١ شباط/فبراير (الخطابان الأول والثاني للرئيس + موقعة الجمل)	١١ شباط/فبراير (بعد إعلان التنحي)
جماعة الإخوان المسلمين (المرشد العام محمد بديع) عام التأسيس: ١٩٢٨	إعلان المشاركة في تظاهرة ٢٥ كانون الثاني/يناير على الرغم من تهديد الأمن لإرغامهم على عدم المشاركة.	زيادة الحضور وتفعيل المشاركة كمًا وكيفًا في جمعة الغضب	استمرار المشاركة في التظاهر مع إعلان الموافقة المتحفظة على المشاركة في الحوار الوطني الداعي إليه مبارك.	الموافقة على المشاركة في الحوار الوطني بقيادة عمر سليمان مع التمسك بمطلب التنحي واستمرار التظاهر.	طمأنة الداخل والخارج بإعلان عدم السعي إلى السلطة، أو الأغلبية البرلمانية
حزب الكرامة وكيل المؤسسين حمدين صباحي (تحت التأسيس)	تأييد الدعوة إلى التظاهر والمشاركة في الحشد لها وفي فاعليات اليوم الأول	استمرار المشاركة بفاعلية في الثورة والالتزام بمطالب الثوار	استمرار المشاركة	إعلان عدم رفض المشاركة في الحوار الوطني بقيادة سليمان من حيث المبدأ مشروطًا بمطلب التنحي وتفويض الجماهير في الثورة التفاوض على كيفية التغيير لا الاستمرار ثم الرفض المطلق للحوار.	- تقدير دور الجيش مع استمرار التمسك بمطالب الثورة - الترشح لانتخابات الرئاسة مرشحًا مستقلًا لا مرشحًا حزبيًا

يتبع

تابع

حزب الوسط وكيل المؤسسين ثم رئيس الحزب أبو العلا ماضي صدور حكم قضائي بالتأسيس في شباط/فبراير ٢٠١١	قبول المشاركة في التظاهرة والحشد لها	استمرار المشاركة		رفض رعاية عمر سليمان للحوار.	الاحتفاء بموقف الجيش واستمرار المطالبة ببقية مطالب الثورة.
حزب الجبهة الديمقراطية الرئيس الحالي أسامة الغزالي حرب عام التأسيس: ٢٠٠٧	التأييد والمشاركة في التنسيق والحشد.	استمرار المشاركة بفاعلية	استمرار المشاركة بفاعلية	إحياء الائتلاف الرباعي الوطني المنفك مع أحزاب الوفد والتجمع والناصري لقبول الحوار مع عمر سليمان تحت مظلته. ثم التشوش في تحديد الموقف بين المشاركة في الحوار ثم المقاطعة ثم المشاركة المشروطة بتنحي الرئيس.	تقدير دور الجيش واستمرار المطالبة ببقية مطالب الثورة.
حزب الغد (جبهة أيمن نور) وكيل المؤسسين ورئيس الحزب أيمن نور عام التأسيس: ٢٠٠٤	تأييد الدعوة إلى التظاهر والمشاركة فيها .	استمرار المشاركة	استمرار المشاركة	عدم المشاركة في الحوار مع عمر سليمان لعدم توجيه الدعوة إليه.	تقدير دور الجيش واستمرار المطالبة ببقية مطالب الثورة.

يتبع

تابع

حزب العمل الاشتراكي المجمّد وكيل المؤسسين إبراهيم شكري والأمين العام الحالي مجدي حسين) عام التأسيس: ١٩٧٨	تأييد الدعوة إلى التظاهر والمشاركة فيها.	استمرار المشاركة	استمرار المشاركة	عدم المشاركة في الحوار مع عمر سليمان لعدم توجيه الدعوة إليه.	تقدير دور الجيش واستمرار المطالبة ببقية مطالب الثورة.

ملاحظات حول مجموعة المُعارضة المُغرضة

* يُعرّف الخطاب السلطوي هذه المجموعة من المُعارضين، ولا سيما جماعة الإخوان المسلمين، بأنها مجموعة من المُغرضين أو القلة المُندسّة بهدف بث الخوف في نفوس المواطنين الذين جرت تربيتهم على يقين جمعي غير قابل للتشكيك فيه وهو أن مصر مُستهدفة، ومن المُلاحظ أن صيغة المبني للمجهول هي الصيغة المُستخدمة لوصف الأعداء، ووصف الضحية، ومن المُلاحظ كذلك أن الخطاب السلطوي يتعامل مع اسم الفاعل الذي من المُفترض أنه يُشير دلاليًا إلى معلوم إذا استُخدم صفةً لمعلوم بطريقة تُحيله إلى لفظ يؤدي وظيفة المبني للمجهول، وذلك عند إخفاء الاسم الموصوف المعلوم من أمامه لتحضر الصفة باعتبارها اسمًا موصوفًا فيتحقق الغموض، وهذا السلوك اللغوي/السياسي يطرح تساؤلًا عن غاية ذلك التجهيل اللغوي هنا؛ هل هناك حرج في ذكره أم جهل حقيقي به؟ واضحٌ أن البناء للمجهول (على مستوى اللفظ والتركيب) هنا غايته جعل مجال الأعداء مفتوحًا دائمًا لتأويله بحسب حاجة الخطاب السلطوي والمُعارضة الكارتونية زمنيًا وأيديولوجيًا بتغير المصالح السلطوية، كما أن البناء للمجهول يُعفي صاحب الخطاب السلطوي من التحديد الذي قد تترتب عليه مساءلته عن أسباب علاقة العداء، فضلًا عما قد يتضمّنه ذلك من دعوة المواطن (المُستهدَف) بالخطاب هنا إلى القيام بدور فاعل للفصل بين المتخاصمين سياسيًا استنادًا إلى صوته

بصفته ناخبًا، وهو الدور غير المسموح القيام به، فالمواطن الصالح هو من يُعادي أعداء الخطاب السلطوي من دون مُساءلة. والمفارقة هنا هي أن إعادة إنتاج صور الأعداء دليلًا على وطنية المواطن لا سلبيته وعدم تحققه بصفته مواطنًا بمعنى أنه الحَكَم بين الخصوم والرؤى والمصالح. إن عملية التعمية الصرفية والتركيبية للعدو (الداخلي والخارجي) تمت باستخدام جذرين لغويين لا يُمكن بحد ذاتهما أن يُناصبهما أبناء اللغة أي عداء؛ بمعنى أن الجذر اللغوي «غ ر ض»، وكذلك الجذر «هـ د ف» بالمعنى نفسه، وهو معنى نبيل نُوصي به أبناءنا ليل نهار حيث تتواتر المأثورات الثقافية الداعية إلى السعي لتحقيق الأهداف (ما ضاع حق وراءه مطالب، لا حياة مع اليأس ولا يأس مع الحياة، من طلب العُلا سهر الليالي... إلخ). ومع ذلك يحضر هذا المعنى في الخطاب السياسي ليحيل الوطن بعد أن جعله مرادفًا ثقافيًا لشخص الحاكم - بأكمله بلا أي قُدرة على أن يكون كيانًا ذا هدف يسعى إليه بل هو وطن مستقبِل لأفعال الآخرين به؛ أي مفعول به بكل ما يحيل إليه من سلبية وعدم نضج وقلة حيلة باعتبارها علامات ملائكية زائفة.

* يصعب على المواطن اختراق طبقات التعمية التي يُراكمها الخطاب السلطوي على الجذري اللغوي ليتساءل مثلًا: وما المشكلة أن يكون الآخر السياسي مُغرضًا، وأن يكون الآخر الاستعماري هادفًا؟ أليست المشكلة أن يقدم النظام الحاكم نفسه بصفته غير مُغرض، وأن يكون الوطن بلا هدف؟ هذا فضلًا عن تساؤله: هل المُعارضة المُسماة «مغرضة»، مُغرضة حقًا؟ بمعنى هل هي مُعارضة ذات هدف تسعى إليه، وأن هذا الهدف هو الوصول إلى السلطة أم أنها صورة أخرى من نظام حُكم قدّم نفسه بصفته غير مُغرض؟ هل هناك مصلحة مشتركة بين نظام حُكم يخيف مواطنيه بأولئك المُغرضين، ومُغرضين يجدون هدفهم في عدم السعي إلى أن يكونوا مُغرضين لتبقى الحال على ما هي عليه، فلا القط يريد أن يُنهي على مزاعم الفأر ومشروعه المُغرض، ولا الفأر يريد أن يقرض الشبكة التي ألقاه عليه القط، لأنه استمتع بوضعه داخلها مفعولًا به لا فاعلًا؟ باختصار، هل صدق اتهام الخطاب السلطوي وتابعيه من المُعارضة الكارتونية مجموعة المُعارضة المُغرضة فكانت مُغرضة قولًا وفعلًا؟

* نلاحظ اتساق موقف جماعة الإخوان في بداية الثورة مع فكرة أنهم

٢٠٦

مُغرضون حقًا، إذ يبدو أنهم كانوا يترقبون لحظة اقتناص فرصة تغيير نظام مبارك للوصول إلى السلطة. لكن ما ينتقص من هذا الاتساق هو ما ظهر من استعدادٍ للحوار مع عمر سليمان كسبًا لشرعية وجود جديدة من نظام قديم يتساقط، متنازلين عن شرعية وجود منحوها لأنفسهم برفض تحذيرات الأمن بعدم المشاركة في تظاهرة ٢٥ كانون الثاني/يناير. إن الهدف من المعارضة التي كان «الإخوان» يمارسونها لعقود هو أسلمة المجتمع ليكون التمثيل السياسي لهم تحصيلَ حاصلٍ لا تمثيل المجتمع قبل تأسلمه أو أسلمته من موقع السلطة المحفوف بالمخاطر في لحظة ثورة الشعب على حاكمه. إن هدف أسلمة المجتمع ثم تمثيله هو العقيدة السياسية نفسها لنظام مبارك، ومن قبله نظام يوليو، وهي أن الشعب يُراد له ونحن الأدرى بمصلحة الشعب غير المؤهل لفهم السياسة وتعقيداتها والاقتصاد وخباياه والدين ومذاهبه... إلخ.

* إن التنازل عن الحق في الحصول على السلطة لدى مُعارض يزعم القدرة على تحقيق هدفه بالممارسة الديمقراطية مصحوبًا بفكرة طمأنة الداخل والخارج، يضرب في الأساس فكرة التمثيل السياسي. فكيف يكون هدفي بصفتي مُعارضًا سياسيًا أن أكون ممثلًا للشعب سياسيًا ومتحدثًا باسمه وأن أعترف ضمنًا في الوقت نفسه بأن تحقيقي هذا الهدف يثير الرعب في نفوس أفراد الشعب الذي أمثله، الأمر الذي يلزَم معه تقديم خطاب طمأنة وتهدئة للداخل؟

* إن كون الداخل في خانة واحدة مع الخارج، خانة (المُخاطَب) المستهدف بخطاب الإخوان التطميني والمهدئ للمخاوف، يعكس إدراك المُعارض المُغرض لفعله المُعارض على أنه فعل المُخاطِب الذي يقف على مسافة واحدة من الداخل والخارج لتتحدد الذات المُعارضة باعتبارها ذاتًا ليست «الداخل» وليست «الخارج»، فجعلت من ثم «الداخل» ذاتًا أخرى خارجة عليها، ومن ثم لسنا أمام علاقة تمثيل ثقافي أو سياسي بين رأس وأعضاء ينتمون إلى ذات واحدة هي ذات الداخل. إن ذات المُعارض المُغرض هنا جعلت من «الداخل» «خارجًا مُهجنًا» لأنه «خارج» أيديولوجيًا و«داخل» جغرافيًا، بينما «الخارج» أيديولوجيًا وجغرافيًا هو الخارج المحض.

* يُمكن ملاحظة أن موقف حزب الغد (جبهة أيمن نور) معبرٌ عن مُعارضة مُغرضة بشكل واضح؛ إذ ثمة اتساقٌ في المواقف منذ بدء الدعوة إلى التظاهر

وحتى الترشح للرئاسة، لكن ما يثير التساؤل هو المشترك الثقافي بين نظام مبارك والمعارضة الكارتونية من ناحية، وذلك النموذج للمُعارضة المُغرضة، أي الشخصنة. بمعنى أننا لسنا أمام كيان منظم مُعارض، بل أمام حزب منقسم على نفسه نصفه كارتوني ونصفه مُغرض، وكلا النصفين حاضر بشخصي رئيسيهما فحسب، ومن ثم فهما وجهان لعملة شخصنة الكيان السياسي نظاميًا كان أم مُعارضًا مُغرضًا. وإذا كان المُعارض الكارتوني يُطعن في فعله المُعارض بولائه لنظام مبارك السلطوي فإن المُعارض المُغرض (أيمن نور) يُطعن في فعله المُعارض بعدم قدرته على أن يكون ممثلاً ومتحدثًا باسم الشعب الثائر، لنجد هذا المُعارض المُغرض وهو يعترف بأنها ثورة بلا رأس. إن إنكار وجود رأس للثورة اعتراف ضمني بعدم وجود أجساد ثورية/ مُغرضة تتحرك تحت هذا الرأس المُعارض المُغرض، أو على الأقل انفصال الأجساد عن الرؤوس. فأي أجساد يمكن أن يركبها ذلك الرأس المُغرض؟!

* يمكن أن نُضيف ملاحظة تتعلق بعدوى «الكرتنة»؛ بمعنى إمكان إصابة المُعارضة الكارتونية لأحد أحزاب المُعارضة المُغرضة بداء «الكارتونية» الذي في إثره يتحول سلوك المُعارضة المُغرضة إلى سلوك مماثل لسلوك المُعارضة الكارتونية نتيجة ارتباطهما بتحالف ما. وهو ما حدث لحزب الجبهة الديمقراطية الذي بدأ موقفه من الثورة متسقًا مع سعيه الجاد إلى تحقيق هدفه[٣] بصفته مُعارضًا مُغرضًا، ثم دخل في حالة من التخبط تحت تأثير ارتباطه بحوار مع عمر سليمان تحت مظلة الائتلاف الرباعي الذي كان يضمه مع حزب التجمع والوفد والناصري من مرحلة ما قبل الثورة.

* هناك ملاحظة تتعلق بموقف حزبي الوسط والكرامة اللذين كان يُعرّفان نفسيهما بأنهما حزبان تحت التأسيس في اعتراف ضمني بأن لا مشروعية لفعل المُعارضة السياسية إلا مشروعية لجنة الأحزاب، ثم أحكام القضاء المقيّد بالإرادة السياسية العليا في أحيان كثيرة، بخاصة في ما يتعلق بمسألة منح هوية المُعارض السياسي لكيان دون آخر، ولشخص دون آخر.

(٣) أعني ذلك الشعار الذي قدم به نفسه وهو الرقم ٧٧ المعبّر عن نسبة الأغلبية الصامتة التي لم تصوّت في انتخابات عام ٢٠٠٥ فضلًا عن أنه حزب نشأ بعد استقالة رئيسه من لجنة الأحزاب في الحزب الوطني، ثم إعلان مقاطعة انتخابات ٢٠١٠، وهو أمر يمثل بحد ذاته رفضًا للنظام القائم ولإمكان توريثه، ما يعكس وجود سعي حقيقي إلى أن يكون بديلًا ليبراليًا للمعارض الليبرالي الكارتوني.

ارتبط هذا الوعي بطريق المُعارضة بأن كانت أولوية أجندة هذين الحزبين هي النضال من أجل الحصول على هوية المُعارض السياسي برخصة من الحزب الحاكم، فأمضيا أكثر من عشر سنوات في انتظار هوية لا تأتي من دون التوقف للتفكير في تغيير مسار طلب الهوية؛ أعني اكتساب هوية المُعارضة المُغرضة من الشارع الذي كان بمنزلة جسد يتشوق لرأس. وهو ما لم يحدث بالقدر الذي يؤهّل أيًا منهما (الوسط - الكرامة) ليكون رأسًا إلا في حدود ضيقة عبّر عنها حمدين صباحي باعتزامه الترشح للرئاسة والتخلي عن رئاسة الحزب في آن، وهي مفارقة تكشف عن أن الهوية الحزبية - التي كانت مؤطّرة بخياله السياسي المحكوم بثقافة نظام مبارك، والتي ناضل سنوات من أجل تقديم نفسه بها بصفته مُعارضًا ناصريًا - يمكن أن تنتقص من فرصته باعتباره رأسًا لأجساد تتجاوز أفكاره الناصرية التي لم يبذل جهدًا فكريًا وسياسيًا لتطويرها لتصلح أن تكون برنامجًا رئيسًا لا برنامج حزب تحت التأسيس فحسب.

أما من ناحية حزب الوسط فإن نضاله كان مزدوجًا في اتجاه الحصول على هوية مُعارض سياسي من نظام مبارك حتى لو كان في ساحة المحاكم، وفي اتجاه إثبات هويته بالمخالفة لهوية الإخوان المسلمين المنشق عنها وكيلا المؤسسين لحزب الوسط (أبو العلا ماضي وعصام سلطان). إن هذا النضال المزدوج صاغ هويةً لمُعارض فوجئ بثورة وهو ما زال جنينًا على الرغم من وجوده الفيزيقي باعتباره مُعارضًا منذ أكثر من خمسة عشر عامًا، فكأننا أم رأس شاب مركّب على جسد جنين ليعكس عدد أعضائه - بعد الحصول على هويته كمُعارض بحكم محكمة لكن بعد الثورة مباشرة (شباط/فبراير ٢٠١١) - هذا المزج؛ حيث نجد بعد شهر من تسجيل العضوية الإلكترونية في ظل حالة الإقبال الجارف من المواطنين على المشاركة السياسية لم يتجاوز الأربعة آلاف عضو، اشترك معظمهم في توقيع استمارة إلكترونية[٤].

خاتمة

بدأنا الدراسة متسائلين عن مشروعية استخدام المصطلح السياسي «مُعارضة سياسية» في ضوء تباين السياقات الثقافية والسياسية المنتجة

(٤) <http://www.4shared.com/audio/pCRVu4m9/M2U00136.html>.

والمستهلكة للمصطلح، ثم لامسنا ملامح نمطين من المعارضة في سياق الثورة المصرية، كاشفين عن الفارق الواضح بين الفريقين، لكن ما كان أكثر مفارقة هو ذلك البون الشاسع بين «المُعارضة السياسية» باعتبارها مُصطلحًا سياسيًا من ناحية، وتصوّرات السياسيين لفعل المُعارضة في سياقات ما قبل الثورة المصرية وفي أثنائها وفي عقبها مباشرة. إن السؤال الآن كيف يمكن أن يستطيع سياسيون لديهم تصوّر ثقافي عن فعل المُعارضة السياسية ولم يسمح لهم بالقيام بأفعال سياسية يثبتون بها على مر سنوات طوال، اكتساب هويتهم السياسية باعتبارهم مُعارضين بذواتهم من دون انتظار أن يمنحهم الحاكم هويتهم المُعارضة - مثلما كان يمنح العمال علاوة في عيدهم في تمثيلية هزلية تتكرر كل عام - كيف يمكن أن يكون أصحاب هذا التصوّر الثقافي للمُعارضة ممثلين سياسيين لمواطنين اكتسبوا هويتهم كمواطنين بفعل ثوري وبثمن باهظ من الشهداء والمصابين؟ أليس في هذا نوع من المسح للّغة، ومن ثم للهويات، إذ يُسلب من لفظ المُعارضة دلالاته الاصطلاحية لتحل محلها الدلالة الثقافية المغلوطة، ثم يُعوَّل على هذا المسخ اللغوي (مُعارضة سياسية مصرية) في تحقيق تغيير عميق لبنية ثقافية كانوا وما زالوا جزءًا منها؟ إني أرى في المُعارضة السياسية الحزبية مغرضة وكارتونية «رؤوسًا قد أينعت وحان قطافها»، وما زالت تبحث عن أجساد ذات بطون خاوية أو عقول غافلة.

من ثم، ترى الدراسة أن محاولة إقامة تصالح بين الدال والمدلول تبدأ من قصر استخدام «مصطلح سياسي» بدلالاته الاصطلاحية والثقافية على الحركات الاجتماعية السياسية التي استفاد شباب ٢٥ يناير من خبرتها التنظيمية للتظاهرات والاحتجاجات ومن خيالها السياسي الذي لخصته أكبر هذه الحركات في شعار «لا للتمديد ولا للتوريث»، فظهرت ثقافة سياسية مغايرة اتسق فيها الدال (مُعارضة) مع المدلول (التغيير، السعي إلى مشاركة سياسية وتداول سلمي سلطة)، وكانت جسور الوصل بين الدال والمدلول كثيرة منها «كفاية»، «حركة استقلال القضاة»، «حركة ٦ أبريل»، «كلنا خالد سعيد»، «الجمعية الوطنية للتغيير»، لُتتوج بـ «ثورة ٢٥ يناير» التي هي في جوهرها ثورة مواطنين أحرار لا ثورة رؤوس أسيرة ثقافة إعادة إنتاج الاستبداد والإقصاء والفساد.

الفصل التاسع

الأصداء العربية

ناصر حجازي

جددت ثورة الخامس والعشرين من كانون الثاني/يناير ٢٠١١ لدى الشارع العربي - الشعبي والرسمي - مشاعر متناقضة سبق أن عاشتها الأمة العربية غداة ثورة ٢٣ تموز/يوليو ١٩٥٢، بقيادة جمال عبد الناصر، التي خلقت نموذجًا مرفوضًا عربيًا، على المستوى الرسمي، بينما حظيت هذه الثورة وقائدها بقبول شعبي وجماهيري جعل مُفجِّرها زعيمًا خالدًا لا تزال صوره تعلو هامات المتظاهرين في معظم الدول العربية، على الرغم من مرور أكثر من أربعين عامًا على رحيله. وتخوفًا من تكرار التجربة، لم تحظَ الثورة المصرية الوليدة بترحيب لدى النظم العربية الرسمية، باستثناء دولة قطر التي جندت فضائية «الجزيرة» التابعة لها في حشد الرأي العام العربي خلف الثورة، وجعلتها منبرًا إعلاميًا للثورة؛ وهو ما دفع نظام حسني مبارك، في أيامه الأخيرة، إلى منع «الجزيرة» من العمل في مصر، وأغلق مكتبها، وسحب تراخيص اعتماد مراسليها.

خلال ثلاثين عامًا تقريبًا هي مدة حكم الرئيس المصري المخلوع حسني مبارك، استعادت مصر علاقاتها الرسمية بالدول العربية كلها، بعد أن قطعت مع أغلبها في عقب توقيع مصر اتفاقية سلام مع الكيان الصهيوني في عام ١٩٧٩. ونجح نظام مبارك في تعميق علاقاته بدول عربية محسوبة على ما يُسمى «معسكر الاعتدال»، بل نجح في وضع مصر على قمة هذا المعسكر مع العربية السعودية. لكن هذا التحسّن في العلاقات العربية - المصرية كان متفاوتًا، فالعلاقات المصرية - السورية مثلًا كانت في معظم سني حكم مبارك إما مقطوعة أو فاترة، أما العلاقات الجيدة بين القاهرة ودمشق فاقتصرت على فترة قصيرة، ووصلت العلاقات بين الدولتين إلى قطيعة غير معلنة في عقب عدوان الكيان الصهيوني على لبنان في صيف عام ٢٠٠٦. ومثل غيرها من الدول العربية اعتمدت علاقات مصر الرسمية على المواقف الشخصية للحكام، لذلك لم يكن غريبًا تدهور العلاقات المصرية مع حليف

تاريخي مثل سورية، نتيجة تردّي العلاقات الشخصية بين الرئيسين المصري مبارك والسوري بشار الأسد. لكن تردّي العلاقات بين البلدين لم يَحُل دون التعاطف غير المُعلن من النظام السوري مع نظام مبارك المتداعي في الأيام الأخيرة للثورة المصرية.

أما الدول الخليجية فاعتبرت وجود نظام قوي في مصر يمتاز بالاعتدال، أكبر ضمانة لأمنها؛ فهذه الدول يُؤرقها الخوف من المطامع الإيرانية المتنامية، بخاصة بعد تدمير العراق. لذلك كان معظم الدول الخليجية منحازًا إلى نظام حسني مبارك، وحاولت هذه الدول إنقاذه ما استطاعت إلى ذلك سبيلًا. وطوال عهد مبارك حاولت دعم النظام المصري بقوة، وفتحت أبوابها للعمالة المصرية، فضلًا عن استثمار مليارات الدولارات في مشروعات اقتصادية في مصر.

في أيام الثورة المصرية تداعت الشعوب العربية، من المحيط إلى الخليج، إلى الخروج في تظاهرات تضامنية مع الشعب المصري، ونُظّمت عشرات الوقفات الاحتجاجية أمام سفارات مصر في العواصم العربية تنديدًا بالجرائم التي ارتكبها نظام حسني مبارك بحق المتظاهرين العُزّل. ومثلت هذه التظاهرات والوقفات إنذارًا للأنظمة العربية بأن الثورة في مصر لن تتوقف عند حدودها القُطرية الضيِّقة، كما لم تتوقف ثورة ٢٣ يوليو التي ألهمت محيطها العربي في الجزائر والعراق واليمن وعُمان وغيرها، فضلًا عن دعمها حركات التحرُّر الوطني في بلدان العالم الثالث.

تباينت مواقف الدول العربية في رفضها الثورة المصرية، وكانت لكل دولة أسبابها. وقفت السعودية وليبيا والإمارات وبقية دول الخليج، باستثناء قطر، موقف المعادي بشدة للثورة، ورافق هذا العداء دعم واسع لنظام مبارك، سياسيًا وماليًا وإعلاميًا. وجاء العداء السعودي للثورة المصرية خوفًا من فقدان حليف، وأبعد من ذلك كان قلقها من تولي نظام ثوري مقاليد السلطة في القاهرة، وهو أمر يعتبره النظام السعودي خطرًا على وجوده، وهو قلق يساور معظم الأنظمة الخليجية. بينما جاء العداء الليبي للثورة المصرية خوفًا من تمدد الثورة غربًا إلى ليبيا التي رزحت تحت نظام قمعي أكثر من أربعة عقود. ولزمت بقية الدول العربية الصمت في معظم أيام الثورة، ولم

تتجاوز تصريحات مسؤوليها التصريحات الدبلوماسية المعتادة. وفي عقب نجاح الثورة وتنحّي مبارك، تشابهت المواقف العربية الرسمية المعلنة، وصدرت البيانات المهنئة للشعب المصري، والمتمنية له الخير والرفاهية!

أولًا: السعودية

لم يكن قلق العربية السعودية من الثورة في مصر مستغربًا، فنظام ثوري على الضفة الأخرى من البحر الأحمر يتهدد بنقل الثورة إلى الشق الآسيوي في الوطن العربي. وهو تصدير لثورة سُنِّية ستجد طريقها أكثر تمهيدًا من ثورة شيعية يحاربها آل سعود، منذ نجاح الثورة الإيرانية في ترسيخ أقدامها في الضفة الأخرى من الخليج العربي في عام ١٩٧٩. كما أن سوابق النظام السعودي مع نظام ثوري في مصر خلال خمسينيات القرن الماضي وستينياته لم تكن مُبشّرة لحكّام الرياض الذين وجدوا أنفسهم مضطرين إلى دفع الخطر الثوري بأيديهم وأيدي حلفائهم، عندما وصل إلى جيرانهم الجنوبيين في اليمن.

كان عهد مبارك عهدًا ذهبيًا لحكام السعودية. فالنظام المصري كان رفيقهم في معاركهم منذ حرب تحرير الكويت إلى الحرب على الإرهاب، مرورًا بالتطابق في المواقف من التسوية مع إسرائيل، ومن الوضع اللبناني، والوضع في العراق وغزة، وكذلك إيران.

في اليوم الثاني لاندلاع الثورة المصرية، صدر عن الأمير تركي الفيصل، مدير الاستخبارات، تصريح غريب، لمّح فيه إلى ضرورة احتواء الاحتجاجات وبسرعة. فقال: «... من هذه الزاوية سنرى ما إذا كانوا، كقادة، سيحققون مطالب الشعب»[١].

في اليوم التالي لجمعة الغضب التي وافقت الثامن والعشرين من كانون الثاني/يناير، بدا واضحًا أن نظام مبارك يترنّح. وفي محاولة سعودية لتصليب موقفه المتداعي، تلقى مبارك دعمًا قويًا من أقوى حلفائه في المنطقة، أي النظام

(١) هانئ رسلان، «الموقف الدولي والعربي من ثورة ٢٥ يناير في مصر،» ورقة قدمت إلى: ثورة ٢٥ يناير: قراءة أولية ورؤية مستقبلية، تحرير عمرو هاشم ربيع (القاهرة: مركز الدراسات السياسية والاستراتيجية بالأهرام، ٢٠١١)، ص ٢٥٦.

السعودي. وأجرى العاهل السعودي اتصالًا هاتفيًا بمبارك، دان خلاله «العبـث بأمـن واستقرار مصر مـن جانب مندسين باسم حرية التعبير»! مشـددًا علـى وقـوف المملكـة إلـى جانب حكومـة مصر وشعبها[٢]. وأكد عبد الله، في الاتصال نفسه، أن «مصر العروبة والإسلام لا يتحمل الإنسان العربي والمسلم أن يعبـث بأمنها واستقرارها بعض المندسين، باسم حرية التعبير، بين جماهير مصر الشقيقة، واستغلالهم لنفث أحقادهـم، تخريبًا وترويعًا وحرقًا ونهبًا، ومحاولة إشعال الفتنـة الخبيثة». مُضيفًا أن المملكـة «إذ تشجب ذلك وتدينه، بقوة، فإنهـا فـي نفس الوقت تقـف بـكل إمكاناتها مـع حكومـة مصر، وشعبها الشقيق»[٣].

باتصال العاهل السعودي هذا، وضعت المملكة ثقلها كله وعلاقاتها الدولية كلها خلف مبارك في محاولة مستميتة لتثبيت أركان نظامه المترنّح. وأرسلت المملكة بذلك رسالة قوية إلى الولايات المتحدة، مفادها أن السعودية «لن نسمح بسقوط مبارك، ووصول قوى ثورية إلى سدّة الحكم في القاهرة، وأن على الولايات المتحدة أن تمارس دورًا أكبر لدعم حليفهما المحاصر بشعبه الغاضب».

لم يكتف الملك عبد الله بن عبد العزيز بمهاتفة مبارك، بل تلقى اتصالين آخرين متعلقين بالموضوع ذاته، أحدهما من الرئيس الأميركي باراك أوباما، والآخر من العاهل المغربي محمد السادس[٤]. وفي أول اجتماع لمجلس الوزراء السعودي بعد اندلاع الثورة، جددت الحكومة السعودية الموقف الذي كان الملك عبد الله بن عبد العزيز قد أعلنه، أي الحرص على استقرار مصر، وسلامة شعبها وأمنه، وأن مكتسبات مصر ومقدّراتها «جزء لا يتجزأ من مكتسبات ومقدّرات الأمتين العربية والإسلامية، لتواصل دورها الريادي في جميع المحافل العربية والإسلامية والدولية»[٥].

غيـر بعيـد مـن السلطة الرسـمية فـي العربيـة السـعودية، جـاءت مواقـف المؤسسـة الدينيـة التـي تُعـد أحـد الأجنحـة الرئيسـة التـي يسـتند إليهـا نظـام آل

(٢) الشرق الأوسط (لندن)، ٢٠١١/١/٣٠.

(٣) الشرق الأوسط (لندن)، ٢٠١١/١/٣٠.

(٤) وكالة الأنباء السعودية، ٢٠١١/١/٢٩.

(٥) الشرق الأوسط (لندن)، ٢٠١١/٢/١.

سعود؛ إذ حذّر الشيخ عبد العزيز آل الشيخ، المفتي العام للديار السعودية، مما وصفه بـ «مخطط» يسعى إلى تقسيم المنطقة على حد تعبيره. وفي خطبة الجمعة التي ألقاها في جامع الإمام تركي بن عبد الله، في وسط العاصمة الرياض، انتقد المفتي المظاهر الاحتجاجية التي شهدتها المدن التونسية والمصرية. وهاجم ما وصفه بـ «الإعلام الجائر [...] الذي قال إن من صفاته أن يكون آلة للتخريب، ووسيلة لتسويق الشعارات البرّاقة، ونقل الأحداث على غير حقيقتها»[٦]. وبرر المفتي انتقاده المسيرات الاحتجاجية والتظاهرات بأنها تُفضي إلى سفك الدماء، ونشوء حالات سلب ونهب، كما حدث في مصر. وتجنّب المفتي وصف ما يحدث في مصر وتونس بالثورة، مكتفيًا بوصفها بـ «الاحتجاجات»! واستطرد بالقول: «إن من أسباب الفتن والغواية والضلالة إثارة الفتن بين الشعوب والحكام في هذه المظاهرات والمسيرات التي هي من الأمور التي جيء بها لضرب الأمة في صميمها، وتشتيت شملها، وتقسيمها. وإن لها نتائج سيئة، وعواقب وخيمة، منها سفك الدماء، وانتهاك الأعراض، وسلب الأموال».

لم يكتف المفتي بالحديث عن الأمور الدينية بل تجاوزها إلى التحليل السياسي، فأكد «ضرورة استشراف الأهداف بعيدة المدى من المخططات التي تتم في بلدان المنطقة». مضيفًا: أن هناك «غاية بعيدة المدى لضرب الأمة في صميمها، وضرب اقتصادها، وتخطيط بعيد المدى لتحويلها إلى دول متخلفة»، مؤكدًا أهمية الوقوف من الأمور «موقف الاعتدال»[٧].

كانت أبرز محطات الموقف السعودي ما كشفت عنه صحيفة تايمز البريطانية - المعروفة برصانتها وقوة مصادرها - عن أن السعودية هددت بدعم حسني مبارك، إذا حاول البيت الأبيض الضغط لتغيير فوري للنظام المصري[٨]. وقالت الصحيفة إن العاهل السعودي طلب من الرئيس الأميركي باراك أوباما، في اتصال هاتفي في ٢٩ كانون الثاني/يناير - أي بعد أربعة أيام من اندلاع الثورة، وبعد يوم واحد من «جمعة الغضب» - «ألا يهين»

---

(٦) القبس (الكويت)، ٢٠١١/٢/٦.

(٧) الشرق الأوسط (لندن)، ٢٠١١/٢/٦.

(٨) رسلان، ص ٢٥٦.

الرئيس مبارك، وهدد بأنه سيدعم مصر إذا أوقفت الولايات المتحدة برنامج المساعدات العسكرية البالغة ١,٣ مليار دولار سنويًا. وأضافت الصحيفة أن السعودية أكدت «ضرورة بقاء الرئيس مبارك في السلطة، من أجل تحقيق انتقال سلمي نحو الديمقراطية، ثم يغادر بكرامة». ونقلت الصحيفة عن مصدر مسؤول في الرياض قوله إن «الرئيس مبارك والملك عبد الله ليسا حليفين فقط، لكنهما صديقان مقربان، والملك عبد الله لن يسمح بإقصاء صديقه أو إهانته»[٩].

في الوقت نفسه، ذكرت شبكة «سي إن إن» الإخبارية الأميركية أن السعودية تبحث في تقديم مساعدات إلى مصر، بديلة من المساعدات العسكرية التي تقدمها الولايات المتحدة، وفقًا لمصدر دبلوماسي عربي. وأضافت الشبكة أن تصريح الدبلوماسي العربي يأتي في وقت أشارت فيه تقارير صحافية، نقلًا عن مصادر دبلوماسية، إلى أن السعودية والكويت والإمارات تدرس تقديم مساعدات قيمتها ٥ مليارات دولار إلى الجيش المصري، في حال قررت الإدارة الأميركية وقف مساعداتها[١٠]. وأعلن البيت الأبيض أن أوباما أكد للعاهل السعودي، في اتصال هاتفي، «أهمية اتخاذ إجراءات فورية من أجل عملية انتقالية منظّمة، دائمة وشرعية، وتتجاوب مع تطلّعات الشعب المصري». وجاء في البيان أن أوباما «جدد التأكيد على التزام الولايات المتحدة، على المدى الطويل، السلام والأمن في المنطقة»[١١].

كشفت تايمز أن حكّام السعودية كانوا يحثّون مبارك على القيام بتغييرات منذ العام الماضي، وعبّروا عن خوفهم من طريقة إدارة الانتخابات في عام ٢٠١٠. وفي اتجاه آخر، خشيت السعودية من انتشار فيروس تونس ومصر إلى أراضيها، حيث عبّر كثيرون من الشبان السعوديين عن إعجابهم بشجاعة شبان ميدان التحرير. كما أصرت الحكومة السعودية على التعاون مع عمر سليمان، بدلًا من الضغط عليه وتركه وحيدًا. ويرى محللون أن التخبط في داخل الإدارة الأميركية، والخلاف مع حلفائها، هما من أسباب الرسائل

---

(٩) The Times (London), 10/2/2011.

(١٠) محطة سي. إن. إن. CNN، ٢٠١١/٢/١٠.

(١١) الحياة (لندن)، ٢٠١١/٢/١٠.

المتضاربة التي صدرت عن البيت الأبيض، إضافة إلى الخلاف بين مساعدي أوباما ومستشاريه في شأن كيفية مغادرة مبارك الحكم ومتى. وبعد أن قررت الحكومة الأميركية مواصلة دعم فكرة بقاء مبارك في الحكم، قررت أيضًا التعامل مع عمر سليمان، مع التشديد على الأخير بضرورة إجراء خطوات عملية. ويرى خبراء لهم علاقة بالنقاشات في داخل الإدارة الأميركية أن هذا التكتيك مدعوم من هيلاري كلينتون، وزيرة الخارجية، ووزير الدفاع، روبرت غيتس، وتوماس دونيلون، مستشار الأمن القومي، الذين يخشون على استقرار المنطقة، والذين يريدون التأكيد لحلفائهم في المنطقة أن أميركا لن تتخلى عن أحد من حلفائها المهمين. ويبدو أن هذا الموقف صار ضعيفًا، بعدما تبين أن سليمان ومبارك غير مستعدين للقيام بتغييرات سريعة[١٢].

أعرب الأمير سعود الفيصل، وزير الخارجية السعودي، عن استنكار بلاده البالغ تدخلات بعض الدول الأجنبية في الشأن المصري، وما وصفه بـ«ممارسة المزايدات» على الشعب المصري، على نحو يتنافى وأبسط القواعد الدبلوماسية والسياسية وميثاق الأمم المتحدة الذي ينص، صراحةً، في مادته الأولى، على احترام سيادة الدول واستقلالها، وعدم التدخل في شؤونها الداخلية. جاء ذلك في الكلمة التي ألقاها في العاصمة المغربية الرباط في ٢٠١١/٢/١٠، في افتتاح أعمال الدورة الحادية عشرة لاجتماعات اللجنة السعودية - المغربية المشتركة للتعاون الثنائي على المستوى الوزاري، التي عُقدت برئاسته، فيما رَأَسَ الجانب المغربي وزير الخارجية والتعاون، الطيب الفاسي الفهري. وبيّن الأمير سعود الفيصل أن بلاده تتابع، باهتمام كبير وترقُّب، الأحداث التي تشهدها مصر، وقال: «كلنا ثقة بأن مصر قادرة، بمشيئة الله تعالى، على أن تتجاوز محنتها، وأن تسعى إلى حل الأزمة، سلميًا، بما لا يؤثر على اقتصادها، ويُمكّنها من الحفاظ على أمنها، واستقرارها، ومواصلة دورها التاريخي، في الوطن العربي والإسلامي، وعلى الساحة الدولية»[١٣].

أخذ الموقف الرسمي السعودي يتغيّر، تدريجًا، بعد إصرار الثوار

(١٢) The Times (London), 10/2/2011.

(١٣) الحياة (لندن)، ٢٠١١/٢/١١.

المصريين على مطالبهم، وتأكُّد القيادة السعودية من نجاح الثورة في خلع مبارك، وأن نظامه لن يستمر طويلاً في الحكم. وأفادت صحيفة فايننشال تايمز أن السعودية، الداعمة بشكل لا لبس فيه للرئيس حسني مبارك، تُعيد التفكير في موقفها من الانتفاضة الشعبية في مصر، لتبدو محايدة، وأقرب إلى المزاج العام في مصر. وأضافت الصحيفة أن الحكومة السعودية بدت أكثر حيادًا في اجتماعها الأخير الذي رَأَسَه ولي العهد الأمير سلطان بن عبد العزيز، وعبّرت في بيان عن «أملها في التوصل إلى تسوية سلمية للأزمة السياسية في مصر، تعمل على حماية أمن البلاد واستقرارها واقتصادها»(١٤).

بعد تنحّي مبارك، ما عاد أمام السعودية إلا الترحيب بالثورة، حفاظًا على علاقاتها بالنظام الجديد. وبالفعل، أصدرت المملكة بيانًا، سلّمت فيه بسقوط نظام مبارك، وأبلغت الجانب المصري برغبتها في تقديم دعم مالي. وقال البيان: «ترحب حكومة المملكة العربية السعودية بالانتقال السلمي للسلطة في جمهورية مصر العربية الشقيقة، وتُعبِّر عن أملها في أن تُكلل جهود القوات المسلحة المصرية في إعادة السلم والاستقرار والطمأنينة إلى جمهورية مصر العربية الشقيقة، وذلك تمهيدًا لقيام حكومة وطنية، تحقِّق آمال وتطلعات الشعب المصري الشقيق نحو الأمن، والاستقرار، والازدهار الاقتصادي». وذكرت «وكالة الأنباء السعودية» الرسمية أن حكومة المملكة عبّرت عن الأمل في أن تضمن القوات المسلحة المصرية تحقيق الاستقرار(١٥).

ثانيًا: سورية

تظل العلاقة بين طرفي الجمهورية العربية المتحدة أزلية، على الرغم من محاولات داخلية وخارجية للفصل بينهما، إلا أن الرابط، دائمًا، أقوى، وهو ما يدركه السياسيون في البلدين، قبل غيرهم. لذلك لم تكن حالة القلق التي أصابت صانع القرار في دمشق من اندلاع الثورة المصرية مستغرَبة، وهو قلق تحول إلى هاجس وخوف من سريان تيار التغيير في طريقه من العاصمة الجنوبية إلى شقيقتها الشمالية، دمشق.

---

(١٤) الحياة (لندن)، ٢٠١١/٢/١١.

(١٥) رسلان، ص ٢٥٦.

إذا كان الأقدمون ربطوا بين مصر وسورية، دومًا، مؤكدين أنه إذا تجمّع السحاب في القاهرة، أمطرت في دمشق، فإن مخاوف النظام السوري من تعرضه لتوابع الثورة في مصر كان أمرًا مفهومًا. وعلى الرغم من أن العلاقات بين نظامي مبارك وبشار الأسد لم تكن جيدة في الأعوام الأخيرة، فإن دمشق الرسمية، عند اندلاع الثورة المصرية، ربما كانت أحرص الأنظمة على استقرار نظام مبارك. وخرج وزير الخارجية السوري، وليد المعلِّم، في تعليق مقتضب: «نأمل أن تسود الحكمة... ونعتبر ما يجري شأنًا داخليًا لا نتدخل فيه»[١٦].

حاولت سورية الرسمية اجتزاء الحقيقة، وتصوير الثورة في مصر على أنها ثورة على التدخلات الخارجية في مصر، وأن للثوار رغبة في عودة مصر إلى دورها الطليعي فحسب. ولم تتطرق وسائل الإعلام الرسمية السورية، أو المسؤولون السوريون إلى مطالب الثوار المصريين، بالحرية والكرامة، والعدالة الاجتماعية وتحسين الظروف الاقتصادية على الاطلاق. وعلّق المعلم على ما يجري في مصر، قائلًا: «هذه الثورة لا تتحدث عن الجوع والبطالة، بل تتحدث عن ضرورة أن يكون لمصر موقعها في العالم العربي، من دون التدخل الخارجي الذي أضر بمصر كثيرًا، ولا يزال مستمرًا، حتى الآن». وأكد حرص سورية على «استقرار مصر وأمنها، ودعم طموحات الشعب المصري». وأضاف، في لقاء خاص مع وفد جمعية الصحافيين الكويتية: «يجب أن نترك للمصريين تقرير مصالح بلدهم وشعبهم، والدول دائمًا تخدم مصالحها، ولا تراعي صداقاتها»، مؤكدًا أهمية أن يكون القرار الوطني والقومي لأي بلد «نابعًا من استقلالية القرار السياسي»[١٧].

كان موقف دمشق موجهًا إلى الداخل السوري، أكثر من كونه تعليقًا على الأحداث في مصر، أو تعبيرًا عن موقف دولة عربية من ثورة شعبية ديمقراطية تعصف بنظامها السياسي. لم ير النظام السوري في الثورة المصرية إلا ثورة كرامة، وكانت كذلك بالفعل في أحد تجلياتها، لكن ما أراد أن يتناساه أو بالأحرى أن يتجاهله هو الأسباب الرئيسة للثورة المصرية، التي تتوافر بصورة

---

(١٦) وكالة الأنباء السورية، ٢٠١١/٢/٢٧.

(١٧) الوطن (سوريا)، ٢٠١١/٢/١٠، <http://www.alwatan.sy>.

أكثر عمقًا في القطر الشمالي من الجمهورية العربية المتحدة. وهو أمر يجعل توقع ثورة في سورية بعد أيام من نجاح الثورة المصرية أمرًا لا يحتاج إلى فطنة كبيرة، أو تحليل عميق.

غير بعيد من المواقف الرسمية، كانت مواقف المؤسسات النقابية السورية، وعلى الرغم من فرضية أن يكون «اتحاد الكتاب العرب» في سورية أول المرحبين بثورة مصر، ومطالبتها بالحرية والديمقراطية، باعتبار الاتحاد يجمع في عضويته صفوة العقول السورية، ويفترض انحياز أعضائه التام إلى أي ثورة من أجل الحرية، فإن بيان «الاتحاد» تأخّر صدوره نحو عشرة أيام، مقتصرًا على موقف تضامني، وقعه عدد كبير من المثقفين والأدباء السوريين المستقلين، تأييدًا لثورتي تونس مصر. وجاء بيان اتحاد الكتاب مشابهًا، إلى حد كبير، للمواقف الرسمية، وإن لم يختصر أسباب الثورة المصرية في مجرد المطالبة بعودة الدور القومي إلى مصر. واعتبر «الاتحاد» الذي يرئسه حسين جمعة، أن «الثورة جاءت لتنادي بالحرية والعدالة الاجتماعية والتغيير السياسي والعودة إلى تبني مصر للقضايا الوطنية والقومية العربية». وندد «الاتحاد»، في بيان، باستخدام العنف ضد المتظاهرين. وقال إن «الثورة رفعت الغطاء عن الفاسدين الذين سرقوا قوت الشعب»، معلنًا «الوقوف التام والحازم إلى جانب الشعب المصري، بكل فئاته وشرائحه الاجتماعية، من أجل تحقيق أهدافه ومطالبه المشروعة»[١٨].

أما ردة فعل النظام السوري العملية على الثورة المصرية، وإظهار مخاوفه من انتقالها إلى سورية، فجاءا باكرًا، أي قبل سقوط نظام مبارك بعدة أيام. تمثّلت ردّة الفعل باعتقال عناصر من أجهزة الأمن السورية بلباس مدني الكاتب والروائي السوري عبد الناصر العايد، في الرابع من شباط/فبراير، واقتياده إلى جهة مجهولة، بعد توقيفه عدة ساعات في اليوم السابق، تعرض خلالها لمعاملة مسيئة، وحاطّة من الكرامة. وأصدرت تسع جهات حقوقية في سورية بيانًا طالبت فيه السلطات السورية بالإفراج الفوري عن العايد[١٩].

(١٨) الوطن (سورية)، ٢٠١١/٢/١٠.

(١٩) اليوم السابع (مصر)، ٢٠١١/٢/١١، <http://www.youm7.com>.

ثالثًا: الأردن

تشهد المملكة الأردنية الهاشمية، منذ فترة طويلة، حراكًا سياسيًا نشطًا، مثل غيرها من أقطار الوطن العربي. وجاءت الثورة المصرية لتمثل حجرًا كبيرًا أُلقي في المياه الراكدة، ولتمثل هاجسًا للأنظمة العربية كلها، ومنها النظام الأردني. لذلك تعامل الأردن الرسمي بهدوء مع تفاعلات الثورة المصرية، وكانت البيانات والتصريحات المنسوبة إلى المسؤولين الأردنيين «هادئة ورزينة».

يُدرك المسؤولون الأردنيون أن نجاح ثورة شعبية في مصر يُعد انقلابًا غير مسبوق في الوطن العربي، وينذر بتغييرات قد لا تبقي وراءها نظامًا ملكيًا أو أميريًا إلا أطاحته، بخاصة إذا كانت هذه الثورة الشعبية في قلب الوطن العربي. كما أن الخطر غير المباشر من نجاح الثورة المصرية يتمثل بالتداعيات المباشرة لنجاح هذه الثورة على الساحة الفلسطينية، فوجود نظام ثوري في القاهرة هو الضمان الأكبر لـ «تثوير» الحالة الفلسطينية ودفعها في اتجاه الكفاح المسلح ضد الكيان الصهيوني. ومثل هذا الاحتمال أكبر من أن يتحمّله النظام الأردني الذي يحكم شعبًا أغلبيته من الفلسطينيين، ونسبة كبيرة منهم تنتمي إلى فصائل فلسطينية تؤمن بحتمية المواجهة العسكرية مع العدو الصهيوني، وستجد فرصتها الذهبية في الدعم المصري؛ ما ينذر بعودة الوضع في الأردن إلى أواخر ستينيات القرن الماضي على أفضل تقدير. وربما يصل الوضع إلى قلب النظام الملكي وإقامة نظام جمهوري ثوري.

أما على المستوى الشعبي فكان الشارع الأردني أكثر الشوارع العربية تضامنًا مع الثورة المصرية، ولم تتوقف الوقفات التضامنية أمام السفارة المصرية في عمان أيام الجُمع، وطوال أيام الثورة. وتكلّلت بتظاهرة ضخمة أمام السفارة في الحادي عشر من شباط/فبراير، ابتهاجًا بالإعلان عن خلع مبارك.

في «جمعة الغضب» (١/٢٨) أخرجت الشوارع في مصر أثقالها، واكتظت الميادين الرئيسة بمئات آلاف الشبان الغاضبين، ولم يكونوا وحدهم، فبعد صلاة الجمعة في كل قُطر عربي، أدى المصلون صلاة الغائب على شهداء الثورة المصرية، وخرجت التظاهرات لتأييدها، وكانت أبرز هذه التظاهرات السلمية في العاصمة الأردنية، عمّان، تلبية لدعوة من حزب «جبهة

العمل الإسلامي»، الذراع السياسية للإخوان المسلمين في الأردن، وأبرز أحزاب المعارضة الأردنية. وأعرب المتظاهرون الأردنيون عن تضامنهم مع مصر، وهتفوا: «تحية لمصر من الأمة العربية». وقال المتظاهرون، موجهين هتافاتهم إلى الحكام إن «رسالة الشعوب العربية هي: «أنتم فاسدون... احذروا غضبنا... بن علي في انتظاركم»! ولم ينسَ المتظاهرون شؤونهم الداخلية، فحملوا لافتات كُتِب عليها «لا بديل للإصلاح» و«تسقط حكومة سمير الرفاعي»[٢٠].

بعد سقوط نظام مبارك، صدر عن الحكومة الأردنية بيان أعربت فيه عن ثقتها بقدرة المجلس الأعلى للقوات المسلحة المصرية على النهوض بالمسؤولية الكبيرة الملقاة على عاتقه، مؤكدة احترام الأردن خيارات الشعب المصري الشقيق[٢١].

رابعًا: الخليج العربي

شغل الوضع في مصر دوائر صنع القرار في الوطن العربي كلها، نظرًا إلى الدور المحوري الذي تقوم به مصر في رسم خريطة المستقبل في معظم الدول العربية، بخاصة دول المشرق العربي التي تشتكي، منذ سنوات حالات تململ شعبية بدت واضحة باحتجاجات في أغلب دول الخليج. لذلك لم يكن غريبًا أن يقترح عاهل البحرين، الملك حمد بن عيسى آل خليفة، على الرئيس المصري حسني مبارك، في اتصال هاتفي جرى في ثاني أيام الثورة المصرية، عقد اجتماع عربي لبحث مستقبل المنطقة التي تشهد تحركات احتجاجية و«وضع استراتيجية لمستقبل الأمة، بما يحقق مصلحة الشعوب العربية». ولعل العبارة الأخيرة كانت تشير إلى مد الدول العربية الغنية يد العون لنظام مبارك بمساعدات واستثمارات عاجلة، كون الاحتجاجات في مصر اندلعت لأسباب اقتصادية بحسب ما فهمها الحكام العرب[٢٢].

---

(٢٠) موقع الجزيرة نت، ٢٠١١/٢/٢٨.

(٢١) رسلان، ص ٢٥٤.

(٢٢) وكالة الأنباء البحرينية، ٢٠١١/١/٢٧.

لم يكن موقف عاهل البحرين بعيدًا من موقف نظرائه من حكام الخليج الذين رأوا في ثورة شعبية مصرية قفزة كبيرة نحو عالم مجهول لا تشير تقديراتهم إلى أنه يحمل استقرار عروشهم؛ بخاصة أنهم واقعون بين خطرين: أحدهما خارجي مذهبي قابع على الضفة الأخرى من الخليج العربي، وآخر داخلي يتمثل باستحقاقات ديمقراطية وحقوقية يطالب بها جيل جديد من الشبان الذين انفتحوا على العالم خلافًا لرغبة الشيوخ الذين يحكمون بلادهم منذ قرون.

اتضحت الصورة في مصر بعد «جمعة الغضب»، فما تشهده القاهرة ومدن مصر الرئيسة لم يكن مجرد احتجاجات فئوية أو مطلبية، بل فصلًا أول في ثورة شعبية لن تبقي أمامها نظامًا فقد شرعيته، وانهارت قواته الأمنية أمام سيل الجماهير الغاضبة، وما عاد للنظام من يحمي أركانه، إلا الجيش الذي صدقت مخاوف النظام من انحيازه إلى الشعب، وهو ما حدث بعد ذلك.

على العكس من الموقف الرسمي لدول الخليج، دعا عشرات الناشطين الخليجيين الأعضاء في «منتدى المجتمع المدني» في بيان لهم، الدول العربية إلى الامتناع عن دعم النظام في مصر، مؤكدين تأييدهم التحركات الشعبية المطالبة بسقوط النظام، وطالب هؤلاء الناشطون «الأنظمة العربية بعدم دعم النظام، بل احترام إرادة الشعب المصري»، كما طالبوا الدول الأجنبية بعدم التدخل في شؤون مصر[٢٣].

خامسًا: الجزائر

إلى الغرب من مصر، وتحديدًا في الجزائر، كانت حالة الاستنفار بين الأجهزة الأمنية في أعلى درجاتها، بخاصة بعد إعلان جمعيات محسوبة على المعارضة تنظيم تظاهرات حاشدة في ٢٠١١/٢/١٢، فيما أكد نائب رئيس الوزراء، يزيد زرهوني، أن السلطات ستمنع تلك التظاهرات، مشيرًا إلى أن البلاد ليس فيها سجين سياسي واحد. وعن الوضع في مصر، اكتفى وزير الخارجية الجزائري، مراد مدلسي، بعبارات دبلوماسية مقتضبة، بالقول «إن الجزائر تحترم إرادة الشعوب، وتتعامل مع الحكومات المنبثقة منها»[٢٤].

(٢٣) الشرق الأوسط (لندن)، ٢٠١١/٢/١.

(٢٤) الشروق (الجزائر)، ٢٠١١/٢/٣.

سادسًا: فلسطين

كان الموقف الرسمي الفلسطيني من الثورة المصرية مخالفًا للموقف الشعبي. ففي حين انحاز الشعب الفلسطيني إلى شقيقه المصري، وعبّر عن ذلك بالوقفات التضامنية في المدن والمخيمات، وحاول بعض الفصائل الفلسطينية النأي بالنفس عن التورط في موقف مكشوف، من أجل عدم إفساد العلاقة بالنظام المصري. كما أن الطرف الفلسطيني كان يُدرك حساسية موقفه، بخاصة أن أبواق نظام مبارك وجّهت إلى الفصائل الفلسطينية أصابع الاتهام بأنها وراء كثير من حوادث العنف التي وقعت خلال الأيام الأولى للثورة المصرية، بل وصل الأمر إلى اتهام حركة حماس بالوقوف خلف مداهمة السجون المصرية وتهريب من فيها من المحكوم عليهم لإثارة الفوضى في مصر.

لم يكن إلقاء التُهم على بعض الفصائل الفلسطينية جديدًا على نظام مبارك. فقبل يومين فقط من انطلاق الثورة المصرية أعلن وزير الداخلية الأسبق، حبيب العادلي، في الاحتفال بعيد الشرطة، نجاح أجهزة الأمن في الكشف عن ملابسات جريمة تفجير «كنيسة القديسين» في الإسكندرية التي وقعت في الدقائق الأولى من عام ٢٠١١، وخلّفت عشرات القتلى والجرحى جميعهم من الأقباط. وقال العادلي إنه أُلقي القبض على أحد المتهمين الذي ينتمى إلى «جيش الإسلام» الفلسطيني، مؤكدًا أن مخططي الجريمة ومنفّذيها تدربوا عليها في قطاع غزة، وهو ما ثبت كذبه بعد سقوط النظام.

أما السلطة في رام اللّه فكانت في موقف لا تُحسد عليه؛ إذ إن ظهيرها العربي الأقوى يترنح في القاهرة، وتبدو ساعاته في السلطة محدودة. وفي خلال مشاركته في اجتماع لجنة المتابعة للدول المانحة في العاصمة الفرنسية باريس، حاول رئيس الحكومة، سلام فياض، عدم التوّرط في تصريحات مباشرة تدعم موقف نظام مبارك، لكنه لم يستطع التنصل من التعليق، ولو بصورة مقتضبة، على الأحداث في مصر، بخاصة أن هذه الأحداث فرضت نفسها على الاجتماع. وقال فياض «إنه لا يريد أن يُعطي دروسًا لمصر، في الوقت الذي يزداد فيه تعداد مقدّمي الدروس والنصائح... ولأن للفلسطينيين ما يكفيهم من المشكلات»! لكنه أضاف أن استقرار

مصر وقوتها يعنيان الاستقرار والقوة لنا. ورأى أن المطالب التي يرفعها المتظاهرون المنادون بالحرية والديمقراطية هي الأسس نفسها التي يسعى الفلسطينيون إلى إقامة دولتهم عليها[٢٥].

أما حركة «حماس» فالتزمت الصمت الرسمي تجاه ما يحدث في مصر، وإن لم تلتزم وسائل الإعلام التابعة لها، ومنها فضائية «الأقصى» التي تحوّلت إلى لسان للثورة، ونقلت كثيرًا من المشاهد الحية من ميدان التحرير، وعبرها تحدث عشرات الناشطين المصريين، عارضين وجهات نظرهم، بينما غابت وجهة نظر نظام مبارك تمامًا عن هذه الفضائية. وكان ذلك انحيازًا واضحًا إلى الثورة والثوار.

في الحادي عشر من شباط/فبراير ٢٠١١، وبعد وقت قصير من إعلان تنحي مبارك، صدر أول تصريح لمسؤول حمساوي، فاعتبر المتحدث باسم الحركة، سامي أبو زهري، أن سقوط نظام مبارك هو بداية انتصار الثورة المصرية. وأكدت «حماس» وقوفها إلى جانب هذه الثورة، داعية القيادة المصرية الجديدة إلى اتخاذ قرار فوري برفع الحصار عن غزة، وفتح معبر رفح المصري إلى الأبد، وتمكين أهالي قطاع غزة من بدء الإعمار، وحرية التنقل، والحصول على حاجاتهم. وتابع أبو زهري: «نعتبر أن هذه النتائج هي انتصار لإرادة الشعب المصري، وندعو الجيش إلى أن يكون ضامنًا لمطالب الشعب، وألّا يسمح بالالتفاف عليه»[٢٦]. ومن جانبها قالت حكومة «حماس» في غزة إنها «تحيي الشعب المصري، بجميع فئاته، على ثورته البيضاء، وتتمنّى له مرحلة جديدة من الأمن والحرية والاستقرار، وعودة مصر إلى قيادة الأمة نحو السيادة والكرامة»[٢٧].

في عقب نجاح الثورة المصرية، دعا مسؤول العلاقات الخارجية في حركة «حماس» أسامة حمدان، السلطة الفلسطينية، برئاسة محمود عباس، إلى أن تعي درس إرادة الشعوب في نيل الحرية. وطالب حمدان السلطات الفلسطينية، ممثلة بقياداتها، بأن توقف مهزلة التنازلات «والتفريط بالحقوق

---

(٢٥) الشرق الأوسط (لندن)، ٢٠١١/٢/٤.

(٢٦) فضائية «الأقصى»، ٢٠١١/٢/١١.

(٢٧) فضائية «الأقصى»، ٢٠١١/٢/١١.

الوطنيـة الفلسطينيـة واستجداء اللقـاء مـع رئيس وزراء الاحتـلال بنيامـين نتنياهو». وأضـاف حمـدان: «أي تطـور إيجابـي علـى مستـوى المنطقـة سيخـدم القضيـة الفلسطينية، والعكس صحيـح. والثورة المصريـة لـن يكون لها انعكـاس على القضيـة الفلسطينيـة وحدهـا، بـل على المنطقـة كلهـا، لمـا لمصـر مـن دور تاريخـي وسياسـي علـى المستـوى العربي والدولـي». مضيفًـا: «أعتقـد أن الوضع الطبيعي في مصر يجـب أن يكـون إلى جانـب خيـارات الشعب الفلسطينـي المتمثلـة فـي المقاومـة والتحريـر وحـق العـودة»(٢٨).

من جهتـه قال نبيل شعث، عضو اللجنة المركزيـة لحركة «فتح»، إن ما يحدث في مصر هو مصدر قوة للفلسطينيين، ولجميع العرب.

اعتبرت «فتح» أن الثورة المصرية، وكل ما أسفرت عنه من نتائج، تصب في مصلحة القضية الفلسطينية، ودعم النضال الوطني الفلسطيني. وقال القيادي في الحركة، والسفير السابق في القاهرة، نبيل عمرو، في خلال ندوة عقدها «الملتقى الفكري العربي» في رام الله تحت عنوان «رياح التغيير»، إن التغيرات كلها على الصعيد العربي لا بد من أن تُساهم في استعادة الديمقراطية الغائبة عن الساحة الفلسطينية. وأضاف عمرو: آن الأوان لتتكاتف المؤسسات والهيئات كلها من أجل خلق رأي عام مساند للديمقراطية... وإن ما يجمع بين ما حدث في تونس ومصر وما يحدث في ليبيا، وفلسطين هو الحاجة إلى التغيير السياسي والمجتمعي نحو منح الشعب حقه وحريته في الرأي والتعبير(٢٩). كما حيّت «حركة الجهاد الإسلامي»، في بيان لها، الثورة المصرية، مشيدة بجهاد الشعب المصري وثورته، وباركت لشبابه وأبنائه انتصار مطالبهم العادلة. وتابعت «الجهاد»: «إن ما تحقق هو حلم العرب جميعهم، والمسلمين، والأحرار».

فـي خـلال أيـام الثورة المصريـة، كانـت «الجبهـة الشعبية لتحرير فلسطين» أوضـح الفصائـل الفلسطينيـة في التضامـن مـع الشعب المصـري وثورتـه. ونظمـت الجبهـة تظاهـرة جماهيريـة تضامنيـة في محافظـة بيت لحـم، دعـت إليهـا فاعليـات سياسيـة ومؤسسـاتية شبابيـة ونقابيـة ونسائيـة، بالتعـاون مـع مؤسسات

(٢٨) اليوم السابع (مصر)، ٢٠١١/٢/١٢.

(٢٩) المساء (القاهرة)، ٢٠١١/٢/٢٢.

المجتمع المدني. طالبت التظاهرة بتقديم الدعم السياسي والمعنوي إلى الشعب المصري في ثورته ونضاله من أجل التغيير، والخلاص من نظام حسني مبارك. ورفع المشاركون في التظاهرة التي انطلقت من مدخل مخيم الدهيشة الأعلام الفلسطينية والمصرية والتونسية وصور الرئيس الراحل جمال عبد الناصر، وشعارات كُتب عليها: «الثورة في مصر مستمرة حتى إسقاط النظام»، وشعار «الشعب يريد إسقاط النظام»، و«انتهت اللعبة يا مبارك»، و«ارحل ارحل يا مبارك»، وهتف المشاركون من أجل فلسطين ومصر والوحدة الوطنية الفلسطينية. وجابت المسيرة طرقات مخيم الدهيشة، مرورًا بحارة السلام، وطريق المنتزه، والحارة الغربية، وصولًا إلى الطريق الرئيسة، وصرْح الشهيد، وسط شعارات وهتافات التضامن والتأييد لثورة الشعب المصري، ورحيل مبارك[٣٠]. وقالت الجبهة إن ثورة الشعب المصري انتصار للقضية الفلسطينية والأمة العربية، مؤكدة أن نظام حسني مبارك كان رمزًا للاستبداد والتبعية والطغيان، ويعتبر سقوطه انتصارًا للقضية الفلسطينية والأمة العربية. وأضافت «الشعبية» في بيان لها «إن شعب مصر سيتمكن من تحقيق كامل أهداف ثورته في الحرية والاستقلال والديمقراطية وإسقاط نهج كامب ديفيد واستعادة دور مصر ومكانتها التاريخية، نتيجة الثورة التاريخية التي فجّرها شباب مصر وأبناؤها الأحرار، لبناء عصر وفجر عربي جديد، لا مكان فيه للهيمنة الصهيونية والإمبريالية على مقدرات أمتنا العربية المجيدة. وسيساعد الشعب الفلسطيني في إسقاط وإنهاء اتفاقات نهج أوسلو، ونتائجه الكارثية على القضية الفلسطينية»[٣١].

على الصعيد الشعبي، وفور الإعلان عن تنحي مبارك، خرج المواطنون في قطاع غزة، في مسيرات عفوية، وسُمِع دوي إطلاق الرصاص بكثافة في الهواء، إضافة إلى صوت أبواق السيارات، والألعاب النارية، احتفالًا بتنحي مبارك. ودعا مؤذنو المساجد المواطنين إلى الخروج في مسيرات حاشدة، احتفالًا بنجاح ثورة الشعب المصري.

غني عن القول إن ثورة ٢٥ يناير المصرية ألهمت الشباب الفلسطيني

(٣٠) موقع الجبهة الشعبية لتحرير فلسطين، ٢٠١١/٢/٨، <http://pflp.ps>.

(٣١) موقع الجبهة الشعبية لتحرير فلسطين، ٢٠١١/٢/١١.

بأن يحذو حذو أشقائه المصريين، فطفق يدعو إلى الاحتجاج على الانقسام الفلسطيني، وشهد يوم ٢٠١١/٣/١٥ تظاهرات حاشدة في كل من الضفة الغربية وقطاع غزة رددت هتاف: «الشعب يريد إنهاء الانقسام». وكان لهذا اليوم الأثر المباشر في إحضار الطرفين الفلسطينيين المتخاصمين (فتح وحماس) إلى مائدة الحوار في القاهرة، ووُقّع «اتفاق المصالحة» بين الطرفين بالأحرف الأولى في ٢٠١١/٤/٢٧. وبعد أسبوع واحد احتُفل رسميًا بهذا الاتفاق في القاهرة.

سابعًا: لبنان

تعاطف الشعب اللبناني بفئاته كلها مع الثورة المصرية، وتميّز تكتُّل «٨ آذار»، بقيادة «حزب الله»، بالدعم الواضح للثورة المصرية، فيما جاء موقف الحكومة اللبنانية والسلطات الرسمية متأخرًا.

في شمال لبنان، وخلال حوادث الثورة، نظّم «حزب التحرير الإسلامي» مسيرة تأييد للمعتصمين في ميدان التحرير، والمناهضين لنظام حسني مبارك. ودعا المشاركون في المسيرة إلى «إطاحة الطغاة» و«إقامة الخلافة الراشدة». وسار نحو ٣٠٠ شخص يرفعون أعلامًا سودًا، كُتبت عليها عبارة: «لا إله إلا الله»، في عقب صلاة الجمعة في جامع المنصوري الكبير في طرابلس، متجهين إلى وسط المدينة، حيث نفذوا اعتصامًا[٣٢].

كما أعلن «حزب الله» و«التيار الوطني الحر» وأحزاب وطنية وإسلامية أخرى التضامن مع «الثورة المصرية». وأكدت الأحزاب أن «رياح التغيير» هبّت على منطقة الشرق الأوسط، في اتجاه إضعاف الولايات المتحدة، والأنظمة المتحالفة معها. وكان موقف «حزب الله» يمثل الموقف الحقيقي لإيران التي لم تحمل يومًا ودًا لنظام مبارك، ونظام سلفه أنور السادات. كما أن النظام الإيراني، وحليفه في لبنان، كانا يُدركان أهمية نجاح ثورة شعبية في أكبر الدول العربية السُنية، بما يمثل قوة إضافية يمكن أن تستند إليها طهران في الأيام المقبلة، بخاصة إذا كانت المؤشرات كلها تشير إلى أن الشعب المصري إذا ما خُيّر فسيختار الانحياز إلى صفوف مقاومة النفوذ الأميركي في المنطقة.

---

(٣٢) المصري اليوم، ٢٠١١/٢/٥.

وربما اعتُبر خطاب الأمين العام لحزب الله، السيد حسن نصر الله، أوضح تأييد للثورة المصرية، وكان قد ألقاه في يوم ٢٠١١/٢/٧، أي قبل سقوط مبارك بأربعة أيام، وأعلن فيه أن الأميركيين يحاولون ركوب موجة الثورة المصرية وتحسين صورتهم البشعة، مؤكدًا دعمه الشعب المصري وثورته وإيمانه بأن هذه الثورة ستغير وجه المنطقة لمصلحة الشعوب، خصوصًا في فلسطين. وقال نصر الله: «يشهد الله أني أتلهف لو أستطيع أن أكون معكم، لأقدم دمي وروحي من أجل هذه الأهداف الشريفة والنبيلة للثورة». وأضاف: «باسم حزب الله، وفصائل المقاومة، والتيارات السياسية الوطنية اللبنانية، والمحتشدين في مهرجان اليوم، نضع كل إمكاناتنا بتصرف شعب مصر وشبابها. وكلنا دعاء وأمل أن ينصركم الله». ووصف نصر الله ما يجري في مصر بأنه «مفصل من أهم مفاصل هذه الأمة والمنطقة». وقال إنه لو عقد هذا المهرجان من قبل، لكان سيُشاع أن المعتصمين في ميدان التحرير والمتظاهرين في مدن مصر العديدة تحركهم خلايا تابعة لحزب الله، أو لحركة حماس، أو للحرس الثوري الإيراني، وسيتحول هذا التحرك الوطني الأصيل الحقيقي إلى متهم بأنه يخدم أجندة خارجية. وحمل نصر الله على الموقف الأميركي من الثورة المصرية، مشددًا على أن «أسوأ التهم هي القول إن هذه الثورة صنيعة الولايات المتحدة». مضيفًا: «من يصدق أن أميركا تعمد إلى إسقاط نظام يؤدي لها كل ما تريد من خدمات ويعمل في خدمة مصالحها ومشروعها في المنطقة؟!». وعن الموقف الإسرائيلي من الثورة المصرية، قال: «انظروا إلى ما أحدثته أربعة عشر يومًا من تحرك الشعب المصري والشباب المصري السلمي... هناك هلع إسرائيلي حقيقي، وذعر وقلق كبير، ودعوات إلى المراجعة الاستراتيجية»، مشيرًا إلى أن «إسرائيل تتحدث عن خسارتها آخر حليف استراتيجي قوي في المنطقة، وتندب حظها الاستراتيجي». وأضاف: «هناك نظام تريده إسرائيل، وتعمل في الليل والنهار، وتضغط على دوائر القرار السياسي في العالم من أجل حمايته والدفاع عنه. وهناك نظام يريد شعبه إسقاطه، وقد ملأ الساحات بالملايين، وقدّم حتى الآن مئات الشهداء وآلاف الجرحى»(٣٣). كما هنأ «حزب الله» المصريين بـ «النصر التاريخي» الذي حققوه، وقال الحزب، في بيان له: «يتقدم حزب الله من الشعب المصري

_____

(٣٣) المصري اليوم، ٢٠١١/٢/٨.

العظيم بأسمى آيات التهنئة والتبريك للنصر التاريخي المجيد الذي حققته ثورته الرائدة». وأضاف أن «الموقف الواحد والثابت الذي تجلّى في ثورة الشعب المصري، شيبًا وشبانًا، هو الذي جعل الدم - مرة جديدة - ينتصر على السيف». وتابع البيان أن «حزب الله يشعر بالفخر والاعتزاز بإنجازات ثورة مصر»(٣٤).

إلى ذلك شهد عدد من المدن اللبنانية احتفالات ومسيرات شعبية، فور الإعلان عن سقوط نظام حسني مبارك، وتجمع المئات من اللبنانيين أمام السفارة المصرية في بيروت ابتهاجًا. وتخلل التجمع توزيع الحلوى، وإطلاق الأسهم النارية، والهتافات المؤيدة للثورة المصرية. وقال شهود عيان إن مقر السفارة المصرية في بيروت شهد اعتصامًا حاشدًا رفع المعتصمون في خلاله الأعلام المصرية والتونسية وصورًا للرئيس المصري الراحل جمال عبد الناصر، ورددوا هتافات تؤكد عروبة مصر ودورها القومي.

ثامنًا: المغرب واليمن وقطر والسودان وتونس

بعد «جمعة الغضب»، وتحول الاحتجاجات الشعبية في مصر إلى بوادر ثورة شعبية حقيقية، أعلنت مجموعة العمل الوطنية المغربية لمساندة العراق وفلسطين، التي تضم ممثلين عن مختلف الأحزاب والجمعيات والنقابات، تضامنها مع المتظاهرين المصريين، داعية إلى تنظيم وقفة تضامنية مع الشعب المصري تحت شعار «ارحل يا مبارك... إن مصر لن ترحل»، تزامنًا مع تظاهرات أخرى انتشرت في تونس أمام السفارة المصرية. وبعد نجاح الثورة في تنحية مبارك، ظهر أوّل موقف رسمي مغربي، حين أصدرت الخارجية المغربية بيانًا رحّبت به بالتزام السلطة العسكرية الجديدة في مصر ضمان الانتقال السلمي إلى السلطة المدنية(٣٥).

سيرًا على نهج وزير الخارجية المصري السابق أحمد أبو الغيط الذي استبعد بعد نجاح ثورة تونس اندلاع ثورة على نظام مبارك في مصر، استبعد وزير خارجية اليمن أبو بكر القربي أن يحدث في اليمن ما حدث في تونس

---

(٣٤) فضائية «المنار»، ٢٠١١/٢/١١.

(٣٥) رسلان، ص ٢٥٤.

ومصر. وشدد القربي على أن الرئيس علي عبد الله صالح «لا يعتمد على الدعم الخارجي»! وعلى أن ما يقوم به ينطلق من مصلحة اليمن، ما يعني، ضمنًا، أنه ليس مرتبطًا بمطالب خارجية تصدر من هنا أو هناك[٣٦].

بعد الانتصار المبدئي للثورة، ونجاحها في إجبار مبارك على التنحي، كان أكثر الدول العربية ترحيبًا بالتغيير قطر والسودان وتونس؛ إذ اعتبرت قطر نقل السلطة إلى المجلس الأعلى للقوات المسلحة خطوة إيجابية[٣٧].

ظلت العلاقة بين النظامين المصري والسوداني متوترة، لسنوات طويلة، في عقب تبني نظام الرئيس عمر حسن البشير نهجًا إسلاميًا، الأمر الذي اعتبره نظام مبارك خطرًا على وجوده. وبلغ التوتر بين الطرفين مداه، بعد اتهام القاهرة السودان بالوقوف وراء محاولة اغتيال مبارك في العاصمة الإثيوبية أديس أبابا في عام ١٩٩٥، وهو ما نفته الخرطوم آنذاك. كما اتهمت القاهرة النظام السوداني بدعم الجماعات الإسلامية التي تنتهج العنف أسلوبًا لها، والتي دخلت في صدام مسلح مع السلطات المصرية في تسعينيات القرن الماضي. إلّا أن الأعوام الأخيرة شهدت تحسنًا ملحوظًا في العلاقات بين طرفي وادي النيل، لكن هذا التحسن لم يمنع الخرطوم من إعلان ترحيبها الشديد بسقوط نظام مبارك الذي اعتبرته الخرطوم «خطرًا على أمنها القومي».

ظلت الخرطوم، طوال أيام الثورة، ملتزمة الصمت التام، حتى يوم التنحي، فأصدرت بيانًا رحّبت فيه بانتصار الثورة في مصر، وأعلنت دعمها غير المشروط للانتفاضة الشعبية المصرية. وعبّر البيان عن تطلع السودان إلى عودة مصر إلى مكانتها الريادية وقيادتها الأمتين العربية والإسلامية[٣٨].

كما أعلن القيادي في حزب «المؤتمر الوطني» الحاكم في السودان، قطبي المهدي «أن النظام المصري السابق كان مهددًا للأمن القومي السوداني، لتبنيه العداء الأميركي الإسرائيلي ضد السودان»[٣٩].

---

(٣٦) الشرق الأوسط (لندن)، ٢٠١١/٢/١٠.

(٣٧) رسلان، ص ٢٥٤.

(٣٨) رسلان، ص ٢٥٥.

(٣٩) رسلان، ص ٢٥٥.

تاسعًا: ليبيا

ظل النظام الليبي، حتى الرمق الأخير لمبارك في السلطة، أقوى الداعمين له. وجاء الدعم مبكرًا، ومن العقيد الليبي معمر القذافي شخصيًا، وهو المحاصر بثورتين ينذران باشتعال النار في ثيابه بعد أن قبض على أنفاس شعبه أكثر من أربعة عقود. وأجرى القذافي اتصالًا هاتفيًا بمبارك «أعرب خلاله عن ثقته الكاملة في الشعب المصري»، بحسب تعبير وسائل الإعلام الرسمية، وبدت الاتصالات الهاتفية وسيلة ناجعة لبث شيء من الطمأنينة في أوصال نظام كان يعيش أيامه الأخيرة(٤٠). واستبق الزعيم الليبي دعوة وجهها «المؤتمر الوطني للمعارضة الليبية»، وناشطون ليبيون على شبكة الإنترنت، إلى يوم غضب في ليبيا في السابع عشر من شهر شباط/فبراير، على غرار ما حدث في مصر وتونس، فأطلق تحذيرات غير مسبوقة من أي محاولة لإشاعة الفوضى، وعدم الاستقرار في ليبيا. وقال بعض من شاركوا في اللقاء إن القذافي أعرب عن قلقه وغضبه مما يجري في مصر، وأكدوا انتقاده قناة «الجزيرة» القطرية، والشيخ يوسف القرضاوي لأنه حرّض المصريين على الانقلاب على مبارك. وتساءل القذافي: «لماذا لا يحرِّض القرضاوي على القواعد الأميركية في الخليج؟!». وفي دخول علني له على خط الثورة الشعبية المطالبة بإسقاط نظام مبارك ورحيله، وصف القذافي صديقه وحليفه، مبارك، بأنه فقير، ولا يملك ثمن ملابسه! وأضاف: «نحن نقدم له الدعم»، متّهمًا من وصفهم بعملاء جهاز الاستخبارات الإسرائيلية (الموساد) بأنهم وراء ما يجري، حاليًا في مصر(٤١).

عاشرًا: جامعة الدول العربية

لأنهـا تمثـل مجمـوع إرادات الأنظمـة العربيـة، لا شعوبها، تأخـرت ردّات فعـل الجامعـة العربيـة، وكانـت أقـرب مـا يكـون إلـى تكـرار البيانـات المعتدلـة التـي تصـدر عـن الـدول العربيـة. وفي الثالث مـن شباط/فبراير رحبت جامعة الـدول العربيـة بإعـلان حسـني مبـارك عـدم الترشح في انتخابـات الرئاسـة المقبلـة، داعيـة

(٤٠) المصري اليوم، ٢٠١١/١/٢٨.

(٤١) الشرق الأوسط (لندن)، ٢٠١١/٢/٩.

إلـى التفعيـل الفـوري للدعـوة التـي أطلقهـا نائـب رئيـس الجمهوريـة اللـواء عمر سـليمان إلـى الحـوار الوطنـي[٤٢]. أمـا بعـد إعـلان تنحـي مبـارك، فأشـاد مجلـس الجامعـة، فـي اجتماعـه التشـاوري، بالثـورات البيضـاء والحضاريـة فـي مصـر وتونـس، وبـروح الشـباب العربـي الـذي أثبـت أنـه قـادر علـى التغييـر والتطويـر، وعلى فـرض إرادتـه على الأمـة[٤٣]. كمـا رحـب الأميـن العـام للجامعـة، عمـرو موسـى، بمـا وصفـه بالثـورة المصريـة البيضـاء، مضيفًـا أنـه يتطلـع إلـى المسـتقبل مـن أجـل بنـاء توافـق وطنـي مصـري.

(٤٢) رسلان، ص ٢٥٧.

(٤٣) رسلان، ص ٢٥٧.

الفصل العاشر

الأصداء الإسرائيلية

محمد حسني

منذ اندلاع شرارة الثورة المصرية في ٢٥ كانون الثاني/يناير، والصحافة الإسرائيلية تتابع الأحداث عن كثب، لكنها كانت حريصة على وصفها بالاضطرابات والمصادمات، وكانت تلك هي الألفاظ المستخدمة في وصف اشتعال الثورة المصرية. يضاف إلى التوصيف السلبي اتهام المتظاهرين بنهب مقر الحزب الوطني قبل حرقه، والمثبت بشهادات الثوار أنهم ألّفوا لجانًا لمنع كل من يسعى إلى النهب، فضلًا عن وصف ما وقع في المتحف المصري، بأن الجيش يحميه من المتظاهرين[1]، بينما ألّف الثوّار «كردون» لحماية المتحف، وضبطوا أربعين عنصرًا أمنيًا خرجوا بقطع أثرية ثمينة، وسلّموهم للجيش، وذلك طبعًا قبل أن يتحول المتحف إلى «سلخانة» للثوار، على يد العسكر.

يتضح الميل نفسه في بعض التعليقات التي وصفت الأحداث بأنها «هبّة الغوغاء» لا غضب الجماهير، ومع احتدام الثورة، تطور المصطلح الإسرائيلي إلى «انقلاب»، ليتحول أخيرًا إلى «الثورة» بعد تنحي مبارك.

أولًا: مبارك لن يسقط

في ٢٦ كانون الثاني/يناير أكد مصدر أمني أن «حكم مبارك مستقر»[2]، وفي اليوم نفسه نشر إيلي بردنشتين، في معاريف، نقلاً عن «مصادر أمنية»، تحليلات «تؤكد» أن ما حدث في ٢٥ كانون الثاني/يناير هو في النهاية أمر محدود، وأن «مصر ليست تونس»، وأن مبارك قادر على السيطرة، وأصابع السلطات على الزناد؛ وأكدت «المصادر» أن عشرات آلاف المتظاهرين عدد ضئيل بالنسبة إلى بلد سكانه ٨٠ مليون نسمة، وفي عاصمته وحدها ٢٠ مليون إنسان. واختتمت «المصادر» أن النظام المصري يعرف كيف

(١) مقالة أنشيل بيبر، في: هآرتس، ٢٠١١/١/٢٨.

(٢) يديعوت أحرونوت، ٢٠١١/١/٢٦.

يُسيطر على الأمر، ويقضي على تلك الاحتجاجات بالقوة اللازمة[٣]. وكشف رئيس لجنة الخارجية والأمن في الكنيست عن أن الاستخبارات لم تتوقع «الانقلاب» في مصر، وبرر ذلك بأنه من الصعب التكهن بمثل هذه الأمور[٤]. وكُشف عن برقية سرية من إسرائيل موجهة إلى الدول الغربية تُعرب فيها عن مساندتها وتأييدها لنظام مبارك[٥]. وفي ٢٠١١/٢/٧ ذكرت يديعوت في تقرير لها أن واشنطن حريصة على استبقاء مبارك في السلطة[٦]، وهو ما يتنافى مع ما نشرته الصحيفة نفسها في١/٣٠. وعبّر تشيلو رزنبرغ عن مكانة مبارك لدى الإسرائيليين، بقوله: «مصر مبارك هي أحد الكنوز الاستراتيجية المهمة». وانتقد في مقالته تقصير الاستخبارات الإسرائيلية في التكهّن بما حدث[٧].

من ناحية أخرى شرّح أحد المتخصصين «لغة الجسد» لدى الرئيس مبارك عبر بعض الصور ولقطات الفيديو. وأشار غفرئيل رعم، الخبير المتخصص بهذا المجال، الذي يملك موقعًا إلكترونيًا خاصًا اسمه sfatguf، أي «لغة الجسد» بالعبرية، إلى أنه على الرغم من الضعف والشيخوخة اللذين هبطا فجأة على مبارك، فإنه لا يزال يحتفظ برباطة جأشه، ويُثبت أنه «مبارك نفسه الذي نعرفه»[٨].

ثانيًا: البحث عن وريث

على الرغم من التكهّنات كلها ببقاء مبارك، دأب البحث عن وريث للعرش. وكان الأول على قائمة الاهتمام، هو جمال، الأبن الأكبر لمبارك. أعدّت صحيفة يديعوت «بروفايل» خاصًا عن جمال، جاء فيه مختصر للسيرة الذاتية لمن سمّته الصحيفة «الوريث»، وركّزت على موقفه من إسرائيل، في

(٣) معاريف، ٢٠١١/١/٢٦.

(٤) يديعوت أحرونوت، ٢٠١١/١/٣٠.

(٥) يديعوت أحرونوت، ٢٠١١/١/٣١.

(٦) يديعوت أحرونوت، ٢٠١١/٢/٧.

(٧) معاريف، ٢٠١١/١/٣١.

(٨) مقالة غفرئيل رعم، في: يديعوت أحرونوت، ٢٠١١/١/٣١.

خلال مقابلة صحفية قال فيها «إن السادات فعل الخطوة الصحيحة»! وأعرب عن استعداده لعدم محاولة تغيير الأوضاع، قائلًا: «مصر اختارت منذ ثلاثين سنة جانب السلام، وليس لدينا أي نوايا لتغيير ذلك»[٩].

من ناحية أخرى، تابعت الصحف الإسرائيلية أخبار محمد البرادعي، منذ وصوله إلى القاهرة في ٢٧ كانون الثاني/يناير ٢٠١١[١٠]. ثم إبقائه تحت الإقامة الجبرية. وعبر مقالة في التاريخ نفسه، تحدث إيهود يعاري، محلل الشؤون العربية في يديعوت أحرونوت، عن طرح البرادعي بصفته وريثًا لعرش مصر، كما رأى أن الولايات المتحدة تتخلّى عن مبارك[١١]. وفي ٣١ كانون الثاني/يناير أعدّت الصحيفة نفسها «بروفايل» عن البرادعي[١٢]. كما زعم تقرير نُشر في الصحيفة أن وثائق من «ويكيليكس» كشفت دعم واشنطن لإسقاط مبارك، وأنها عقدت علاقات مع المعارضة[١٣]. من ناحية أخرى نشرت غابي غولدمان مقالة تحليلية بعنوان «مصر تنتظر محمد البرادعي الآن وفورًا»[١٤]، بينما تابعت الصحف الإسرائيلية ظهور عمرو موسى بصفته مرشحًا للرئاسة[١٥]، لكن عمر سليمان حظي بنصيب أقل في الصحافة الإسرائيلية، بصفته مرشحًا، وإن لقي تعيينه نائبًا للرئيس التهليل من الجانب الأمني، حيث قام بدور «المراسلة» بين «سيده» في مصر، و«أسياده» في إسرائيل.

ثالثًا: الرُعب من الإسلاميين

في ٣٠ كانون الثاني/يناير، في خلال مؤتمر اقتصادي عقدته صحيفة همفاسير (البشير) اليمينية، صرّح وزير الخارجية أفيغدور ليبرمان أن على الدول كلها أن تنظر إلى الخطر الكامن في التطرف، وأن تتأكد من أن إسرائيل

---

(٩) «أمير مصر.. من أنت يا جمال مبارك؟» يديعوت أحرونوت، ٢٠١١/١/٣٠.

(١٠) معاريف، ٢٠١١/١/٢٧.

(١١) مقالة إيهود يعاري، في: يديعوت أحرونوت، ٢٠١١/١/٢٧، و٢٠١١/١/٢٨.

(١٢) «من أنت.. يا محمد البرادعي؟» يديعوت أحرونوت، ٢٠١١/١/٣١.

(١٣) مقالة شاي بن آري وعميت فلدمان، في: يديعوت أحرونوت، ٢٠١١/١/٣٠.

(١٤) معاريف، ٢٠١١/١/٢٨.

(١٥) معاريف، ٢٠١١/٢/٤.

هي الحليف الوفي الجاد[١٦]. وفي ٣١ كانون الثاني/يناير صرّح رئيس الدولة شمعون بيريز عن قلقه من صعود نظام إسلامي متطرف[١٧].

ضُخّم الأمر بعد ذلك، بادعاء وقوف قوى أجنبية وراء الثورة؛ ففي ٢ شباط/فبراير زعم رئيس الوزراء بنيامين نتنياهو أن إيران تسعى إلى تحويل مصر إلى غزة، مُدّعيًا دعم إيران الإسلاميين[١٨]. وفي ٩ شباط/فبراير زعم حاييم إيسروفيتش أن القاعدة وجهت نداءً إلى الثوار للقيام بعمليات جهادية ضد مبارك[١٩]. في حين أعرب مسؤولون في الخارجية الإسرائيلية عن قلقهم إزاء زيارة سفير إيران في الأمم المتحدة إلى القاهرة، ومن تعليق نبيل العربي، وزير الخارجية المصري، على ذلكِ بأن مصر «تترك الأبواب مفتوحة»[٢٠].

رابعًا: الصيد في الماء العكر

في الأول من شباط/فبراير، نشر ألون ماروم، وهو متخصص بالاقتصاد وعمل في مجال النقل البحري، مقالة ادّعى في مقدمتها أن شخصية إخوانية دعت إلى إغلاق قناة السويس، وبناء على هذا الادعاء راح يطرح واقع أن ٩٨ في المئة من التجارة الخارجية الإسرائيلية تُنقل بحرًا، وأن القسم الأكبر منها يُنقل عبر قناة السويس، وبواسطة شركات تشغل ملاحين آسيويين، ومن هذه النقطة طرح مشروع إقامة ميناء جديد في إيلات، وتجديد خط النفط إيلات - عسقلان. ويقوم المشروع على استثمار حكومي وبتمويل من البنك الدولي، يؤتي ثماره سريعًا من خلال قضم جزء من الكعكة التي تلتهمها مصر (خمسة مليارات دولار)، واستغلال الأزمة التي ستنتج من إغلاق القناة لمضاعفة الأرباح. ويختتم ماروم مقالته بتكهّنه أن مبارك سيصمد، لكن عما قريب من الممكن أن تزحف «الغوغاء» على القناة[٢١].

---

(١٦) همفاسير، ٢٠١١/١/٣٠.

(١٧) يديعوت أحرونوت، ٢٠١١/١/٣١.

(١٨) معاريف، ٢٠١١/٢/٢.

(١٩) معاريف، ٢٠١١/٢/٩.

(٢٠) هآرتس، ٢٠١١/٤/١٧.

(٢١) آلون ماروم، «وإن تم إغلاق القناة،» معاريف، ٢٠١١/٢/١.

خامسًا: ثورة ديمقراطية

بعد الاعتراف بأن ما حدث في مصر هو «ثورة»، وليس «اضطرابات»، ولا «انقلابًا»، شرع المحللون الإسرائيليون في وضع الثورة في أطر محددة، كل منهم بحسب هواه؛ فبينما طرح بعضهم أن الثورة «إسلامية»، وبالتحديد «إيرانية»، طرح آخرون أنها ثورة «ديمقراطية». وبانفعال وإعجاب صوّرت عميرا هس، مراسلة هآرتس، مدى تحضّر الثورة، لكنها أشارت إلى توحيد الصف ضد العدو «النظام القمعي... وليس أميركا ولا إسرائيل...»؛ وأن الثوار «لا يطرحون رؤى اقتصادية قد تسبب الخلاف، ولا خلافات بين المتدينين والعلمانيين»[٢٢].

رغبة في فصل المطالب الوطنية عن الصورة، ذكر أحد أعضاء المجلس الوزاري المصغر أن «إسرائيل لم تكن سبب الانقلاب، لكنها تحوّلت يومًا بعد يوم، إلى موضوع مطروح على الساحة السياسية، وإلى بؤرة الأحداث، والخطر هو استغلالها والتحريض ضدها من أجل كسب أصوات في الانتخابات المقبلة»[٢٣].

في مقابل ذلك، كانت هناك إشارات قليلة إلى كون الثورة هي ثورة اجتماعية، حيث تحدث بعض التقارير عن نسب البطالة والفقر. لعل أهم المقالات ما كتبته روتي سيناي تحت عنوان «٨٠ -٢٠ -٨٠» وتقصد تحكم ٢٠ في المئة من المصريين في ٨٠ في المئة من ثروات المجتمع، بينما يقتسم ٨٠ في المئة الباقون ٢٠ في المئة الباقية من الثروة. وتعتقد روتي أن مبارك سعى دائمًا إلى الفصل بين النضال الديمقراطي والنضال الاقتصادي، وهو ما رفضه الشعب المصري مؤخرًا، حين ثار ضد الاستبداد والفقر. تختتم روتي مقالتها بمقارنة بالوضع في إسرائيل، فتقول إنه على الرغم من أن هناك اختلافات جوهرية، كما أن الشرائح الأشد فقرًا، وهي العرب والمتدينين، من شبه المستحيل أن يتحدوا ضد الرأسمالية، فإن هناك أقلية تتحكم بالاقتصاد والثروات[٢٤].

---

(٢٢) مقالة عميرا هس، في: هآرتس، ٢٠١١/٢/١٤.

(٢٣) هآرتس، ٢٠١١/٤/١٧.

(٢٤) روتي سيناي، «٨٠-٢٠-٨٠،» معاريف، ٢٠١١/١/٣١.

سادسًا: المصالح الاقتصادية الإسرائيلية

ثمة متابعة مستمرة لتأثير الثورة المصرية في الوضع الاقتصادي الإسرائيلي، حيث ذكر تقرير نُشر في معاريف تأثر بورصة وول ستريت بالتظاهرات ضد مبارك[٢٥]، وجاء في تقرير «ذي ماركر» (The Marker): أسهم الوقود والنفط ترتفع على خلفية «الاضطرابات» في مصر[٢٦]. كما نقلت يديعوت تصريحات منسوبة إلى مسؤول إخواني بأنه يدعو إلى وقف ضخ الغاز إلى إسرائيل، والاستعداد للحرب[٢٧]. كما نشر المحرر الاقتصادي للجريدة نفسها، دافيد ليبكين، تقريرًا أكد أن الاقتصاد المصري خسر ثلاثة مليارات دولار[٢٨].

تجدد الحديث عن عودة السياحة الإسرائيلية[٢٩]، والجدير بالذكر أن السائح الإسرائيلي يُصنّف عالميًا أنه من أسوأ السيّاح، وأقلّهم إنفاقًا.

كان أول تقرير صحافي إسرائيلي في عقب التنحي هو: «الإمداد بالغاز لم يُستأنف»[٣٠]. في إلحاح شديد على تعهدات المجلس العسكري المصري بالالتزام بالاتفاقات والحفاظ على الاستثمارات[٣١]. وفي تقرير أشمل للصحيفة نفسها، تناولت عدة مسائل تشغل الإسرائيليين في شأن احتمالات تبدل الوضع بسقوط مبارك، من بينها السياحة، واتفاق الغاز، مسترشدة بتصريحات من صنّفتهم شخصيات من المعارضة المصرية، أكدوا عدم رغبتهم في المساس بتلك الاتفاقات. أما عن قناة السويس، فإن ما يمثّله أمرها من خطر على المستوى الدولي، وهو ما خلق طمأنينة لدى الإسرائيليين من صعوبة اتخاذ أي نظام مصري مثل هذه الخطوة[٣٢]. عبّر مسؤول في الخارجية الإسرائيلية عن استيائه الشديد من تصريحات سمير رضوان، وزير المالية

---

(٢٥) معاريف، ٢٠١١/١/٢٧.

(٢٦) معاريف، ٢٠١١/١/٣٠.

(٢٧) يديعوت أحرونوت، ٢٠١١/١/٣١.

(٢٨) معاريف، ٢٠١١/٢/٦.

(٢٩) يديعوت أحرونوت، ٢٠١١/٣/٢١.

(٣٠) يديعوت أحرونوت، ٢٠١١/٢/١١.

(٣١) يديعوت أحرونوت، ٢٠١١/٢/١٠.

(٣٢) يديعوت أحرونوت، ٢٠١١/٢/١١.

المصري، التي قالها ردًا على سؤال عن ترحيب مصر باستثمارات إسرائيلية، حيث قال رضوان إن مصر لا تحتاج إلى مساعدة من «العدو»، ولا استثمارات من أطراف تريد السيطرة على اقتصادها. وأثارت تصريحات رضوان سخطًا شديدًا في الأوساط السياسية، حيث يشير المصدر ذاته إلى أن «شخصيات مصرية رفيعة المستوى» طلبت المساعدة في ضخ استثمارات إسرائيلية، أو مساعدة مصر داخل الكونغرس من أجل الإسراع في تقديم مساعدات[٣٣]!

كما أثارت تصريحات نسبتها هآرتس إلى عصام شرف عن إعادة تقويم اتفاق الغاز، قلقًا شديدًا لدى الجانب الإسرائيلي، حتى عاد ضخ الغاز في حزيران/يونيو. بينما يقتتل المواطنون المصريون أمام مستودعات البوتاغاز، في حين ارتفع سعر الأسطوانة من ٢,٥ جنيه (رسميًا) حتى ٤٠ جنيهًا.

سابعًا: الجيش

منذ اليوم الأول كان هناك تتبع إسرائيلي لأداء الجيش المصري بالتفصيل، وهو اهتمام لم يعطه المراسل أنشيل بيبر[٣٤] للشرطة مثلًا. ورُصدت تحركات الجيش وردّات الفعل، والآليات المستخدمة (احتراق ٣ مجنزرات للجيش)، وقطع زيارة رئيس الأركان، سامي عنان، إلى الولايات المتحدة الأميركية. ومثل هذا الرصد جاء في تقارير كرمل لوتساتي في يديعوت، وتعليق إيهود يعاري، محلل الشؤون العربية في الصحيفة نفسها[٣٥].

بينما التقطت عميرا هس، مراسلة هآرتس، تغير الشعار «الجيش والشعب إيد واحدة»، بعد التنحي إلى «الشعب والجيش إيد واحدة» وهو ما فسّرته بزيادة ثقة الشعب بالجيش[٣٦].

على العكس من القلق الإسرائيلي من تصريحات بعض الساسة، والقلق، أو الهلع، من الشارع المصري، أعربت مصادر إسرائيلية عن ارتياحها الشديد

(٣٣) هآرتس، ٢٠١١/٤/١٧.

(٣٤) هآرتس، ٢٠١١/١/٢٨.

(٣٥) يديعوت أحرونوت، ٢٠١١/١/٣٠.

(٣٦) مقالة عميرا هس، في: هآرتس، ٢٠١١/٢/١٤

علـى الصعيـد الأمنـي، وأن لديهـا شـعورًا بالحفـاظ علـى الاسـتقرار وتقـارب العلاقـات مـع النظـام المصـري الحاكـم. وقـام مسـؤول الملـف السياسـي - الأمنـي فـي الخارجيـة الإسـرائيلية بزيـارة سـرية إلـى القاهـرة، والتقـى رئيـس الاسـتخبارات الجديـد مـراد موافـي، ومسـؤولين رفيعـي المسـتوى فـي المجلـس الأعلـى للقـوات المسـلحة الـذي يُديـر البـلاد[٣٧]. وتنـاول جلعـاد ملفـات القافلـة المتوجهـة قريبًـا إلـى غـزة، وتهريـب الأسـلحة إلـى «حمـاس»، والتعـاون فـي الملـف الأمنـي، وأعـرب جلعـاد عـن ارتياحـه الشـديد إزاء المقابلـة، بخاصـة مـع تجـدد النشـاط الأمنـي المصـري لمنـع عمليـات التهريـب إلـى غـزة[٣٨].

ثامنًا: التصريحات الرسمية

جاءت التصريحات الرسمية الإسرائيلية متأخرة. وعلّقت صحيفة يديعوت بأن رئيس الوزراء، بنيامين نتنياهو، أعطى وزراء حكومته تعليمات شديدة، بخاصة المجلس المصغّر، بعدم الحديث نهائيًا أو حتى التعليق على ما يجري في مصر. لكن برقية تسرّبت أخبارها إلى الصحافة تقول إن إسرائيل أبرقت إلى عدد من الدول الكبرى عن طريق سفرائها، مؤكدة أهمية «استقرار نظام مبارك لصالح استقرار الأوضاع في الشرق الأوسط»[٣٩]. كان أول تعليق رسمي لنتنياهو في ٣٠ كانون الثاني/يناير، هو أن إسرائيل حريصة على السلام مع مصر. وفي اليوم التالي صرح رئيس الدولة، شمعون بيريز: «إننا نكن عظيم التبجيل لمبارك»[٤٠].

في ١٢ شباط/فبراير، أي بعد ٢٤ ساعة من تنحي مبارك، خرجت ردّة الفعل الرسمية الأولى للحكومة الإسرائيلية، حيث صرّح نتنياهو بأنه يرحب بتصريح الجيش المصري بـ «أن مصر ملتزمة بالاتفاقات الإقليمية والدولية التي وقّعتها»[٤١]. في الصدد نفسه، صرّح وزير المالية، يوفال شتاينتس، في مقابلة مع البرنامج الإسرائيلي «مقابلة صحافية»: «كلنا نُصلّي لأجل الديمقراطية عند جيراننا، لكننا قلقون من الأسلمة مثل إيران...». أضاف شتاينتس أن

---

(٣٧) هآرتس، ٢٠١١/٤/١٧.

(٣٨) هآرتس، ٢٠١١/٤/١٧.

(٣٩) يديعوت أحرونوت، ٢٠١١/١/٣١.

(٤٠) يديعوت أحرونوت، ٢٠١١/١/٣١.

(٤١) حداشوت، ٢٠١١/٢/١٢.

«تقديرات الحكومة الإسرائيلية بأن النظام الحاكم في مصر سوف يحافظ على اتفاق السلام والعلاقات الدبلوماسية مع إسرائيل...»(٤٢).

بعد شهرين من التنحي عبّر نتنياهو عن قلقه إزاء ما سمّاه «التطرف تجاه إسرائيل»، ففي خلال لقائه سفير الاتحاد الأوروبي، ركز نتنياهو على أنها أول مرة منذ ثلاثين عامًا يزور فيها دبلوماسي إيراني رفيع المستوى القاهرة(٤٣). كما عبّر نتنياهو عن قلقه الشديد «بوجه خاص من تصريحات وزير الخارجية المصري الجديد». بينما رفض مكتب رئيس الحكومة الرد على عدد من الأسئلة عن العلاقات مع مصر(٤٤). كما وصف مسؤولون في وزارة الخارجية الإسرائيلية التظاهرات التي استهدفت السفارة الإسرائيلية في القاهرة، والقنصلية الإسرائيلية في الإسكندرية بأنها متطرفة.

في حين ذكر مدير عام وزارة الخارجية، رفائيل باراك، في عقب زيارته نبيل العربي في القاهرة، أن الأخير أقر بالتزام النظام المصري باتفاق السلام(٤٥).

اتخذت الحكومة الإسرائيلية إجراءات مكثفة تحسبًا لتغييرات قد تطرأ على العلاقات مع مصر، حيث تقدم السفير الإسرائيلي في القاهرة إسحق لافون، بمذكرة إلى الخارجية المصرية، في وقت قُدّمت فيه مذكرة إلى السفير المصري في تل أبيب. بالتوازي مع قيام مسؤولين رفيعي المستوى ووزراء من المجلس المصغر ببحث الأمر مع البيت الأبيض.

تاسعًا: اليمين واليسار

مثال على التحليلات والآراء اليمينية، نذكر مردخاي كيدار، ضيف قناة الجزيرة الشهير، في مقالة بعنوان «مصر إلى أين؟... كل السيناريوهات»(٤٦)، يناقش فيها سيناريوهات شديدة التطرف، ويعوزها كثير من الدقة، منها صعود

_____

(٤٢) حداشوت، ٢٠١١/٢/١٢.

(٤٣) هآرتس، ٢٠١١/٤/١٧.

(٤٤) انظر مقالة باراك رابيد، في: هآرتس، ٢٠١١/٤/١٧.

(٤٥) هآرتس، ٢٠١١/٤/١٧.

(٤٦) موقع كيكار هاشابات، ٢٠١١/٢/٢.

الإخوان المسلمين إلى الحكم، وتحقيق أهدافهم، من وجهة نظره، أي تطبيق الشريعة الإسلامية، في الحياة اليومية، وفتور العلاقات مع كل من إسرائيل والولايات المتحدة. لكن الضغط الأميركي، والتلويح بإمكان تقديم المساعدات الاقتصادية إلى النظام، سيجعلان الإخوان المسلمين يتراجعون عن موقفهم إزاء الولايات المتحدة، وبالتالي إسرائيل. أما السيناريو التالي فهو أن نظام الإخوان سيقوم بخطوات صريحة في اتجاه قطع العلاقات بإسرائيل وأميركا، كما أن وقف السياحة سيجعل مصر في ظرف اقتصادي سيئ، لن تنجح إيران في ظروفها الحالية في إنقاذها منه، فتضطر مصر إلى رفع رسوم المرور في القناة، ما يؤدي إلى رفع الأسعار عالميًا، وقد يتطلب تدخُلًا دوليًا، ثم يُقدِم الإخوان على حرب ضد إسرائيل لتفريغ الغضب الشعبي ضد النظام. ثم يهيب الإسرائيليين بالاستعداد لمثل هذا السيناريو. يختتم كيدار مقالته بترجمة لحديث ينسبه إلى النبي محمد ومعناه أن «حكم طاغية لسبعين سنة ولا فتنة يوم واحد»، وينطلق من أن النبي محمد أعلم بسيكولوجيا الشرقيين، وهو أنهم يحتاجون إلى دكتاتور يحكمهم...!

في مقالة بعنوان «الثورة في مصر: دولة الاضطرابات والفوضى ٢٤ شباط/فبراير» يستند كيدار إلى حوار دار بينه وبين دبلوماسي مصري عن علاقة صداقة به، وهو أن في الدول الديمقراطية، ومنها إسرائيل! يتمتع الفرد بحرية واحترام للقانون، في إطار عقد اجتماعي بينه وبين السلطة التي لا تحتاج إلى القهر من أجل فرض النظام، ومن هنا يدور كيدار دورة واسعة ليعود إلى التحليل نفسه وهو أن الشعب المصري، من تلك العيّنة من الشعوب التي لا تتحمل الديمقراطية.

يستنكر المدوّن اليساري، روعي تسزنا، بعض التصريحات، من بينها رأي المستشرق جاي باخور، في أول شباط/فبراير: «سيظل مبارك على كرسيه حيث إن مصر يلزمها فرعون»، أو رأي رئيس شعبة الاستخبارات عند اندلاع أولى التظاهرات، من أنه لا قلق على استقرار النظام. ويتطرق إلى استطلاعات رأي في شأن الموافقة على تطبيق الشريعة واعتبارها هي الطريق القويمة، أشارت نتائجها إلى ميل المجتمع المصري إلى الاتجاه الديني (الثورة المصرية، ولأين ستأخذنا؟ نظرة موضوعية ١٥ شباط/فبراير).

أما اليساري شموئيل أمير[٤٧] فيُعبّر عن دهشته وإعجابه بتفجر الثورة المصرية: «ثمانية عشر يومًا حبس فيها العالم أنفاسه، بعد أن أقنعنا المؤرخون والمحللون والصحافيون بأن عهد التغيير بالجماهير قد ولّى، وأن التغير المُتاح هو بالمطالبة والمناشدة، ويتوقف على كرم الحكام وما يلقوه من فتات للجمهور. فالتغيير الحقيقي الوحيد يأتي عبر ثورة، لذا فإن الأنظمة الحاكمة تُردّد فور اندلاع ثورة: 'لنحافظ على الاستقرار'، ما يعني استقرار أوضاعهم. لكن الثورة المصرية كانت ثورة حقيقية قامت بها الجماهير من أرجاء البلاد كلها، وبخاصة الشباب، وفي النهاية انضم إليهم عمال الحديد والصلب الذين كان إضرابهم الضربة القاضية لنظام مبارك».

الثورة المصرية في نظر أمير قريبة من الثورة الفرنسية التي كان شعارها «حرية، مساواة، أخوّة»، حيث خرج الشبان المصريون ضد الاستبداد والفقر، ولم يُفرق بينهم الدين أو المذهب... ثم يُسهِب أمير في المقارنة بين الثورتين الفرنسية والروسية من جهة، وما يتوقع أن تقابله الثورة المصرية من الأمل في الانتشار والاتساع، ومن خطر محاصرتها بالرجعية، مثلما واجهت الثورتين الفرنسية والروسية. ويقول أمير إن العدو الأساسي للثورة المصرية هو الولايات المتحدة، على الرغم من تصريحات باراك أوباما الذي نعته بأنه «رجل لكل العصور، أو رجل لكل الخطب»، مستدلًا بخطاباته المتناقضة عن الصراع العربي - الإسرائيلي، وقال إن الولايات المتحدة كانت حريصة على استقرار مبارك طوال الوقت، لكن استمرار الثورة جعلها تتخلى عنه وتنتقل إلى مستوى الحفاظ على النظام بتغيير بعض الوجوه، والديكورات. فالولايات المتحدة تريد دومًا الاحتفاظ بأنظمة متعلّقة بها، بما في ذلك مصر وإسرائيل والسلطة الفلسطينية. ومصر بثرواتها وموقعها الاستراتيجي تمثل للولايات المتحدة مرتكزًا للسيطرة، لذلك حصل النظام على ثلاثة مليارات دولار سنويًا، تُوزّع على الجيش والنخبة الحاكمة. وأجمل أمير أن كلمة إمبريالية هي كلمة غير محببة لدى الإسرائيليين لكن، كما اضطروا إلى اعتياد كلمة ثورة، عليهم اعتياد كلمة إمبريالية.

«الديمقراطية في مصر هي آخر ما تتمناه إسرائيل.. بل هو أكثر ما

(٤٧) شموئيل أمير، «الثورة المصرية وما وراءها،» موقع هاعوكيتس اليساري، ٢٠١١/٢/١٦.

تخشاه»؛ هكذا يرى أمير أن أي نظام ديمقراطي لن يسمح بتلك السياسات التي انتهجها مبارك إزاء إسرائيل، ولن يقبل باتفاق سلام يسلب حقوق الفلسطينيين، وتواصل إسرائيل من خلاله الاحتلال والاستيطان. وفي المجمل لن يسمح بكون إسرائيل شرطي أميركا في المنطقة، ولن يقف صامتًا إزاء المذابح الإسرائيلية في غزة، ولن يشارك في حصارها. وإن لم يدّعِ التكهن بمستقبل الثورة، يرى شموئيل أمير أن العقبة الأساسية هي التحالف بين الأميركيين والجيش المصري، مذكرًا بأن الجيش حافظ على مؤسسات النظام أمام ثورة الجماهير، حتى لو أظهر التودد للجمهور الثائر.

تحت عنوان «متى نقول العقبى لنا؟» لا يرغب أمير في المبالغة بالحديث عن وضع السكان في إسرائيل، مشيرًا إلى أن طريق تبدّل الوعي لدى الإسرائيليين لا تزال طويلة، وسينضج مثلًا عندما يُدرك المستوطنون في سديروت أن الخطر الحقيقي ليس في صواريخ غراد من غزة، بل من السياسة العدوانية لإسرائيل. ويختم أمير مقالته بقوله: «الواضح أن الثورة المصرية أظهرت فجأة أن الأمور التي كنا نعتقد أنها غير ممكنة ممكن أن تحدث في الواقع. فهل يحدث تغير ثوري لدينا؟».

أما المدون اليساري أهرون، صاحب مدونة «تيكون عولام»، فكتب «الثورة المصرية مليون علامة استفهام، وإجابة واحدة»، منطلقًا من السخرية من تحليلات الصحافيين والساسة والمحللين، حتى رجال الاستخبارات، لكنه ينحرف يسارًا أكثر في اعتبار أن الإسلاميين كانوا طرفًا غائبًا، ولعله انخدع بمشاهد شبان وفتيات الطبقة الوسطى الذين كانوا أغلب متظاهري يوم ٢٥ كانون الثاني/يناير في التحرير بالذات، كما أفرط أهرون في تحليله ارتقاء الوعي لدى جميع المضطهدين بأن هناك مصدرًا واحدًا للظلم، سيجعل الإسرائيليين وغيرهم، في ضفة واحدة أمام المؤسسات الحاكمة المستغلة.

الفصل الحادي عشر

الأصداء الدولية

خالد سعيد

تباينت ردّات الفعل الدولية وتنوّعت على ثورة كانون الثاني/يناير المصرية التي فجّرها الشبان، واحتضنها الشعب، وحماها الجيش المصري، بعد تظاهرات واعتصامات جابت محافظات القطر المصري، طوال ١٨ يومًا هي أيام ثورة الخامس والعشرين من كانون الثاني/يناير ٢٠١١.

دُهش المجتمع الدولي من عدم وجود قائد أو زعيم للثورة التي انضمت إلى صفوفها فئات الشعب المصري كلها، ليتأكد أن شباب «الفيسبوك» يؤمنون بقيم المساواة والعدالة وحرية التعبير، ويكرهون بشدة ادعاءات الزعامة، وهو ما أكسب الثورة المصرية تأييدًا عالميًا غير مسبوق، وأشاد بها قادة معظم دول العالم الذين وصفوها بأنها ثورة يُحتذى بها، وستؤثر، إيجابًا، في الشرق الأوسط بأسره[١]، ما يُنبئ بعلاقات مصرية - دولية تليق بمكانة مصر الحقيقية.

مثّلت الثورات والانتفاضات الشعبية العربية، وبخاصة الثورة المصرية، صدمة حقيقية للدوائر السياسية، والاستخبارية والبحثية الأميركية والإسرائيلية، على نحو فاق قدرة تلك الدوائر على توقعها، إلى حدٍّ دفع نيكولاس بيرنز، نائب وزير الخارجية الأميركية الأسبق، إلى اعتبارها «زلزالًا كبيرًا»، هو الأهم منذ سقوط الإمبراطورية العثمانية، بعد الحرب العالمية الأولى[٢]. وأقر ليون بانيتا، مدير جهاز الاستخبارات الأميركية، بعجز بلاده عن التنبؤ بالشرارة التي دفعت المصريين إلى الخروج في الشارع، والتظاهر ضد سلطة حسني مبارك، كما لم يكن يتوقع صمود الشعب أمام نظام قمعي مستبد، وأكد أن ثمة فريقًا مكوّنًا من ٣٥ شخصًا كانوا يراقبون الأوضاع في مصر، ويدرسون عواملها مثل المشاعر

---

(١) نبيل حشاد، «العلاقات الاقتصادية الدولية لمصر بعد ثورة ٢٥ يناير،» الوفد (القاهرة)، ٢٠١١/٤/٢٢.

(٢) بشير عبد الفتاح، «أمريكا والربيع العربي،» مجلة شؤون عربية، العدد ١٤٦ (صيف ٢٠١١)، ص ٥٦-٦٧.

الشعبية، وقوة المعارضة، ودور الإنترنت، والفيسبوك[3]، لكنهم عجزوا عن التنبؤ بها. والحديث عن المواقف الغربية من ثورة ٢٥ يناير في مصر، ينصرف إلى الموقف الأميركي، باعتباره الأكثر تأثيرًا في مسار الأحداث، نتيجة طبيعة النظام الدولي الحالي، حيث المواقف الغربية، في مجملها، غير بعيدة من الموقف الأميركي، على الرغم من التمايز المحدود بين المواقف الأوروبية، بتنوّعاتها المختلفة من ناحية، والموقف الأميركي من ناحية أخرى؛ إذ تنطلق هذه المواقف من قاعدة مشتركة للمصالح، وتحكمها منظومة القيم المشتركة التي يتشاطرها الغرب[4]. وهو ما يدفعنا إلى دراسة المواقف الدولية من الثورة، والأصداء العالمية لها، ومدى تأثيرها في علاقة مصر الخارجية.

أولًا: الموقف الأميركي

اتسم الموقف الأميركي بقدر كبير من الارتباك والتذبذب، بخاصة في الأيام الأولى للثورة التي اتسمت بقدر من عدم الوضوح، والترقب، ومتابعة الأحداث واستكشاف موازين القوى واتجاهات التغير. وأدى التقدير الخاطئ لعدم التنبؤ بالثورة إلى محاولة البيت الأبيض السير على الحبال مترددًا بين انتهاج سياسة الحذر والصمت تجاه حليفه التاريخي، حسني مبارك، ومساندة الثورة الشعبية المنادية بالحرية والديمقراطية، ومن ثم إسقاط نظام مبارك، بكل آلياته[5]. وكان من الواضح أن الخيارات ومساحة المناورة ضيقة للغاية أمام صانع القرار الأميركي الذي وجد نفسه، فجأة، خارج دائرة الحدث. لكن حاولت الإدارة الأميركية الخروج من هذا الارتباك، بالتدريج، عبر إحداث مجموعة من التحولات في موقفها، سعت في البداية إلى مطالبة الطرفين بإبداء أكبر قدر من ضبط النفس، وركزت على مطالبة مبارك بعدم استخدام وسائل القمع أو العنف في التعامل مع المعتصمين والمتظاهرين الذين طالبتهم، في

(٣) كمال حبيب، «ثورة مصر والمشهد الإقليمي،» المحيط (القاهرة)، ٢٠١١/٢/١٨.

(٤) انظر: هانئ رسلان، «الموقف الدولي والعربي من ثورة ٢٥ يناير في مصر،» ورقة قدمت إلى: ثورة ٢٥ يناير: قراءة أولية ورؤية مستقبلية، تحرير عمرو هاشم ربيع (القاهرة: مركز الدراسات السياسية والاستراتيجية بالأهرام، ٢٠١١)، ص ٢٤١-٢٥٧.

(٥) رسلان، «الموقف الدولي».

الوقت نفسه، بالتزام التظاهر السلمي. وبدا أن هذا الموقف أميل إلى نظام مبارك، حيث قالت هيلاري كلينتون، وزيرة الخارجية «إن الحكومة المصرية مستقرة، وتبحث عن طرق للاستجابة لمطالب المتظاهرين المشروعة»[٦]. في اليوم الثاني للثورة، دعت الإدارة الأميركية جميع الأطراف في مصر إلى الهدوء والتحلي بضبط النفس لتجنب العنف. وصرح روبرت غيبس، المتحدث باسم البيت الأبيض، أن بلاده «تساند مبارك، لأنه حليف قوي»، فيما اعتبرت كلينتون أن أمام الحكومة المصرية فرصة مهمة لتنفيذ إصلاحات سياسية واقتصادية واجتماعية. وتعمّد الرئيس، باراك أوباما، إغفال الإشارة إلى الثورة المصرية في أثناء إلقائه خطابًا عن الأوضاع في تونس[٧].

استمرت هذه الدعوات، وعدم فهم ما يجري في مصر، حتى اليوم الرابع للثورة، وتحديدًا، إلى «جمعة الغضب» في الثامن والعشرين من كانون الثاني/يناير ٢٠١١، حين دعت واشنطن إلى وقف العنف، وناشدت السلطات المصرية إجراء مزيد من الإصلاحات، واتخاذ خطوات ملموسة لإعطاء الشعب مزيدًا من الحقوق. وتلقى الرئيس مبارك اتصالًا هاتفيًا من نظيره الأميركي، ويبدو أنها كانت محادثة مهمة وخطرة، ففي ضوئها خرج غيبس ليهدد بأن بلاده ستراجع مساعداتها إلى مصر؛ ونصحت واشنطن مواطنيها بتجنب السفر غير الضروري إلى مصر، وطلبت من رعاياها المقيمين في مصر البقاء في منازلهم[٨]. بيد أن تهديد الولايات المتحدة لم يتوقف عند مراجعة مساعداتها لمصر، بل طالبت بنقل سلس للسلطة، وهو ما نادى به أوباما في اليوم السادس للثورة، أي في الثلاثين من كانون الثاني/يناير ٢٠١١، وهذا ما ظهر كما لو أنه تحول خطير في الرؤية الأميركية للثورة المصرية.

في الثلاثين من كانون الثاني/يناير ٢٠١١، وعلى الرغم من تهديد غيبس ودعوة أوباما إلى وقف العنف، ظهرت كلينتون في خطوة غير مسبوقة في خمس مقابلات تلفزيونية، الواحدة تلو الأخرى، للتعليق على الوضع

(٦) رسلان، «الموقف الدولي».

(٧) «تسلسل زمني: الأصداء وردود الفعل الدولية على أحداث مصر،» موقع بي بي سي، ٢٠١١/٢/١١.

(٨) «ردود الأفعال العربية والدولية الرسمية تجاه الثورة المصرية،» آفاق اشتراكية (القاهرة)، ٢٠١١/٢/٤. (موقع إلكتروني)

في مصر. وسئلت، مرارًا وتكرارًا، أن تعلن تأييدها أو معارضتها للرئيس المصري، إلا أنها تحاشت الإجابة تمامًا، وأكدت أن «الولايات المتحدة في صف الشعب المصري، وتريد مصر ديمقراطية تحترم حقوق شعبها»[٩].

كان تسارع الأحداث في الثورة المصرية يسبق الجميع، الأمر الذي حدا بواشنطن إلى تأمين انتقال آمن ومنظَّم للسلطة، من مبارك إلى نائبه عمر سليمان، وشهدت تلك النقلة إرسال الدبلوماسي فرانك وايزنر إلى القاهرة، في اليوم السابع للثورة، الواحد والثلاثين من كانون الثاني/يناير ٢٠١١، لإبلاغ مبارك أن عليه الإعداد للانتقال التدريجي للسلطة، بما يتضمنه ذلك من إبعاده عن القصر الجمهوري، من دون تجريده من سلطته الرئاسية على أن تتفاوض حكومة انتقالية يرئسها عمر سليمان مع رموز المعارضة لإصلاح الدستور، والشروع في التغييرات الديمقراطية.

تذبذَبَ الموقف الأميركي، مرة أخرى، حينما اعتبر المبعوث وايزنر بعد عودته إلى واشنطن بأن استمرار مبارك في السلطة مسألة مهمة، بدعوى إشرافه على المرحلة الانتقالية، ما دعا البيت الأبيض إلى التنصل من تلك التصريحات، والتأكيد على أن هذه الآراء تعبّر عن موقف شخصي لوايزنر[١٠].

اتضح الموقف الأميركي من الثورة حينما أعلن أوباما تأييده الكامل لعملية انتقال السلطة، وهو ما أبلغه إلى مبارك، في اليوم الثامن للثورة (الأول من شباط/فبراير ٢٠١١)، حين شهد تلقّي المشير محمد حسين طنطاوي، رئيس المجلس الأعلى للقوات المسلحة المصرية، مكالمتين هاتفيتين من غيتس، في وقت أعلن فيه رئيس لجنة العلاقات الخارجية في مجلس الشيوخ، جون كيري «أن على مبارك إدراك أن استقرار مصر يتوقف على تنازله عن الحكم، لمصلحة نظام سياسي جديد». أما هذا النظام السياسي الجديد فجسّده محمد البرادعي، المرشح للرئاسة المصرية، والمعارض لمبارك، وهو ما لوحظ من خلال إجراء السفيرة الأميركية في القاهرة، مارغريت سكوبي، اتصالًا هاتفيًا

---

(٩) «الردود الدولية على ثورة ٢٥ يناير،» موقع ويكيبيديا الموسوعة الحرة، <http://ar.wikipedia.org/wiki>.

(١٠) «تسلسل زمني: الأصداء وردود الفعل».

بالبرادعي(١١). ويبدو أن الإدارة الأميركية رغبت في أن يصبح البرادعي رئيسًا لمصر، بدلًا من مبارك، مع أن الأخير كان حليفًا وصديقًا تقليديًا لها خلال الثلاثين عامًا التي أمضاها في الحكم.

وبّخت كلينتون عمر سليمان، في اتصال هاتفي، على ما جرى في «موقعة الجمل»، أي اعتداء البلطجية على المتظاهرين في ميدان التحرير، في ٢٠١١/٢/٢، فضلًا عن تلقي المشير طنطاوي اتصالًا هاتفيًا موازيًا من غيتس، وهو الاتصال الثالث منذ اندلاع الثورة المصرية. ويبدو أن «موقعة الجمل»، ونجاح المتظاهرين في التصدي لبلطجية النظام المصري ومؤيديه، أجبرا السيناتور الأميركي الجمهوري، جون ماكين، على دعوة مبارك مباشرة إلى التنحي، بقوله: «حان الوقت لتنحي مبارك عن السلطة، فهو أمر يصب في مصلحة مصر وشعبها وجيشها»(١٢). وهو ما كررته كلينتون، أيضًا، في خطابها أمام مؤتمر الأمن الأوروبي في السادس من شباط/فبراير ٢٠١١. وعلى الرغم من ذلك، سعت إدارة أوباما إلى الابتعاد من نقاش مسألة الرئاسة المصرية، واتجهت إلى التركيز على خطوات ملموسة للإصلاح لضمان إجراءات تسمح بانتخابات حرة وعادلة. وقال الناطق باسم البيت الأبيض «إن رفع قانون الطوارئ، فورًا، أمر مهم لإظهار نيّة الحكومة المصرية اتخاذ خطوات تستجيب لمطالب المعارضة المصرية». وظهر هذا التحول في الموقف الأميركي مع نشر البيت الأبيض تفصيلات الاتصال الذي قام به نائب الرئيس الأميركي جو بايدن، بنظيره المصري عمر سليمان، في ٨ شباط/فبراير ٢٠١١، عن خطوات ملموسة تطالب بها واشنطن، على رأسها رفع قانون الطوارئ، ومنع وزارة الداخلية المصرية من اعتقال المتظاهرين والصحافيين(١٣).

ثـم اتخـذ مجلـس الشيـوخ الأميركـي خطـوة أكثـر وضوحًـا برعايـة السيناتـور الديمقراطـي جـون كيـري، والجمهـوري جـون ماكيـن، حيـن تقـدّمـا إلـى الكونغـرس بمشـروع مشـترك لإصدار قـرار يُطالـب ببـدء انتقـال فـوري ومنظّـم وسـلمي لنظـام

(١١) ثورة ٢٥ يناير.

(١٢) «تسلسل زمني: الأصداء وردود الفعل».

(١٣) ثورة ٢٥ يناير.

سياسي ديمقراطي، يشمل نقل السلطة إلى حكومة تصريف أعمال، بالتعاون مع المعارضة والجيش. ودعا السيناتور جون كيري، رئيس لجنة الشؤون الخارجية في مجلس الشيوخ، إلى شراكة أكبر مع الشعب المصري، عوضًا عن الاعتماد، في تلك العلاقات، على التمويل العسكري وحده. وقال: «لثلاثة عقود، سعت الولايات المتحدة إلى سياسة محورها مبارك... الآن علينا النظر إلى عهد ما بعد مبارك». وبدا هذا التصعيد الأميركي، آنذاك، نوعًا من الرد على التعنت الذي أبداه مبارك لإمرار سياسات الإصلاح، والاستجابة للمساعي الأميركية إلى إنهاء الأزمة(١٤). في أي حال، تمخض هذا التصعيد عن تنحي مبارك عن الحكم، في اليوم التالي لخطابه الشهير، أي في ٢٠١١/٢/١١، بعد مناقشات ساخنة أدارتها واشنطن مع ضباط مصريين رفيعي المستوى، سرًا، انتهت بالخروج بثورة عسكرية ناعمة أجبرت مبارك على التنحي.

خلافات أميركية - إسرائيلية

في وقت ساندت فيه الإدارة الأميركية الثورة المصرية في وجوب تنحي مبارك عن الحكم، واجهت واشنطن خلافات حادة مع الحكومة الإسرائيلية، بخاصة أن الأخيرة كانت تدعم نظام مبارك بكل قوة؛ حيث ضمن الأخير أمن إسرائيل لنحو ثلاثين عامًا حافظ خلالها على الأمن القومي الإسرائيلي. وقالت صحيفة معاريف «إن ثمة صفعة قوية تلقاها مبارك من الإدارة الأميركية الحالية، بعدما تيقن الرئيس باراك أوباما أن ثمة تغييرًا كبيرًا يجري في أروقة الشرق الأوسط، وخروج شرق أوسط جديد، فيما تبيّن أن أميركا ليست الشيطان الأكبر للشعوب فحسب، بل للسلطات أيضًا». ورأت الصحيفة في خطوة استباقية أن استمرار التظاهرات المصرية المناهضة لحكم مبارك حتى تنحّيه في الحادي عشر من شباط/فبراير ٢٠١١، يعود إلى مساندة الولايات المتحدة لمبارك(١٥).

---

(١٤) ثورة ٢٥ يناير.

(١٥) غوبي فريك، «هكذا! قام البيت الأبيض بإقالة مبارك،» معاريف، ٢٠١١/٢/١٣ (بالعبرية).

على الرغم من ذلك، أعلن المجلس العسكري المصري، منذ اللحظات الأولى لتسلّمه السلطة في مصر، التزامه المعاهدات الدولية التي وقّعتها مصر مع دول العالم، بما في ذلك إسرائيل، ليغلق المجلس الباب أمام أي محاولات مستقبلية للالتفاف على مصر.

استشعر ألوف بن، المحلل السياسي لصحيفة هآرتس مدى عمق الخلافات الإسرائيلية - الأميركية في شأن الثورة المصرية، حينما علل مدى أهمية مبارك لإسرائيل بمساعدته في توجيه الاهتمام الإسرائيلي العسكري نحو الشمال فحسب، دونما النظر إلى الجبهة الجنوبية، وهي الجبهة المصرية، ومساعدته في تقليص الميزانية العسكرية الإسرائيلية التي استُغلت في أغراض مدنية مهمة، بخاصة في النمو الاقتصادي الإسرائيلي[١٦]. ولذلك لم يُفاجأ أحد حينما وصفت شبكة «ديبكا» تنحي مبارك عن الحكم بـ «الكارثة»[١٧].

رحّبت الإدارة الأميركية بقرار التنحي، حينما أكد أوباما أن الشعب المصري قال كلمته ولن يرضى بأقل من الديمقراطية الحقيقية، مشيرًا إلى أن مصر تغيّرت إلى الأبد، كما أشاد الرئيس الأميركي بسلمية الثورة المصرية التي جمعت المصريين، مسلمين ومسيحيين. واستطرد قائلًا «إن العالم شهد لحظة حقيقية من لحظات التاريخ. لقد حرك المصريون مشاعرنا وألهمونا»[١٨].

ألقى أوباما خطابًا، في الثالث عشر من شباط/فبراير٢٠١١، أي بعد تنحي مبارك بيومين فقط، تضمن، تحليلًا ثقافيًا عميقًا لهذه الخطوة، ويضعها في صدارة الثورات العالمية، أشار إلى «الأمل في أن تخلق مصر واقعًا جديدًا، يجعل مصر تتحمل مسؤوليتها، لا إقليميًا فحسب، بل عالميًا أيضًا«[١٩]. أما الكاتب والأستاذ الجامعي الأميركي، نوعام تشومسكي، فرأى «أن الإدارة الأميركية تتبع كتاب 'السلوك المعتاد'، أي كما في حالات كثيرة خسر فيها دكتاتوريون مقرّبون من الولايات المتحّدة الحكم في بلادهم،

---

(١٦) ألوف بن، «إسرائيل تبقى بلا أصدقاء،» هآرتس، ٢٠١١/١/٢٩ (بالعبرية).

(١٧) «المشير طنطاوي لإسرائيل: الجيش الإسرائيلي لا يعمل في سيناء وأمان لا تعترف بالجيش المصري،» ديبكا، ٢٠١١/٢/١١ (بالعبرية).

(١٨) المصري اليوم، ٢٠١١/٢/١٢.

(١٩) السيد يسين، «الأصداء العالمية للثورة المصرية!» الأهرام، ٢٠١١/٢/١٧.

أو أوشكوا على ذلك، تُعتمد السياسة الروتينية نفسها. فمن ماركوس إلى دوفالييه وتشاوشيسكو الذي دعمه الأميركيون والبريطانيون كثيرًا، وسوهارتو» الذي دُعم لأطول مدة ممكنة، لكن عندما تخرج الأمور عن السيطرة، أي عندما ينقلب الجيش عادةً عليه، يتغير الموقف الأميركي ١٨٠ درجة، وتزعم واشنطن أنها كانت إلى جانب الشعب منذ البداية. قد تنجح هذه السياسة، أو تفشل، بحسب الظروف[٢٠].

ثانيًا: الموقف البريطاني

ظهر الموقف البريطاني مع الثورة مهادنًا وملتبسًا، ويشبه نظيره الموقف الأميركي في عدم الوضوح؛ إذ أجرى رئيس الوزراء البريطاني، ديفيد كاميرون، مكالمة هاتفية مع مبارك، عبَّر فيها عن قلقه الشديد مما يجرى في مصر، ولا سيما أعمال العنف والقمع ضد المتظاهرين، وحثّ كاميرون مبارك خلال اليومين الأولين للثورة على اتخاذ الإجراءات الكفيلة بتسريع الإصلاحات، حتى إن وزير الخارجية، وليم هيغ، دعا الحكومة المصرية إلى ضبط النفس ووجوب الاستماع، بصورة عاجلة، إلى المتظاهرين[٢١].

اكتفت بريطانيا بهذه الدعوات، وأرسلت طائرات لإجلاء رعاياها الراغبين في الرحيل، وفي الأول من شباط/فبراير ٢٠١١ وصف المتحدث باسم الخارجية البريطانية الموقف في مصر بأنه مفتوح على الاحتمالات كلها، ولا يمكن التنبؤ به. لكن «موقعة الجمل»، أرغمت كاميرون على القول إنها «أمر مشين»، داعيًا الحكومة المصرية إلى البدء الفوري بالإصلاح السياسي، مؤكدًا أن المرحلة الانتقالية في مصر يجب أن تكون سريعة، وأن تتسم بالصدقية، على أن يكون الانتقال إلى الحكم المدني جزءًا من التحوّل إلى الحرية والديمقراطية في مصر[٢٢].

استمر تذبذب الموقف البريطاني من الثورة طوال الحوادث الجارية،

---

(٢٠) «أوباما يتقيد بكتاب السلوك للتعاطي مع الدكتاتوريات؛ تشومسكي: الثورة في مصر رائعة وتداعياتها الإقليمية تبدو كبيرة،» السفير، ٢٠١١/٢/٢١.

(٢١) «ردود فعل عالمية على ثورة الغضب،» اليوم السابع، ٢٠١١/١/٣٠.

(٢٢) «تسلسل زمني: الأصداء وردود الفعل».

لكن مع اشتداد عـود المتظاهرين، وسقوط مبـارك، وإعلانـه تنحيـه، رحّبت لنـدن، مثـل غيرهـا مـن دول الاتحـاد الأوروبـي، بهـذا التطـور.

ثالثًا: الموقف الفرنسي

لم يختلف الموقف الفرنسي من ثورة ٢٥ كانون الثاني/يناير ٢٠١١ كثيرًا عن الموقفين الأميركي والبريطاني، حيث استهلت فرنسا مواقفها منذ اليوم الأول للثورة بالتنديد والشجب والأسف لسقوط قتلى في التظاهرات، تحت دعوى أن باريس تدعو إلى مزيد من الديمقراطية لدول العالم كلها، وهو تصريح تكرر لدى أكثر من مسؤول فرنسي، منهم وزيرة الخارجية ميشال أليو-ماري[٢٣]. ومع استمرار الثورة، وسقوط عشرات الشهداء والجرحى، وفي اليوم الرابع للثورة دعا الرئيس الفرنسي نيكولا ساركوزي، ورئيس الوزراء البريطاني ديفيد كاميرون، والمستشارة الألمانية أنغيلا ميركل، مبارك إلى إجراء عملية تغيير، وتأليف حكومة ذات قاعدة عريضة، وتفادي العنف بأي ثمن[٢٤].

استمرت دعوات الرئيس ساركوزي إلى إجراء تغيير سلمي في مصر من دون المساس بالمتظاهرين، وقال وزير الدفاع الفرنسي آلان جوبيه «إن في مصر نظام متسلّط، لكن من غير الوارد أن تحل فرنسا محل الشعوب نفسها التي تتخذ القرارات في بلدانها»؛ لافتًا إلى أنه ليست هناك ديمقراطية في مصر تتناسب مع المعايير التي تعتمدها باريس[٢٥]. في هذا السياق وجّهت وزارة الخارجية الفرنسية الدعوة إلى ستة من شبان التجمعات السياسية المصرية التي شاركت في ثورة ٢٥ كانون الثاني/يناير، لحضور ندوة في باريس عن التطورات التي شهدها العالم العربي (١٤ و١٥ نيسان/ أبريل ٢٠١١)، وكان من بين المدعوين اثنان أحدهما يمثل «الإخوان المسلمين»، والثاني «حزب الوسط»، بهدف دراسة العمل على علمانية الدولة المصرية، وتأييد معاهدة السلام المصرية - الإسرائيلية، والدفاع عن السلام مع الكيان الصهيوني، ومعارضة حركة «حماس»، والدفاع عن الرئيس مبارك، ورفض تقديمه إلى المحاكمة، والاصطفاف إلى جانب التيارات

(٢٣) المصري اليوم، ٢٠١١/١/٢٧.

(٢٤) «ردود فعل عالمية على ثورة الغضب المصرية،» الجزيرة نت، ٢٠١١/١/٣٠.

(٢٥) «ردود فعل عالمية على ثورة الغضب».

السياسية التي تتحالف ضد جماعة الإخوان المسلمين، لإضعاف أي حضور لها في مستقبل مصر السياسي[٢٦].

رابعًا: الموقف الألماني

في مساء اليوم الثاني للثورة، أعربت الخارجية الألمانية عن قلق حكومتها الشديد من الوضع في مصر، داعية جميع الأطراف إلى ضبط النفس ونبذ العنف. وتكررت تصريحات من المسؤولين الألمان، بدءًا بوزير الخارجية، غيدو فيستر فيلة، ورئيس لجنة الشؤون الخارجية في البرلمان الألماني، روبرشت بولنتس. وانتقد الأخير التقدير الأوروبي الخاطئ، قائلًا «إن الغرب كان يعتقد بوجود احتمالين فقط في المنطقة، إما الحكومات المستبدة، أو فوضى الإسلاميين، ولذلك قرر دعم الخيار الأول. إن الأنظمة المستبدة لا تحمي [الناس] من الإسلاميين، فهي في الواقع الحاضنة للأفكار المتطرفة»[٢٧].

على الرغم من هذا التصريح، ظل الألمان يدعون النظام المصري إلى نبذ العنف، والاعتراف بحقوق المتظاهرين، من دون التطرق إلى مبارك ونظامه. لكنهم، لاحقًا، راحوا يُطالبون ببدء عملية التحول الديمقراطي في مصر، من خلال تأليف حكومة مصرية موسعَّة، وإجراء انتخابات حرة ونزيهة. واختلف الموقف الألماني بعض الشيء عن غيره من المواقف الأوروبية والدولية، فوزير الخارجية الألماني هدد، عشية اليوم الخامس للثورة (٢٠١١/١/٣٠)، بخفض المساعدات الألمانية إلى مصر ما لم تُخفف السلطات المصرية إجراءاتها الصارمة تجاه المتظاهرين[٢٨]. وفي ما بعد رحّبت المستشارة الألمانية، أنغيلا ميركل، بقرار تنحي مبارك عن الحكم، وتسليم المجلس الأعلى للقوات المسلحة شؤون البلاد، ووصفت تلك الخطوة بالتغيير التاريخي، إلا أنها، دعت مصر إلى احترام «معاهدة السلام المصرية - الإسرائيلية»[٢٩].

---

(٢٦) فهمي هويدي، «فتش عن التمويل،» الشرق (الدوحة)، ٢٠١١/٥/١٤.

(٢٧) الشروق (القاهرة)، ٢٠١١/١/٢٨.

(٢٨) «تسلسل زمني: الأصداء وردود الفعل».

(٢٩) المصري اليوم، ٢٠١١/٢/١٢.

خامسًا: الموقف الأوروبي

لم يكد يوم الثورة الأول يمر، حتى دعا رئيس مجلس الاتحاد الأوروبي، هيرمان فان رومبوي، إلى إنهاء العنف في مصر، وإطلاق سراح المعتقلين السياسيين، ومن فرضت عليهم الإقامة الجبرية لأسباب سياسية؛ وبدء عملية الإصلاح الضرورية والاستماع إلى المطالب الشعبية المنادية بالتغيير؛ وهي الدعوة التي تكررت كثيرًا، حتى «موقعة الجمل» التي قالت عنها وزيرة خارجية الاتحاد الأوروبي، كاثرين آشتون «إن الاستخدام المتواصل للقوة ضد المتظاهرين أمر مقلق للغاية»(٣٠).

لكن، لم يكد يمر اليوم الخامس للثورة، حتى راح الاتحاد الأوروبي يطالب باحترام التزامات مصر الدولية(٣١)، في إشارة قوية إلى «معاهدة السلام المصرية - الإسرائيلية». على أن الاتحاد الأوروبي رحّب بتنحي مبارك، واعتبره بداية لطريق الإصلاح والتغيير.

سادسًا: الموقف الروسي

دعت الخارجية الروسية منذ الأيام الأولى للثورة الحكومة المصرية إلى الحفاظ على الأمن والسلم الأهليين في مصر، وحين أعرب وزير الخارجية الروسي، سيرغي لافروف، عن أمله في أن تُظهر القيادة في مصر مسؤولية وطنية، داعيًا السلطات المصرية إلى بذل ما بوسعها لضمان أمن المواطنين الروس في مصر. لكن «موقعة الجمل» دفعت الرئيس الروسي، ديمتري مدفيديف، إلى الاتصال بنظيره المصري حسني مبارك، ليُعرب له عن أمله في تسوية سلمية للأزمة في مصر(٣٢). وطوال أيام الثورة المصرية، كانت وسائل الإعلام الروسية تصف ما يجري في مصر بأعمال الشغب، في حين اكتفت بيانات الخارجية الروسية بالدعوة إلى الحفاظ على الاستقرار، ورفض الضغط الخارجي على مبارك، وتجنّب العنف، وضرورة الحوار بين طرفي الأزمة. لذا

---

(٣٠) «الردود الدولية على ثورة ٢٥ يناير».

(٣١) «ردود فعل عالمية على ثورة الغضب».

(٣٢) «ردود الأفعال العربية والدولية الرسمية تجاه الثورة المصرية».

يمكن القول إن الموقف الروسي من الثورة بدا غائمًا جدًا، فموسكو الرسمية كانت أَميَل، حتى اللحظة الأخيرة، إلى دعم الرئيس حسني مبارك، وأرسلت إليه ألكسندر سلطانوف، المبعوث الخاص للرئيس الروسي، في الثامن من شباط/فبراير ٢٠١١، أي قبل يومين من خلعه، تعبيرًا عن دعمها له[٣٣].

سابعًا: الموقف الصيني

في اليوم الثالث للثورة أقدمت السلطات الصينية على تعطيل البحث عن كلمة «مصر» في مواقع المدوَّنات الصغيرة، من خلال بوابات البحث الصينية، كما حُظرت المشاركات التفاعلية في المواقع الإعلامية الرسمية على الأخبار والمقالات التي تتناول الحدث المصري. وكلها إجراءات تعكس خشية السلطات الصينية من امتداد لهيب الثورة المصرية إلى الصين[٣٤]. ومع استمرار الثورة، استمرت الصين بمراقبة تلك التطورات بذهول حقيقي، وتخوفت بيجين من سقوط أنظمة ظلت تتمتع بعلاقات جيدة ومما يمكن أن تُفرزه هذه الثورات من وقائع ربما تؤثر في المصالح الصينية - المصرية. ولهذا بدت الصين مضطرة إلى التزام ما يشبه الصمت طوال فترة الثورة المصرية، بذريعة أن عدم التدخل في الشؤون الداخلية، ورفض أي تدخل خارجي هما مبدآن أساسيان للدبلوماسية الصينية. واستمر الموقف الصيني على هذا النحو، حتى بعد زيارة نائب وزير الخارجية الصيني، جاي جون، مصر، في آذار/مارس ٢٠١١، عبّر خلالها عن احترام الصين خيارات الشعب المصري، تبعت ذلك زيارة أخرى لنائب وزير التجارة الصيني في ٢٠ نيسان/أبريل ٢٠١١، ثم زيارة لوزير الخارجية الصيني، يانغ جي تشي، إلى القاهرة، التقى في خلالها رئيس المجلس العسكري المشير محمد حسين طنطاوي. ولوحظ أن المسؤولين الصينيين حرصوا على عدم تقديم التهانئ على انتصار الثورة المصرية[٣٥].

---

(٣٣) هاني شادي، «تناقضات الموقف الروسي من الربيع العربي» موقع المشهد، ٢٠١١/٧/٢٣، <http://www.al-mashhad.com/Articles/3769.aspx>.

(٣٤) عزت شحرور، «هواجس ميدان تيان آن مين - الصين بين ميادين التحرير والتغيير» (تقرير، مركز الجزيرة للدراسات، الدوحة، ٢٦ حزيران/يونيو ٢٠١١).

(٣٥) شحرور، «هواجس ميدان تيان آن مين».

ملحـق

من أوراق الثورة

الميدان
(قصيدة)

عبد الرحمن الأبنودي

أيادي مصرية سمرا ليها في التمييز

ممددة وسط الزئير بتكسر البراويز

سطوع لصوت الجموع شوف مصر تحت الشمس

آن الآوان ترحلي يا دولة العواجيز

عواجيز شداد مسعورين أكلوا بلدنا أكل

ويشبهوا بعضهم نهم وخسة وشكل

طلع الشباب البديع قلبوا خريفها ربيع

وحققوا المعجزة صحوا القتيل من القتل

اقتلني، قتلي ما هيعيد دولتك تاني

بكتب بدمي حياة تانية لأوطاني

دمي ده ولا الربيع الاتنين بلون أخضر

وببتسم من سعادتي ولّا أحزاني

تحاولوا ما تحاولوا ما تشوفوا وطن غيره

سلبتوا دم الوطن وبشيمته من خيره

أحلامنا بكرانا أصغر ضحكة على شفة

شفتوتش الصياد يا خلق بيقتلوا طيروا

السوس بينخر وسارح تحت أشرافك

فرحان بيهم كنت وشايلهم علي كتافك
وأما أهالينا من زرعوا وبنوا وصنعوا
كانوا مداس ليك ولولادك وأحلافك
ويا مصر يا مصر آن العليل رجعتله أنفاسه
وباس جبين للوطن ما للوطن داسه
من قبل موته بيوم صحوه أولاده
إن كان سبب علّته محبته لناسه
الثورة فيضان قديم
محبوس مشافوش زول
الثورة لو جد متبانش في كلام أو قول
تحلب وتعجن في سرية تفور في القلب وتنغزل فتلة فتلة في ضمير النول
متخافش على مصر يابا، مصر محروسة حتى من التهمة دي اللي فينا مدسوسة
ولو أنت أبوها بصحيح وخايف عليها اي تركتها ليه بدن بتنخره السوسة
وبيسرقوكي يا الوطن قدامنا عيني عينك
ينده بقوة الوطن ويقلي قوم
فينك ضحكت علينا الكتب بعدت بينا عنك
لولا ولادنا اللي قاموا يسددوا دينك
لكن خلاص يا وطن
صحيت جموع الخلق قبضوا علي الشمس بأيديهم
وقالوا لا من المستحيل يفرطوا عقد الوطن تاني
والكدبتاني محال يلبس قناع الحق
بكل حب الحياة خوط في دم أخوك
قول أنت مين للي باعوا حلمنا وباعوك وأهانوك
وذلوك ولعبوا قمار بأحلامك

نيران هتافك تحرر صحبك الممسوك
يرجعلها صوتها مصر تعود ملامحها تاخد مكانها القديم
والكون يصالحها عشرات السنين تسكنوا بالكدب في عروقنا
والدنيا متقدمة ومصر مطرحها
كتبتوا أول سطور في صفحة ثورة
وهما علما وخبرة مداورة ومناورة
وقعتوا فرعون هرب من قلب تمثاله
لكن جيوشه ما زالوا بيحلموا ببكرة
صباح حقيقي ودرس جديد أوي في الرفض
أتاري للشمس صوت وأتاري للأرض نبض
تاني معاكم رجعنا نحب كلمة مصر
تاني معاكم رجعنا نحب ضحكة بعض
مين كان يقول ابننا يطلع من النفق
دي صرخة ولا غني ودة دم ولا شفق
أتاريها حاجة بسيطة الثورة يا اخوانّا
مين اللي شافها كدة مين أول اللي بدأ
مش دول شاببنا اللي قالوا كرهوا أوطانهم
ولبسنا توب الحداد وبعدنا أوي عنهم
هما اللي قاموا النهاردة يشعلوا الثورة
ويصنفوا الخلق مين عنهم ومين خانهم
يادي الميدان اللي حضن الذكرى وسهرها
يادي الميدان اللي فتن الخلق وسحرها
يادي الميدان اللي غاب اسمه كتير عنه وصبرها
ما بين عباد عاشقة وعباد كارهة
شباب كان الميدان أهله وعنوانه

ولا في الميدان نسكافيه ولا كابتشينو
خدوده عرفوا جمال النوم على الأسفلت
والموت عارفهم أوي وهمّا عارفينه
لا الظلم هيّن يا ناس ولا الشباب قاصر
مهما حاصرتوا الميدان عمروا ما يتحاصر
فكرتني يا الميدان بزمان وسحر زمان
فكرتني بأغلى أيام في زمن ناصر
شايل حياتك على كفك صغير السن
ليل بعد يوم المعاناة وأنت مش بتئن
جمل المحامل وأنت غاضض
بتعجب إمتى عرفت النضال
اسمحلي حاجة تجن
أتاريك جميل يا وطن ما زلت وهتبقى
زال الضباب وانفجرت بأعلى صوت
لا حركتنا نبتسم ودفعت أنت الحساب
وبنبتسم بس بسمة طالعة بمشقة
فينك يا صبح الكرامة لما البشر هانوا
وأهل مصر الأصيلة اتخانوا واتهانوا
بنشتري العزة تاني والتمن غالي
فتح الوطن للجميع قلبوا وأحضانوا
الثورة غيض الأمل وغنوة الثوار
الليل إذا خانه لونه يتقلب لنهار
ضج الضجيج بالندا اصحي يا فجر الناس
فينك يا صوت الغلابة وضحكة الانفار
وإحنا وراهم أساتذة خايبة

تتعلم إزاي نحب الوطن وإمتى نتكلم

لما طال الصدي قلبنا ويأسنا من فتحه

قلب الوطن قبلكم كان خاوي ومضلم

أولنا في لسة الجولة ورا جولة

دة سوس بينخر يا أبويا في جسد دولة

إيوه الملك صار كتابة إنما أبدا

لو غفلت عينا لحظة يقلبوا العملة

لكن خوفي ما زال جوة الفؤاد يكبش

الخوف اللي ساكن شقوق القلب ومعشش

واللي مش راح يسيبه ولسة هيبقوا

وهيلاقولهم سكك وبان ما تتردش

وحاسبوا أوي من الديابة اللي في وسطيكم

وحاسبوا أوي من الديابة اللي في وسطيكم

والا تبقي الخيانة منك وفيكم

الضحك على البق بس الرك على النيات

فيهم عدوين أشد من اللي حواليكم

دقـات القدر
(قصيدة)

سيد حجـاب

(إلى خفافيش الليل القديم)

سقط القناع!
وبرقع الحيا.. شالوه!!
واتعرِّت السوءات وشاهت الوجوه!!
رفعنا قامة وهامة.. بانت الكرامة.
انكسر سم الأفاعي والضباع.
وبان لنا اللهو الخفي.. واللي خفوه.
واللي في لحظة يحضّروه.
واللي بمزاجهم يصرفوه.
وعرفنا مين فينا الجبان اللي اشترى فينا وباع.
واللي الجميع بيعرفوه!
ومين قتلنا وافترى وأدمن الخداع.
وشفنا مين مع الحقيقة وشمسها.
ومين سعى لطمسها.
ولما سألنا عن ضميرُه قالوا: ضاع.
طالعين وطالبين الشهادة..
.. ومين طلب حق الشهيد.

بيجرّموه.. أو يحرموه في سجنه من ابنه الوليد.
ويباركوا للي صاب نشانه عين أخوه:
«تسلم إيديك يا باشا... صبته فى النخاع»
ده قطع إيده... وفض فوه
وعار على اللي خلّفوه
أرنب على الأعداء... علينا احنا شجاع
إيشحال إذا ما كانتش سلمية... وإيد واحده يا هوه!
والعسكري العرة اللي عرى أخته... بنت أمه وأبوه.
عار ع اللي شوّه وش جيش الأمة.
والعار ع المشاع.
عار ع البيادة... والقيادة.
من اللي شار... واللي طرح.
للي اقترح... للي شرح.
للي أمر... واللي أطاع.
وأهو... كله ع المكشوف... وشوف.
المستخبي ذاع وشاع.
يا فارس الحلم النبيل.
يا حلم جيل من بعد جيل.
دلوقت...لا شيء مستحيل... إياك تتوه.
يا شعبنا الحر الحسيس.
يا ولاد حوريس.
آدى الهويس... وح تفتحوه.
يا أمة قومي... وفتحي عينيكي الوساع.
شوفي الغنا لبكرة بيعلا في الميدان.
يملا الودان... والفجر بان.

بس الأدان... بيخنقوه.

بكرة اللي جاي بالضي.

وبحق الشهيد الحي... مدوا له الدراع.

واستعجلوه... واستقبلوه.

وكله في الإمكان... وكله مستطاع.

وأي حلم بتحلموه

من حقكوا... وبعقلكو الشاب النوِّر ح تحققوه

وأحسن وسيلة للدفاع... هية الهجوم.

على عش بوم غشوم... مشوم..

وع البتاع... اللي سقط عنه القناع.

كله يزوم... وننطلق من الدفاع للاندفاع

واحنا فى إيدينا الدفة... والريح فى الشراع.

* * *

يا بياعين الكدب... بطّلنا شرا.

بضاعتكو بارت... كان زمان أوى وجَبَر.

السر في الأيام دي مش في البير..

ده طير بيطير..

وكل الدنيا شافت الخَبر.

بس انتو ما بتاخدوش عبَر.

نفس الكلام.. والاتهام ..

نفس النظام.. والشوشرة والانتقام والافترا.

الثورة مش تهمة..

الجريمة الكاملة واضحة لمن يرى..

بتقتلونا من بعيد..

وتطلعوا تحيُّوا الشهيد..

وتكركعوا في أكمامكو وانتو في الدرا.
وتهأهأوا وتستهزأوا... بضمير بليد..
باللي اتسحل... واللي اتعور واللي اتقبر.

* * *

يا ربابة الزمن القديم... المستجد المستديم..
المستبد ابن اليهودية اللئيمة ابن الزنيم..
اللي إذا اتمكِّن... غدر.
كان ألف لعنة عليه.. غباؤه ألمعي.
حفظها صم... ولم يعِ..
عقله اللي أد الترترة.
كبرت معاه... ظن الخيانة والعمالة..
والاستكانة للمهانة... ضمانة للسلطة..
وإن السلطة لذة مسكرة ومخدرة..
ربوا العيال على مال حرام.. وبقى النظام..
اللي سبق... سف وسرق..
ويا بخت مين لغّ وهبر!!
ياريتنا نصحى للكلام بقى وما نمشيش في الغلط..
ونقول مصالحة وعفو ونظام مختلط.
يجمع ما بين ماضي غَبَر..
بوشوش قديمة.. بصبغة ما تخبيش كِبَر؟؟
على حبتين إصلاح... وكلمة مؤثرة.
عن هدم دولة... ويترمى الجيل الجديد.
للمجزرة!!
الدنيا مش سرقة ونهيبة.
الكدب خيبة، والحقيقة السافرة.

احنا بقينا ف بكرة... والنور اتبدر.

وانتو يا بعدا.. مكلبشين..

في ظلام سنين غبرا... وأيام غابرة.

ولا أمريكان... ولا صهاينة... ولا عرب متصهينين.

لازقين على عروش خاينة بشوية غرا.

ولا فلوس... ولا فلول متشحورة.

ح يعوِّموكو... إمتى كانوا الغرقانين.

بيمدوا إيد للموحولين في شبر مية ف منحدر!

والحق حق... وحقنا وحق الشباب اللي اتغدر

اللي انكسر... ما يتجبر

الدم غالي... وعمره ما ح يروح هدر.

واللي خرج من قمقمه..

مارد محال تلجِّمه.. أو ينجبر.

ومن النهار دة... لا بالعصا ولا بالجزر.

والناس دي لا هي للركوب ولا للكِرَا.

لأ شوف كمان... الناس طوفان.

غضبان... وهَيَجانه خطر.

واسمعني يا بتاع يا اسمك إيه.

ح تسيب لنا بكرة إحنا أدرى باللي فيه.

وأولى بيه.

وتنذكر... فتنشكر... وتحترم وتُعتَبَر

يا ننكِّسك... ونكنسك.

يا نجردك... ونشردك في الريح تتوه توهة الغجر.

* * *

عالم جديد... حر وسعيد.

ما بقاش بعيد... فجره الوليد طاهر عفي.

مصري الضمير... والحق دينه ومذهبه.

وعالم الضلمة القديم.

ظُلمه الغشيم... تحت الهشيم.

لا بد... ولازم يختفي.

وينكفي اللهو الخفي... ونار سعاره تنطفي

والحق ظاهر... وشه طاهر.

لا البداوة... ولا العداوة..

ولا الغباوة تحجبه أو ترعبه..

ولا فتاوى من أبو جهل أو ابن آوى تحجِّبه

والمصرى مش ح يلين لمين يوم أرهبُه.

لا من سلالة أجنبي..

ولا من حثالة دون غبي..

لا عسكري... ولا مفتري... ولا أشعري..

ولا مذهبي... ولا لولبي.. ولا طائفي.

طول ما العقول متنورة..

إرادتنا مش متزورة..

نقدر ننَقِّي ونصطِفي.

ويا ويله مين هان شعبنا أو أغضبه.

فين الضمير؟! هوه انتو مش بتفهموا وتستوعبوا

ولا انتو مش بتتعبوا؟!

عايزين قصاص بالحق... والناس تكتفي.

الناس دي لا الزنازين تساعها..

ولا الجيوش تقدر على إخضاعها..

لا... ولا من جدورها تنخلع..

ولا من بلادها تتنفي

اشارتكو خضرا... طريق سلامة..

ارحلوا عنا بسلام... أو جربوا..

غضب الحليم... نار الجحيم..

من شعبنا الحر الوفي.

الوقت بيضيق اهربوا... ده لو لحقتو تهربوا!

قومي يا أمة... واهتفي

ومصدقك من غير - يا أمي - ما تحلفي

وأكيد أكيد... ح ينتصر دم الشهيد.

ونمد إيد مع مينا دانيال العنيد.

للجنة نلقى الشيخ عماد.. والنور يقيد..

وندور مع حور عين محاوطين موكبه..

وموكب الفجر الجليل.

وانزاح يا ليل... ارحل يا ليل.

يا نبعترك شذر مذر.

ولِمّ تعابينك يا ليل... ولم وطاويطك يا ليل..

وارحل عن الريف والحضر.

وشوف ياليل.

كل الضلام ده... شمعة واحدة تغلبه

وان كنت يا ليل وحش غابة نحش نابه ومخلبه

وان كنت بخت اغبر إيدينا السمرا قادرة تِقلبه

وإن كنت موت.. احنا اللي علِّينا الهرم..

هرم الخلود... حجر... حجر.

وان كنت باب مقفول.

إيدينا الحرة دقات القدر

مين اللي يقدر ع القدر... إذا حَضَر

تغريبة الميدان
(قصيدة)

محمد البحيري

الثورةُ جسرٌ كونيٌّ ... حملَ الإنسانَ إلى الإنسانْ
أن تلقي ذاتكْ تحت النارِ
وتجمعَ شعركَ من فوهةٍ بالبركانْ
أنْ تدخل حربًا ضد الخوفِ ولا تخشى
أن تصبح ربًا... أو قربانْ
ليشهدَ الكونُ الذكيُ تعامدَ الشمسِ البديع
متوّجًا رأس الشهيدِ في تغريبة الميدانْ

* * *

أطلق رصاصكَ ها هُنا... يا صاحبَ الشرفِ المُباعْ
عبرت دماءُ الثورةِ البيضاءِ خلف وجودنا!!
لتعودَ بالوطنِ المَشاعْ
والبرقُ نَسَّقَ وامضًا ومحرضًا
إيقاعهُ لطبولِ قافلةِ الجياعْ
من شقوق الأرض جئنا
من ثقوب الغضب جئنا
من تدابير السماء لدى السماء
وما تُعدُ لنا القصيدةُ بين أفلاكِ الجنونِ

وفوقَ أرصفةِ الضياعْ

كي تشهد الدنيا ولادةَ ثورةٍ

قنديلُها رأسُ الحسينِ

وكالمسيح ولادةٌ... في غيرِ قنطرةِ الجماعْ

وكانطلاقةِ نيزكٍ ينتهكُ أنسجة الرؤى

ورجال ضبطِ النفسِ والمبكى وأبعادَ الصراعْ

فتجلدوا... هي ساعةٌ... هي ساعةٌ

أو جنةٌ سَهرت تلونُ بالطِلا أعنابَها... لموتةِ الرجلِ الشُجاعْ

* * *

يوسفُ الصديقُ معتقلُ النبوءةِ والصبا

وللفرعونِ أن يبقى.. حتى يضاجع حُلمَنا

بأجملِ حورياتِ النيلْ

فَسَدَنَةُ بابِهِ العالي وحَملةُ عرشهِ باعوا!!!

أو بايعوا ولي العهدِ على دبابةِ إسرائيل

والشعبُ يحملُ - مُكرهًا - راياتِ خُبزهِ البيضاء

بنفق الجوعِ... الخوفِ... القهرِ... اللامعقول

فانتبذت مصرُ بحملها الشرعي عنا موئلًا

في رحم الحارةِ... في حشا مقهى الحسين

بجِرْسِ ساقيةٍ تُهيّئُ لحنها للظلِ.. أو للطلِ

أو للريحِ لاقحةً حواشيَ الحقول

حتى إذا عنّ المخاضُ

انفصل فارسُها الملثم عن

خصوبةِ حبلها السُرّي

فانتزع الفتيل

كي تلدَ بالميدانِ رَتلَ زلازل

سلاطينًا... براكينًا... ملائكةً مغامرةً
حصى طيرٍ أبابيلْ
دم الشهداء على جدار مُتحفنا برقٌ
يسيل... حُداءَ القبلة الأولى
أريجَ الكلمة الأولى
صلاةَ وليٍ بالكعبةِ في عام الفيل
دم الشهداء على جدار متحفنا
صبٌ يقول... صُراخُنا رعدٌ
وليلُ حصارِنا مجدٌ... حجارتُنا
الصغيرة في مجال الغاز والخرطوش
من لظى سجيل
دمُ الشهداء بباب القائد إبراهيم
علمُ المحروسة رفّ ليرفُلَ شكل العالم
فوق جناحي جبرائيل
دم الشهدا يا وجه ثورتنا... سَريرةُ عشقها
نوى صُندوقِها الأسود... فرسٌ يُعبِّدُ مَدْرجًا
ما بين حي الأربعين
وحانةً للعاشقين بقبرِ الجندي المجهول
دم الشهداء فسّر مصر تفسيرًا سماويًا
بأولِ إقرأ بالتاريخ... إقرأ ترقى
وتَقلّد صرخةَ يوحنا في أروعِ آياتِ الإنجيل
لا يعرفُ أنصافَ الثوراتِ... نُعالُه سقفُ المطالبِ... لا يعي
أنصافَ رجالٍ قتلونا أنصافَ حلولْ
و لذا أقول يا فرعونُ... يا فرعونُ... يا فرعونُ
احمل عصاكَ... ولتبادر بالرحيل

احمل عصاكَ... ولتبادر بالرحيل

* * *

لأن الثورةَ في البلادِ وجهُ نبيٍ غاضبٍ
- عليه من قلبي السلام -
خَلّصَنا من تِيهنا... من ربْعنا الخالي بنا
ومن معاقرةِ الحشيش... ومن عبادةِ الأصنام
أسماؤنا... تتوحد الأسماءُ... كلُ الجيلِ ثائر
كُلنا في سِكّةِ التحريرِ قَشّرَ قلبَهُ
فحلّ في كيميائهِ قلبُ الصحابي المهاجر
كُلُنا حتى الصغارُ نريدُ إسقاطَ النِظام
فانتهوا عن أرضِنا... وعن خرائط حُزننا
عن دولةِ الشهداءِ يا... بغايا سلطةِ الأقزام
انتَهوا ولتَحمِلوا عن أرضِنا أذنَابكُم
سنشطبُ منْ تاريخِنا أسماءَكُم. أسماءَكُم
سنشطبُ حين نكْتُبه
عَمودَ مُسيلَمةِ الكذوب لِدى جريدةِ الأهرام
لتنتهوا... وخذوا المتاريسَ الجواسيسَ التقاريرَ
التراخيصَ انتهوا
عن فقرِ دَمِنا المُستباحِ بصفقةِ القِطاعِ العامْ
خُذوا العمالةَ البطالةَ التنطعَ السفالة
لتأخُذوا عنا جُيوبَ الحكمِ أولادَ الحرام
خذوا نَشعَ العنوسةِ من سريرِ شَقيقَتي
خُذوا الدستورَ مدفوعًا على الكرسي - قبلَ الحَقْنِ -
خارجَ معهدِ الأورام
خُذوا ثِمارَ اللوزِ من يدِ الأطفال

خُذوا الصَليبَ خذوا الهلال

خُذوا الحَلالَ خُذوا الحَرام

خُذوا كِباشَ العيدِ من بشارةِ ليلةِ الأضحى

خُذوا شَمعَ الكَنائسِ مِن ظُهورِ أعيادِ القيام

خذوا إنجيلَ يوحنّا... خُذوا النيرانَ الجنة

وإفكَ الناسخِ العِبريّ لمتنِ سورةِ الأنعام

خُذوا القمحَ المُسرطَنَ... ما تحيضُ أكياسُ الدجاج

خُذوا سَماسِرةَ الحياةِ على قراراتِ العِلاجْ

خُذوا نُطفَ الرجالِ... وما تُخبئ ظلمةُ الأرحام

خُذوا رَغيفَ المُعْدَمينَ... حافلةَ الموظفين.

ليلَ مقاهي العَاطِلين... وصُبحَ أبراجِ الحَمامْ

خُذوا سبعينَ مليارَ حصانًا عربيًا أسرَجَها

فُرسانُ المعبدِ قربانًا... جدارًا عازلًا عنّا... مدافعَ دولةِ الحَاخَام

خُذوا السُكوتَ... خُذوا الكَلام

واتركوا دمَ الشهداءِ لِكي يُرَوّي أرضَنا

حتى نحررَ قمحنا. قَرنًا. قُرونًا. ألفَ عام

ولكي نُفكرَ نِصفَ ساعةٍ... فنعرفَ وطننا

بدونِ وزارةِ الإعلام

* * *

لن يقبلَ الشُهداءُ منّا... كَي نُكفّنهم

مجردَ أن يُذلوا باستقالة

فالراحلونَ. القادمونَ. الصامتونَ. الآمنونَ

بِظلِ فِرعونَ حُثالة

رُدوا مساكِنَ الفُقراءِ من حقائبِهمْ لنا

لتُحالَ أوراقُ اللصُوصِ إلى دواوينِ العدالة

أعيدوا رافدًا للنيلِ من شفا أرصدتِهم
ومن حُليّ نسائِهم
مما استباحَ كِلابُهم ورقيقُ صاحبةِ الجَلالة
ردوا منابِرَ القُدسِ الشّريفِ طليقةً خضراء
ليدفعوا من لحمِهمْ... من عُمرِهم ثَمنَ العِمالة
أعيدوا الأرضَ... مِلحَ العِرضِ... والتاريخَ يا سادة
أعيدوا لنا مِصرَ المُقالة
يا يُوسفُ الصدّيقُ عبّر زمَننا
نَهرٌ وبحرانِ وشعبٌ جائع
كَيما تُحاصِرهُ القنافذُ والبطالة؟
يا يوسفُ الصديقُ ضَمّدْ جُرحنا... قَدّوا
قميصَ حبيبَتي... اغتصَبوا الغزالة
يا يوسفُ الصِديقُ قُم...
هـذي حُشودَ الشعبِ ما عادت تخاف
فِرعونُ جوّعَنا ثلاثينًا عِجَاف
لكنهُ ما انتزعَ جِينات الأصالة
لتعرفَ الأطفالُ في حاراتِ مصر
أنّا بنارِ الغَضَبِ أبلغنا الرسالةَ
أنّا بِنَارِ الغَضَبِ أبلغنا الرِسالة

* * *

لم تُعلنْ جِهةٌ مَسؤولةٌ... يا عمي
عن هذا الحَادِث
ذَبحوا ولَدَكَ. عمْدًا. عمْدًا... بالشارعِ يا عبدَ الوارِث
داسوهُ بأحذيةِ (العادلي) ألفيّ مرة
سحلوهُ لكيْ يئِدوا الثورة

ورَمَوهُ إلى كَلبٍ لاهث

وجِلٌ ولَدُكَ عَبدَ الوارث

مُلقى في صدرِ حَبيبته

يَتَخطفُ كَمدًا أنفاسَه

وحبيبتهُ تَضعُ المِنْديلَ على الثُقب

تَصرُخ في وجهِ القَنّاصَة

هل يُؤخذُ قلبيْ من قلبي

هل تُنزعُ رُوحِي من رُوحِي

هل يُنهى حُبي برَصَاصَة

أدماءُ حَبيبِي يا وَطَني كَدِماءِ يَسوع؟!

تَجرعَ كلّ خَطايانا كَي يُهدي للشعبِ خَلاصَه

هلْ أنتم..بشرٌ.. غجرٌ.. تترٌ.. أوبئةٌ

تُجّارُ رَقيقٍ نَخَاسة؟!

هَل أنْتُم حَقًا دِرعَ الوَطن إزاء اُلفتْنةِ والفَوضى؟!

أم قَيءٌ وكِلابُ حِراسَة

هلْ أنْتُم حَقًا مِصرِيون؟

أرضَعْتُمْ ثديَ النيلِ الحُرِّ على مَهَلٍ؟

ورسَمْتُم قَمحًا نَخيلًا ما بين ذراعيّ كَرّاسَة

آمنْتُ بِحُبي مَصلوبًا.. آمنت بِحُبْي مَصلوبًا

وكَفْرتُ فسادًا وسياسَة

أنا آخِرُ عاشِقةٍ شَهدتْ في حُبها زَمنَ البلادة

أنا المجهولةُ في وطَني

أنا المولودةُ في العراءِ المُرّ من عامِ الرَمَادَة

أنا المَوؤودَةُ في بَلَدِي

وأنا الخَنْساءُ وولّادَة

وأنا الرَيحَانةُ بِنتُ عَبيرِ السِتةِ عَشر
أنا العاشِقَةُ الثاكِلةُ الأرمَلةُ البِكْر
أختَصِمُ لِرَبيْ كُلّ العَسكَرِ والقَادَة
شَفتي تلتفُ على شَفتيه... لأولِ مرةٍ أحياهُ
تَحتَ أحذيةِ العساكِرِ.. تَحتَ آلاتِ الإبادَة
فَهلْ أُقبّل ثغرهُ قُبَيلَ المَوتِ يا وَطَني
أمْ أُلقّنَهُ الشَهادة

* * *

شَبابُ مِصرَ... وَقودُ ثورَتِها البليغةِ... دِفءُ عَينَيها
كَثافةُ صُبحِها المَجدولِ في شَمسِ الكَنانَة
يا مَن تَسلّقتُمْ جُذوعَ المُفرَداتِ النافِقَات
لتَنْزعوا أوراقَهَا... حَتى كشفتُم عَورةَ الشّيطانِ
في قَصرِ الخِيانَة
يا مَنْ وضعتُم التاريخَ بِمحنةٍ عَفْويةٍ
ونَزَعتُم الجُذرّي عَنا... عن أصابعِ فجرِنا
عن وجه أُمّتِنا المُهانَة
بغيرِكُم كُنّا رؤىً مَسحولةً.. وأنفسًا مقتولةً
وأوجُهًا حَمَلَتْ مَلامِحُهَا براهينَ الإدانة
حتى صبَغتُمْ شَيبَنَا في طِينةِ النيلِ الجميلِ
أعدتم القمَرَ المُهجّرَ... نحو أكواخِ الحَزانى
آهٍ وآهٍ أروعَ الأجيالِ... كيفَ انتَفَضَ جيلٌ بين أصلاب الخيال
ليَحملوا أفكارَهُم... وليَحملوا أوزارَهُم
وليَحمِلوا عَنّا وعن مِصرَ الأمَانَة
لا تَبرَحوا المَيدَانَ مهما اصْطفّ خَلفَ الصَفِ كَيدُ الغَادِرينَ
ابْقوا بِحفظِ اللهوَ العِشقِ المُكتّمِ في دمانا

سيقضي اللهُ والتاريخُ في شُهدائِنَا.. وَبِمَن
يُصَوِّبُهُ إلى عَدمٍ مَرمَى رَصَاصَته الجبانة
سَيَقْضِي اللهُ والتاريخُ بينَ أحفادِ الحُسَين
وبينَ أحفادِ اليَزيدِ بن العَقيمِ مُرْجَانة

* * *

خَيلٌ وجِمالٌ وبِغالٌ. طاعُونُ البارابلطجية!!!
هل هذا حشدٌ وطنيٌ... أمْ عَودٌ للجَاهِلية
يا هَذا العَالِقُ مِن خِصيَتِهِ في إفريزٍ بِالتَاريخ!
يا هذا الرَاكِبُ فَوقَ بَعيرِ الوثَنيّة
هَلْ كَثُرَ عَليكُم أن نَحيا كَالعُشبِ على حَجَرٍ عَارٍ
هَل كَثرَ عَليكُم أن تُسقَوا من حَوضِ رسولِ الحُرية
أتعودُ الردةُ للمَيدان
أيُكسَرُ فينا ألَقُ الروحْ
أنَقرأُ تفسيرَ القرآنِ لَكُم باللغةِ العِبرية
أيُسحَقُ جيلٌ عَلّمَنا بالحُبِ بواطِنَهُ الأولى
أنُساقُ إلى أمنِ الدولةِ قِطعانَ خِرافٍ مَخصِية
مَن عَلّق مِصرَ وأقعَدَهَا فَوقَ الخَازوق
سوى الخَازوقِ... سوى الأحكَامِ العُرفيّة
مَن فَصّلَ هذا الدُستُور؟
مِن ضَربَ الثَورةَ بالسّاطور؟
ورَخّصَ مِن وَرقِ الحَمّامِ لِمصرَ جَرائِدَ رَسمية
مَن أغرَقَ مِصرَ سوى القَوادِ
سوى الطّبال
سوى الرقّاصِ على أحبالِ الحِزبيّة
مَن جَعلَ السُلطةَ ربًا آخرَ.. كَي تُعبَد

بِرؤىً وفَتاوى شَرعيَة

مَن عَلّمَنا أن نَكتُبَ شِعرًا وَطنيًا

يَضبِطُ إيقاعَ (الصّاجَات).. يَكفُر بالجُمَلِ الفِعْلية

أن نرقُدَ فَوقَ البَيْضِ ليَفْقِسَ وعيًا مَثقوبَ العَينَين

كَورقِ الخُططِ الخَمسيّة

مَن قَيّدَ مِصرَ سوى امرأةٍ

تُهدي وطنًا.. أرضًا.. عرضًا

لِغُلامٍ فَقدَ الأهْليّة

مَن أسكَننا بِالجَبّانَاتِ وأقْصى مِصرَ من المَيدان

بِكُل الدُولِ العَربيَة

يا هذا الرَاكبُ فَوقَ بَعيرِ الوثنيّة

أرِحْ رِكابكَ مرةً.. للثورةِ البيضاءِ خيلٌ باتجاهِ النيلِ يجري

في مدارِ الشمسِ يجري... في مَسَارِ القمرِ يجري

كُلٌ في فَلكٍ مَقْدورٍ يُشعلُ دَورتَنا الدَمَوية

لن يَرجعَ زَمنُ الفَاشيّة

لن يَرجعَ زَمَنُ الفَاشيّة

* * *

الآن تَرتَفِعُ السِتَارة... الآن تَرتَفِعُ السِتارة

حَمَائِمُ المَيدانِ في مَرايا عَرضِها الأول

تُراوِدُ ما يُوازي الروحَ عبرَ مجازِها المُرسل

أذابَ الكُلُّ بَعضَ البَعضِ حلَّ الضِدُ في وطني

خُلِقْتُ لِكي أُحِبَ الحُبَ... والمُشتاقُ لا يُسأل

أنا في غُضونِ اللحظةِ الأزمانِ تشويقٌ

ربيعيُ التفتحِ والإثارة

الآن ترتفعُ السِتارة

نُذهِلُ الدنيا ونُقنِعُها ونُقنِعُنا
بأنّا الآن كنّا.. أو بأنّا الآن صِرنَا
مهدَ أفلاكِ الحَضَارة
ضفائِرُ في طعمِ المَساءِ وقدْ تَجلىّ عُنوةً
عَليهِ دَرويشٌ ليلتقِطَ التباسَاتِ الإشارة
يا هَذا العارفُ بالهوى.. احتملِ الهوى.. أنتَ الهوى
والكأسُ جديدٌ وشَهيدٌ
ونساءُ بلادي سِلميًا تشرَبُ مِن خَلوتهِ نَارَه
ضفائِرُ تمنَحُ الثُوارَ خِصبَ الجنّةِ الأولى
مِن طَمي نيلنا المنقولِ من أساطيرِ الجَنوب
إلى دكَاكينِ العِطارة
ضَفائِرُ تَنقلُ الجَرحَى... تطيرُ كأنها رُمحٌ
تُحرّضُنا فتسبقَنا نحو الشهادَةِ عن جَدارة
ضفائِرُ تكنسُ المَيدانَ... تحتَ القَصفِ والنيران
ضَفائِرُ تقرأُ القرآنَ تَحتَ أعمِدةِ الإنارة
تمنحنا الكِسرةَ والأشعار. الحَطَبَ اليابِسَ والأحْجَار
تُغنّي مِصرَ على أوتَارِ الجيتارَة
تُشاطِرُنا هَوَسَ الأحْلام
على أنْغَامِ الشّيخِ إمام
وبَحةِ ناصرٍ وجيفارا
تسبَحُ فِي بَحرِ الظُلُمات
تُؤمِنُ في مِلحِ الكَلِمَات
تَجعلُهَا طًوقًا مِن صَدَفٍ
يَنْتَشِلُ ضَحَايا العَبّارَة
بِكُلّ يَومٍ تُسنِدُ المَيدانَ - شرنقةَ الحرير - إلى غديرٍ واضطجاعة

بِكلّ يومٍ تَحفِرُ الريحَ المُؤمَم والمُحَاصَرَ بالعَسَاكِرِ والإشَاعة

بِكلّ يَومٍ مِثلَنَا... تَنتَظِر وَطَنًا خَارجًا مِن دِينِ أخْبَارِ السِفارة

ضفائرُ تَنزِعُ السُلطانَ والوَريثَ والخِصيان

والأفيونَ والبرشَامَ مِن دَواليبِ الوزَارَة

ضَفَائر.. كَفرَتْ بأكوَامِ الذُبَاب

كُلَ مَصَارِفِ الكُتّاب

حتى لَجْنَةُ الأحزابِ سُوقُ أسواقِ الدّعَارَة

ضَفَائر... قد أفْهَمَتني كَيفَ يَصمِدُ رُبعَ قرنٍ

جيشُ أطفالِ الحِجَارة

* * *

إني أصيحُ بِلا مَجازٍ فاسْمَعُونِي.. واعْقِلوا

للثائِرِ الحُرِّ التباسٌ واحِدٌ

يَعيهِ قَبلَ الفوتِ يبلُغُ مِن خِداعِهِ.. رُشْدَه

الشعبُ طلّقَ عَنهُ حاشيةَ التَعهُر.. فالتَوَت

في غَنْجِ عَقرَبَةٍ تُوفي منهُ أشهُرَ العِدّة

ورئيسُ البَرلمَانِ يُعِدُّ أدوَارَ القُرودِ

يَقُودُ ثَورَتهُ المُضَادة

فاحذَروا أنْ تُسرَقوا مِن أعيُنِ البُسَطاءِ..لا

من لَمّةِ المَيدانِ.. لا

لا واحْذَروا أن تَدخُلوا بِهِم إلى زَمَنِ الرِدّة

فَحَربُ الإشَاعَةِ، والمَواقِفِ، والطَوائِفِ، الميديا، دَسُ الكِلاب

مُسلسَلُ الأحزَابِ، نُخْبَتُنَا البَريئَةُ، الفيتو، ضَربُ الكَنائس

كُلُهَا خُطَطٌ مُعَدَّة

وغِيابُ الأمْنِ، الخَوفُ في عَينِ الصَبيّةِ، لافِتاتُ الحَيضِ والتَكّفير

(وقْفُ الحالِ)، بَلطَجَةُ الحِوارِ، تَذمرُ الشَعبِ، اختِنَاقُ البَاعَةِ المُتَجولِينَ

خَريطَةُ التّقسيمِ سَلفًا... كُلُّها خُطَطٌ مُعَدّة
فَتَوحَدوا.. حَاذوا المَنَاكِبَ والقُلوبَ والأقدَامَ... تَوحَدوا
سُدُّوا فُرَجَ القَادِمينَ لِيطْرَحُوا سِيناريو الأُمَمَ المُتَّحِدة
ولَيَهْزِمَنَّ اللهُ مَن هَزمَ الضَميرَ تَنَطُّعًا
ولَيَنصُرَنّ اللهُ جُندَه
ولَيَنصُرَنّ اللهُ جُندَه

الطَّرِيدَةْ!
(قصيدة)

عبد الرحمن يوسف

حَيٌّ الشُّعُوبَ تَقُودُ اليَوْمَ قَائِدَهَا تُزِيحُ ظُلْمَةَ لَيْلٍ كَيْ تَرى غَدَهَا
لَمْ تَخْشَ سَيْفًا، ولَمْ تَعْبَأْ بِحَامِلِهِ فَأَحْجَمَ السَّيْفُ خَوْفًا حِينَ شَاهَدَهَا
مَعْ كُلِّ نَائِبَةٍ للأَرْضِ تُبْصِرُهُمْ مَعْ أَنَّهُمْ أُشْرِبُوا غَدْرًا مَكَائِدَهَا!
قَدْ كَسَّرَتْ صَنَمًا، واسْتَنْهَضَتْ هِمَمًا واسْتَعْذَبَتْ أَلَمًا، كَيْ لا يُطَارِدَهَا!
ثُوَّارُنَا بُسَطَاءُ النَّاسِ قَدْ بَذَلُوا مَعْ أَنَّهُمْ حُرِمُوا دَوْمًا مَوَائِدَهَا!
شَبِيبَةٌ حُرِّرَتْ مِنْ كُلِّ مَنْقَصَةٍ قَدْ وَدَّعَتْ لَيْلَهَا، والصُّبْحُ وَاعَدَهَا
قُلْ للذي قَدْ طَغَى أُخْزِيتَ مِنْ صَنَمٍ بِذُلِّ أُمَّتِنَا أَخْرَجْتَ مَارِدَهَا
اللهُ سَطَّرَ أَنَّ الأَرْضَ قَادِرَةٌ فَهَلْ سَيَجْرُؤُ عِلْجٌ أَنْ يُعَانِدَهَا؟
دَرْسٌ من اللهِ للإِنْسَانِ عِبْرَته أَنَّ الفَرِيسَةَ قَدْ تَصْطَادُ صَائِدَهَا!

* * *

مَاذَا بِرَبِّكَ تَنْتَظِرْ ...؟
أَنْ يُصْدِرَ الرَّحْمَنُ أَمْرًا بانْتِدَابِكَ فَوْقَنَا رَغْمَ الثَّمَانِينَ التي بُلِّغْتَهَا؟
هَلْ خَبَّأَ الحُرَّاسُ عَنْكَ سُقُوطَ بَعْضِ مَمَالِكٍ مِنْحَوْلِنَا كم زُرْتَهَا؟
لَمْ يَنْتَبِهْ جَلادُهَا لإِشَارَةٍ كَبِشَارَةٍ
قَدْ أُطْلِقَتْ بِحَرَارَةٍ وَجَسَارَةٍ وَمَرَارَةٍ

مِنْ قَلْبِ مَنْ مَلُّوا الحَيَاةَ مُحَدِّقِينَ بِذَلِكَ الوَجْهِ العَكِرْ!...
لَنْ يُصْدِرَ الجَبَّارُ أَمْرًا بالخُلُودِ سِوَى لأَرْضٍ خُنْتَهَا...
يَا أَيُّهَا العُقَلاءُ هَلْ مِنْ مُدَّكِرْ...؟!

* * *

مَاذَا بِرَبِّكَ تَنْتَظِرْ...؟
أَنْ يَكْسِرَ الثُّوَّارُ بَابَكَ؟
حِينَهَا هَيْهَاتَ تَقْدِرُ أَنْ تُمَثِّلَ فَوْقَ شَاشَاتِ القِوَادَةِ
دَوْرَ غَلابِ العِبَادِ المُنْتَصِرْ!...
لَوْ حَاصَرَ الثُّوَّارُ قَصْرَكَ فِي الظَّلامِ فَسَوْفَ تَخْذُلُكَ الحِرَاسَةُ والحَرَسْ...
سَتَصِيرُ قِطًّا عَلَّقَ الفِئْرَانُ فَوْقَ قَفَاهُ فِي اللَّيلِ الجَرَسْ...
لاحِظْ فَإِنَّ هُنَاكَ بَعْضَ مَمَالِكٍ
لَمْ يَنْفَعِ السُّلْطَانَ فِيهَا كُلُّ أَسْوَارٍ وَأَجْنَادٍ فَغَادَرَ وانْتَكَسْ...
هِيَ سُنَّةٌ للهِ تَصْدُقُ دَائِمًا
يَتَكَلَّمُ الثُّوَّارُ بالحَقِّ المُبِينِ
تَرَى البَنَادِقَ قَدْ أُصِيبَتْ بالخَرَسْ!...

* * *

مَاذَا بِرَبِّكَ تَنْتَظِرْ...؟
عَوْنًا مِنَ الأَغْرَابِ؟
أَمْ عَوْنًا مِنَ الأَحْبَابِ؟
أَمْ عَفْوًا مِنَ الشَّعْبِ الذي قَدْ سُمْتَهُ سُوءَ العَذَابْ..؟
مَاذَا أَشَارَ عَلَيْكَ قَوَادٌ وحَاشِيَةٌ تُصَعِّرُ خَدَّهَا للنَّاسِ؟
أَنْ تُلْقِي خِطَابًا آخَرًا؟

وتقول: إِنَّ الذِّئْبَ تَابَ!...

مَاذَا يُفِيدُ خِطَابُكَ المَحْرُومُ مِنْ أَدَبِ الخِطَابْ..؟

مَاذَا سَتَفْعَلُ...؟

والمَكَانُ مُحَاصَرٌ بِجَمِيعِ مَنْ عَيَّرْتَهُمْ بِالفَقْرِ أَوْ بِالجَهْلِ والأَمْرَاضِ

أَوْ حَذَّرْتَهُمْ سُوءَ المَآبْ!...

سَتَقُولُ قَدْ خَدَعُوكَ...؟

مَنْ ذَا قَدْ يُصَدِّقُ كَاذِبًا في وَقْتِ تَوْقِيعِ العِقَابْ...؟

مَا زِلْتَ تَحْسَبُ أَنَّ طِيبَةَ قَلْبِنَا تَعْنِي السَّذَاجَةَ

لا...

فَنَحْنُ القَابِضُونَ عَلى مَقَابِضِ أَلْفِ سَيْفٍ

يَسْتَطِيعُ أَنْ يُطَيِّرَ ما يَشَاءُ مِنَ الرِّقَابْ...

لا تَعْتَمِدْ أَوْ تَعْتَقِدْ أَنَّ التَّسَامُحَ إِنْ أَتَى الطُّوفَانُ مَضْمُونٌ

لأَنَّكَ حِينَ تَبْدَأُ بِالتَّفَاوُضِ

والمِيَاهُ تَهُزُّ تَاجَكَ

سَوْفَ تَعْرِفُ كَمْ تَأَخَّرَ نَاصِحُوكَ عَنِ النَّصِيحَةِ

سَوْفَ تَعْرِفُ كَمْ يَتُوقُ الشَّامِتُونَ إلى الفَضِيحَةِ

سَوْفَ تَعْرِفُهَا الحَقِيقَةَ

أَنْتَ مَحْصُورٌ كَجَيْشٍ هَالِكٍ

كَانَتْ لَهُ فُرَصُ النَّجَاةِ مُتَاحَةً

لَوْ كَانَ قَرَّرَ الانْسِحَابْ!...

يَا أَيُّهَا المَحْصُورُ بَيْنَ الرَّاغِبِينَ بِقَتْلِهِ

أَنْصِتْ بِرَبِّكَ

قَدْ أَتَى وَقْتُ الحِسَابْ!...

يَا مَنْ ظَنَنْتَ بِأَنَّ حُكْمَكَ خَالِدٌ

أَبْشِرْ فَإِنَّ الظَّنَّ خَابْ!...

* * *

مَاذَا بِرَبِّكَ تَنْتَظِرْ ...؟

قَبْرًا مُلُوكِيًّا؟

جِنَازَةَ قَائِدٍ؟

ووَلِيَّ عَهْدٍ فَوْقَ عَرْشِكَ قَدْ حَبَاهُ اللهُ مِنْ نَفْس الغَبَاءْ...؟

كُنْ وَاقعيًّا...

كُنْتَ مَحْظُوظًا وشَاءَ الحَظُّ أَنْ تَبْقَى

وهَا قَدْ شَاءَ أَنْ تَمْضِي

فَحَاوِلْ أَنْ تغَادِرَنَا بِبَعْضِ الكِبْرِيَاءْ...

لا تَنْتَظِرْ حَتَى تُغَادِرَ في ظَلامِ الليلِ مِنْ نَفَقٍ إلى مَنْفَى

يُحَاصِرُكَ الشَّقَاءْ...

حَرَمُوكَ طَائِرَةَ الرِّئَاسَةِ

لا مَطَارَ يُرِيدُ مِثْلَكَ

لا بِسَاطٌ أَحْمَرٌ عِنْدَ الهُبُوطِ ولا احْتِفَاءْ...

قَدْ صِرْتَ عِبْئًا

فَاسْتَبِقْ مَا سَوْفَ يَجْري قَبْلَ أَنْ تَبْكِي وَحِيدًا كَالنِّسَاءْ...

مَا زِلْتَ تَطْمَعُ تَدْخُلُ التَّأريخَ مِنْ بَهْوِ المَديحِ

وإنَّ شِعْري قَالَ

تَدْخُلُهُ، ولكِنْ مِنْ مَواسِيرِ الهِجَاءْ!...

في خَاطِري يَعْلُو نِدَاءْ...

مَنْ عَاشَ فَوْقَ العَرْشِ بالتَّزْويرِ يَرْحَلُ بالحِذَاءْ!...

* * *

مَاذَا بِرَبِّكَ تَنْتَظِرْ...؟

حَدِّقْ بِمِرْآةِ الزَّمَانِ وقُلْ لِنَفْسِكَ
كَيْفَ صِرْتَ اليَوْمَ رَمْزًا للمَذَلَّةِ والخِيَانَةِ والخَنا...؟
مَاذَا تَرَى في هَذِهِ المِرْآةِ غَيْرَ مُجَنَّدٍ لَمْ يَسْتَمِعْ لضَميرِ أُمَّتِه
فَوَالَسَ وانْحَنَى...!؟
مَاذَا تَرَى فيها سِوَى وَجْهٍ تُغَطِّيهِ المَسَاحِيقُ الكَذُوبَةُ دُونَ فَائِدَةٍ
فَيُبْصِرُهُ الجَميعُ تَعَفُّنَا...!؟
اصْرُخْ أَمَامَ جَلالَةِ المِرْآةِ
ثُمَّ اسْأَلْ ضَمِيرَكَ مَنْ أَنَا...؟
سَتَرى الجَوَابَ يَعُودُ
أنْتَ القَائِدُ المَهْزُومُ لُحْظَةَ أَسْرِهِ
مُتَذَلِّلًا
مُتَوَسِّلًا
مُسْتَنْجِدًا بِعَدُوِّهِ مِنْ أَهْلِهِ
وإذَا خَسِرْتَ ذَويكَ لَنْ يُجْديكَ أَنْ تَرْضَى الدُّنَا...
فَاتْعَسْ بِذَمِّ الشَّعْبِ
ولْتَهْنَأْ بِمَدْحِ عَدُوِّنا!...

* * *

مَاذَا بِرَبِّكَ تَنْتَظِرْ...؟
القَادِمُ المَجْهُولُ أَصْبَحَ وَاضِحًا كَالشَّمْسِ في عِزِّ الظَّهِيرَةْ...
فَاذْهَبْ إلى حَيْثُ الخَزَائِنِ واصْطَحِبْ مَعَكَ العَشِيرَةْ...
قَدْ يَغْفِرُ النَّاسُ الخِيَانَةَ إِنْ رَحَلْتَ الآنَ
لَكِنْ إِنْ بَقِيتَ فَقَدْ تُطَالِبُ أَلْفُ عَاقِلَةٍ وعَائِلَة بِبَعْضِ دِيَاتِ قَتْلاهَا
وإِنْ صَمَّمْتَ أَنْ تَبْقَى
تَرَى أَهْلَ القَتيلِ يُطَالِبُونَكَ بالقِصَاصِ

فَخُذْ مَتَاعَكَ وابْدَأ الآنَ المَسِيرَةْ...
كَمْ قَدْ خَدَمْتَ عَدُوَّنَا
وَسَيُكْرِمُونَكَ في مَدَائِنِهِمْ
فَسَافِرْ - دونَ خَوْفٍ - نَحْوَهُمْ في رِحْلَةٍ تَبْدُو يَسِيرَةْ...
مَا زالَ عِنْدَكَ فُرْصَةٌ
فَلْتَقْتَنِصْهَا
إِنَّهَا تَبْدُو الأَخِيرَةْ!...

* * *

مَاذَا بِرَبِّكَ تَنْتَظِرْ...؟
الآنَ غَادِرْ لَمْ يَعُدْ في الوَقْتِ مُتَّسَعٌ لمَلْءِ حَقَائِبِكْ!...
اهْرُبْ بِبِخْتٍ نَحْوَ أَقْرَبِ مِرْفَأٍ
واصْحَبْ جَمِيعَ أَقَارِبِكْ...
لا وَقْتَ للتَّفْكِيرِ
فَالتَّفْكِيرُ للحُكَمَاءِ
والحُكَمَاءُ قَدْ طُرِدُوا بِعَهْدِكَ
والمُطَارَدُ صَارَ أَنْتَ الآنَ
فَاهْرُبْ مِنْ جَمِيعِ مَصَائِبِكْ...
أَتُرَاكَ تَعْجَبُ مِنْ صُرُوفِ الدَّهْرِ؟
لا تَعْجَبْ
فَكَمْ عَجِبَتْ شُعُوبٌ مِنْ سَخِيفِ عَجَائِبِكْ!...
أَتَظُنُّ أَنَّ الجَيْشَ يُطْلِقُ رُمْحَهُ نَحْوَ الطَّرِيدَةِ رَاضِيًا مِنْ أَجْلِ كَرْشِكْ...؟
أَمْ هَلْ تَظُنُّ أُولئِكَ الفُرْسَانَ تَسْحَقُ بالسَّنَابِكِ أَهْلَهَا لتَعِيشَ أَنْتَ بِظِلِّ عَرْشِكْ...؟
يَا أَيُّهَا الجِنِرَالُ كُلُّ الجُنْدِ في فَقْرٍ

وإنَّ الفَقْرَ رَابِطَةٌ تُوَحِّدُ أَهْلَهَا في وَجْهِ بَطْشِكْ!...
فَلْتَنْتَبِهْ...
إِذْ لا وَلاءَ لِمَنْ يَخُونُ وَأَنْتَ خُنْتَ جُنُودَ جَيْشِكْ...
احْذَرْ سَنَابِكَ خَيْلِهِمْ
واحْذَرْ سِهَامَ رُمَاتِهِمْ
واحْذَرْ سُكُوتَهَمْ وطَاعَتَهُمْ وتَعْظِيمَ السَّلامِ
فُكُلُّ تِلْكَ الجُنْدِ قَدْ تَرْنُو لِنَهْشِكْ...
قَدْ يُوصِلونَكَ للأَمَانِ إذا رَحَلْتَ
ويُوصِلونَكَ إِنْ بَقِيتَ لِجَوْفِ نَعْشِكْ!...

* * *

مَاذَا بِرَبِّكَ تَنْتَظِرْ...؟
يَا أَيُّهَا المَشْتُومُ في كُلِّ المَقَاهِي مِنْ جُمُوعِ السَّامِرِينْ...
يَا أَيُّهَا المَلْعُونُ في كُلِّ الشَّرَائِعِ مُبْعَدًا مِنْ كُلِّ دِينْ...
يَا أَيُّهَا المَنْبُوذُ في القَصْرِ المُحَصَّنِ بالجُنُودِ الغَافِلِينْ...
مَاذَا سَتَفْعَلُ...؟
هَلْ سَتُقْسِمُ أَنْ تُحَاسِبَ مَنْ رَعَيْتَ مِنَ الكِلابِ المُفْسِدِينَ الفَاسِدِينْ...؟
أَمْ هَلْ سَتَعْفُو عَبْرَ مَرْسُومٍ رِئَاسِيٍّ عَنِ الفُقَرَاءِ
مَعْ دَمْعٍ سَخِينْ...؟
عَفْوًا يَعُمُّ الكُلَّ ولْتَسْمَعْ جُمُوعُ الحَاضِرِينَ الغَائِبِينْ...
فَلْتَشْهَدُوا
إِنَّا عَفَوْنَا عَنْ ضَحَايَانَا
شَرِيطَةَ أَنْ يَمُدُّونَا بِبَعْضِ الوَقْتِ كِيْ نَقْضِي عَلَيْهِمْ أَجْمَعِينْ!...
لَنْ يَنْفَعَ المَرْسُومُ فالمَقْسُومُ آتْ!...
لَنْ يَرْحَمَ الثُّوَّارُ دَمْعَكَ

أَنْتَ لَمْ تَرْحَمْ دُمُوعًا للثَّكَالى الصَّابِرَاتْ
تَحْتَاجُ مُعْجِزَةً ولَكِنْ مَرَّ عَهْدُ المُعْجِزَاتْ...
هُوَ مَشْهَدٌ مَلَّ المُؤَرِّخُ مِنْ تَكَرُّرِهِ
رَئِيسٌ أَحْمَقٌ خَلَعُوهُ في عَجَلٍ
ويَبْدو آخَرٌ في يَوْمِ زِينَتِهِ قَتِيلًا مِنْ عَسَاكِرِهِ الثِّقَاتْ...
يَا كَاتِبَ التَّأْريخِ قُلْ لي
كَمْ حَوَيْتَ مِنَ العِظَاتِ الوَاضِحَاتْ...؟
لَنْ يَنْفَعَ الحَمْقَى جُيُوشُ حِرَاسَةٍ
فَنِهَايَةُ الطُّغْيانِ وَاحِدَةٌ
وإِنْ لَعِبَ المُؤَرِّخُ بالأَسَامِي والصِّفَاتْ...
فَاهْرُبْ لأَنَّكَ إِنْ بَقِيتَ تَرَى المَهَانَةَ قَبْلَ أَنْ تَلْقَى المَمَاتْ!...

* * *

مَاذَا بِرَبِّكَ تَنْتَظِرْ...؟
أَدري وتَدْري رَغْمَ كُلِّ البَاسِطِينَ خُدُودَهُمْ مِنْ تَحْتِ نَعْلِكَ
أَنَّنَا في آخِرِ الفَصْلِ الأَخيرِ مِنَ القَصِيدَةْ!...
أَدْري ويَدْري السَّامِعُونَ جَمِيعُهُمْ أَنَّ الخِيَانَةَ فيكَ قَدْ أَمْسَتْ عَقِيدَةْ!...
أَنَا لا أُحِبُّ الهَجْوَ...
لَكِنْ إِنْ ذَكَرْتُكَ تَخْرُجُ الأَلْفَاظُ مِثْلَكَ
في النَّجَاسَةِ والتَّعَاسَةِ والخَسَاسَةِ
لا تَلُمْهَا
إِنَّهَا في وَصْفِكَ انْطَلَقَتْ سَعِيدَةْ...
حَاوِلْ تَدَبرَ مَا تَرَاهُ
فَمَا تَرَاهُ
نِهَايَةٌ مَحْتُومَةٌ

هَيْهَاتَ يُجْدِي مِنْ مَكِيدَتِهَا مَكِيدَةْ...
مَا زِلْتَ مُخْتَارًا...؟
أَقُولُ لَكَ انْتَبِهْ
دَوْمًا عَلامَاتُ النِّهَايَةِ في اقْتِرَابٍ حينَمَا تَبْدُو بَعِيدَةْ!...
في الصَّفْحَةِ الأُولَى نَرَاكَ مُتَوَّجًا
ولَسَوْفَ نُبْصِرُهُ هُرُوبَكَ مُعْلَنًا ومُوَثَّقًا
بِشَمَاتَةٍ طُبِعَتْ على نَفْسِ الجَرِيدَةْ!...
يَا سَيِّدَ القَصْرِ المُحَصَّنِ
نَحْنُ مَنْ يَجْرِي وَرَاءَكَ بالحِجَارَةِ والبَنَادِقِ
فَانْتَبِهْ...
لَسْتَ الزَّعِيمَ اليَوْمَ بَلْ أَنْتَ الطَّرِيدَةْ!...

فهـرس عـام

٣١٣

٣١٥